# 御社の商品が売れない本当の理由

## 「実践マーケティング」による解決

鈴木隆

光文社新書

よい理論ほど実践的なものはない。
——社会心理学の父、クルト・レヴィン

# はじめに——マーケティングの神話と呪縛

マーケティングの理論を学んでも、いざ現場で実践するとなると、教科書のようにはうまくいきません。

調査にもとづいてきちんと計画を立てたはずなのに、実際にやってみるとさっぱり売れない。限られた予算から捻出して広告を出してみても、顧客からの反響がほとんどない。ようやくなんとか売れるようになったら、想定外の市場で売れていたり、思いもよらないことが強みになっていたりしていたことに後から気がつく。

わたし自身、現場で何度もつまずき、あざだらけになりながら経験した内容です。本文で多くの実例をあげているように、名立たる企業の現場でも起こっていることなのです。

いま本書を手にして読んでおられるあなたも、同じような経験をされたのではないでしょうか。直接は担当しておられなくても、会社や組織のマーケティングについて、「そんなことしていて大丈夫なの？」といった不安や、「もっとよいやり方があるだろう！」といった不満をお持ちなのではないでしょうか。あるいは、新商品や新規事業の開発に携わり、マーケティングをどのようにすれば売れるのか悩んで、参考になる本を探しておられるのかもしれません。

マーケティングは、身につけるのには一生かかる、と言われることがあります。一生かかるものなのだから、教科書どおりにうまくいかないのは仕方がないことなのでしょうか。そうではありません。**うまくいかないのは、そもそもマーケティングの理論が「神話」にもとづいてつくられていたからなのです。**

いまから20年あまり前、マーケティングの神話が暴かれました（石井淳蔵『マーケティングの神話』岩波書店、２００４年〈原著１９９３年〉）。神話とされたのは、マーケティング理論の前提となっている次のような内容です。

市場は客観的に存在し、科学的に分析できる。精緻に分析し予測すれば、正しい戦略と

**計画ができあがる。その戦略と計画をきちんと実行すれば、予測どおりにうまくいく。**

こうした前提が神話にすぎないと正面から指摘されたのです。

実際の現場では、つねにものごとが理路整然と直線的に進むわけではありません。それまでのマーケティングの理論は、現場の現実ではなく、神話を前提にしてつくられていたのです。

ところが、今日でも、ほとんどの教科書などで説かれている理論の大枠は、こうした神話を前提としてつくられた50年前のものと基本的に変わっていません。くわしくは本文でみていきますが、マーケティングの神様や父とも称されるフィリップ・コトラーが、「**マーケティング・マネジメント**」すなわち「**管理マーケティング**」としてまとめた理論の体系にもとづいています。

現場の現実ではなく、神話を前提にしていたことが明らかになっているにもかかわらず、なぜ管理マーケティングはそのままなのでしょうか。

それは、実際の現場において日々どのようなことが行われ、起こっているのかということについてまで、管理マーケティングでは踏み込まないからです。たとえ現場について神話を前提にしていたとしても、顧客と接する現場ではない本社で計画し、結果を管理するのであれば、従来の管理マーケティングは有効であり、なんら問題ない、というわけです。

しかし、マーケティングが実際に効果を発揮するのは、顧客と接する現場での実践においてです。しかも50年前とは大きく様変わりし、消費の中心は、工場で製造されたモノである製品から、現場で顧客と実現するサービスへと移っています。いまやインターネットやスマートフォンが急速に普及して、顧客と企業が直接つながってやりとりしたり、顧客どうしのクチコミも爆発的に増えたりしています。顧客と接する現場の現実を見過ごして、本社で計画と管理だけをしていては、マーケティングがねらいどおりの効果を発揮して売れることは、もはやありえなくなっています。

このような現実を踏まえ、本書では、現場の現実に真正面から向き合い、現場のマーケティングを「**マーケティング・プラクティス**」すなわち「**実践マーケティング**」として解き明かし、売れる現場の理論の骨組みを包括的なモデルとしてまとめあげています。プラクティスというのは、日常的な活動や実際に行うこと（実践）です。

マーケティングを身につけるのには一生かかるなどとうそぶいて、実践でうまくいかない責任をすべて、現場で奮闘するわたしたちに押しつけるのは、管理マーケティングの体《てい》のいい責任逃れにほかなりません。

こうしたもっともらしい責任転嫁の主張を真に受けることなく、実践マーケティングの理論をモデルのかたちで、一生をかけることなく身につけてください。これまで管理マーケティングの理論からは無視されてきた現場の実務ノウハウを、体系的に理解できるようになり、実践のあらゆる場面で応用がきくようになります。

実は、管理マーケティングが現場の現実を見誤らせるだけではありません。**マーケティングの発想から、計画、実践、さらには、それが立脚している人間とそのコミュニケーションについての考え方にいたるまで、わたしたちはさまざまな「呪縛」の鎖によって、がんじがらめに囚われてしまっています。**

呪縛というのは、誤った常識や管理マーケティング、それらが立脚している古い理論やモデルを信じ込むことによって、わたしたちが現場の現実に即した対応をとれなくなってしまっていることをさしています。

**これらの呪縛が、御社の商品が売れない本当の理由だったのです。**

わたし自身、呪縛に囚われていました。けれども、ひとつひとつ呪縛の鎖を解いていくことで、成果があがるようになっていきました。

あなたには、無駄な努力を続けて欲しくはありません。呪縛に囚われていることに早く気づき、着実に成果に結びつけるようになって欲しいのです。あなたをはじめ、呪縛から解放される人たちが増えていけば、現場から日本経済の停滞を突破することにもつながっていくでしょう。

本書では、管理マーケティングの内外に潜む呪縛をひとつひとつとりあげて解いていきます。これらの呪縛から解き放たれ、現場にまで踏み込めば、あなたも現実に即したマーケティングを実践できるようになります。管理マーケティングに囚われていては思いつかなかった打ち手を考えだすこともできるようになります。

本書は、次のような構成になっています。

第1章では、「発想」についての呪縛を解きます。マーケティングについての誤った常識による呪縛です。管理マーケティングのみならず、実践マーケティングについても共通の前提となる星1つ（★）の初級レベルの内容です。マーケティングの根幹となる考え方なので、確実におさえておかねばなりません。

第2章では、「計画」についての呪縛を解きます。第1章の「発想」と同じように、マーケティングについての誤った常識による呪縛です。もっぱら計画を対象にする管理マーケティングの体系内での星1つ（★）の初級レベルの内容です。第1章と同じく、これもしっかりおさえておくことが不可欠です。

第3章では、「実践」についての呪縛を解きます。冒頭でふれた、神話にもとづく管理マーケティングの理論そのものによる呪縛です。管理マーケティングの体系から脱する星2つ（★★）の中級レベルの内容です。実践マーケティングとして、これまで闇に葬られていた現場の現実に光を当てます。

第4章では、「人間」についての呪縛を解きます。管理マーケティングが立脚している理論（モデル）による呪縛です。管理マーケティングの体系を超える星3つ（★★★）の上級レベルの内容です。実践マーケティングにふさわしい理論を「行動モデル」としてまとめます。

第5章では、「コミュニケーション」についての呪縛を解きます。第4章の「人間」と同じように、管理マーケティングが立脚している理論（モデル）による呪縛です。管理マーケティングの体系を超える星3つ（★★★）の上級レベルの内容です。実践マーケティングにふさわしい理論を「対話＝学習モデル」としてまとめます。

この「対話＝学習モデル」に、さきの「行動モデル」を組み込んで「統合モデル」として完成させ、現場での実践事例に当てはめます。

「おわりに」では、マーケティング全体のなかで管理マーケティングと実践マーケティングを位置づけ、使い分け方を確認して本書のまとめとします。

このように、本書は、まずマーケティングの根幹となる考え方と、現在の通説といえるコトラーの管理マーケティングの体系内から始め（第1章、第2章）、ついでコトラーの体系から脱し（第3章）、さらにはコトラーの体系を超える（第4章、第5章）、という構成になっています。

古来、学びや修行において道を極める際にたどる過程とされている「守破離」に沿っています。まず基本となる型を守って身につけ、ついで型を破って改め、さらに型から離れて独自の型を生み出します。

マーケティングをこれから学ぶ方はもちろんのこと、すでに学んで実践している方も、それぞれのレベルや関心、必要に応じて役立ててもらえるようになっています。

本書では、マーケティングのさまざまな呪縛について、実践に役立つ考え方を、理論的な裏づけをもって、根本からわかるように解き明かしています。

なぜそんなことができるのか。本書には、次の3つの特徴があるからです。

第1に、本書は現場の実践経験にもとづいています。管理マーケティングの教科書を焼き直しただけのような内容なのに、こうやりさえすれば必ずうまくいくなどとうたったりする机上論ではありません。

くわしくは本文で述べますが、本書は、国内初の本格的な住宅リフォーム仲介サイト「ホームプロ」を2001年に立ち上げ、立ち上げたのはいいものの、いきなり現場の実践で大きくつまずき、あざだらけになりながら日々試行錯誤を繰り返し、利用実績No.1のインターネットサービスにまで育てあげた10年間の経験を踏まえています。

ホームプロでわたしは、個人向けも法人向けも、インターネットばかりでなく、紙媒体・郵便・電話・ファクス・対面といったリアルでも、また戦略の立案・計画から広告の執筆・作成やチラシのポスティングまで、ありとあらゆるマーケティングをみずから実践してきました。

　こうした実践経験を踏まえたうえで、いまやマーケティングの主流となってきているサービス（サービス・マーケティング）、インターネットやスマートフォン（デジタル・マーケティング）について、勘所をおさえながら多彩な事例を紹介していることは、類書には見られない特徴です。

　それだけでなく、その後リクルートグループに加わってからの経験、日本郵政で新規事業の立ち上げに携わった経験、かつて一般家庭への飛び込み営業をしていた経験なども反映しています。

　第2に、本書には理論的な裏づけがあります。実務家個人の経験をそのまま一般化しただけの内容ではありません。理論的な裏づけがあれば、体系的に理解して実践でき、応用もしやすくなります。

　本書の執筆にあたり、マーケティングはもちろんのこと、経営学や戦略論から、経済学、心理学、認知科学、脳神経科学、言語学、哲学、社会学、文化人類学、コミュニケーション理論、科学論にいたるまで、関連するさまざまな分野の理論を5年間探究してきました。管理マーケティングと同じ土俵（思考レベル）にとどまっていては、解けない呪縛がいくつもあったからです。

ただ、新書という性格上、個々の理論のくわしい内容や出典などについては、割愛せざるをえず、おもにマーケティングに関わる文献の最新版について最小限注記するにとどめています。ですので、必要に応じて、実践の理論についての研究書である拙著『マーケティング戦略は、なぜ実行でつまずくのか　実践のための新しい理論とモデルの探究』（碩学舎、2016年）を参照してください。

本書では、拙著の内容を踏まえつつ、理論については簡略な紹介にとどめる一方、古今東西さまざまな事例を数多くとりあげて、具体的に理解でき、実践にも応用しやすくしました。

第3に、本書は教育の経験を踏まえています。わたしは、大阪ガスグループ各社や地方自治体などで、実務家向けのセミナーを行っています。京都光華女子大学ではおもに短大生を対象に非常勤講師をしており、神戸大学・立命館大学・法政大学・東洋大学などにもゲスト講師として招かれています。それらのセミナーや講義で得られた受講者からのフィードバックを活かしています。


本書では、目次にあるように、各章の節の見出しとして、全部で19の呪縛を掲げています。

たとえば、最初の節の「『目的は利益』ではない」であれば、「目的は利益」というのが呪縛です。

もしあなたが19の見出しを眺めて腑に落ちないものがあれば、呪縛に囚われてしまっている証拠です。いますぐ本文を読んで呪縛の鎖を解き、売れる現場のマーケティングに目覚めてください。

コトラーを通じて、コトラーの上へ。管理マーケティングの枠を超える、実践マーケティングの世界へようこそ。

目次

# 第1章

# 「発想についての呪縛」を解く

★初級

マーケティングでもっとも大切なのは、マーケティングならではの発想です。正しい発想さえ身につけていれば、たとえ細かな知識や手法を知らなくても、大きく間違うことはありません。ところが、正しい発想が身についていないと、いくら細かな知識や手法を知ったとしても、誤って使ってしまいます。最初に発想のボタンをかけ違ってしまうと、その後の計画や実践といったボタンもすべてずれてしまうのです。にもかかわらず、教科書をはじめとするマーケティングの本では、せいぜいごくかんたんにふれるだけにとどまっていることがほとんどです。

まず第1章では、基本中の基本、もっとも大切なマーケティングの発想についての呪縛から解いていくことにします。世の中の大多数の人は、誤った常識による呪縛によってマーケティングの発想からして誤解してしまっているのですが、まったく気づいていません。マーケティングを学んだことのない人はもちろんですが、それなりに学んだことのある人でも、いつの間にか誤った常識に逆戻りしてしまっていることも少なくありません。そのことに気がつくだけでも、間違ったその他大勢から抜け出すことができます。

これからみていく発想は、「はじめに」でふれたコトラーの管理マーケティング（マーケティング・マネジメント）はもちろんのこと、本書で提示する新しい実践マーケティング（マーケティング・プラクティス）でも共通して根幹となる考え方です。いうなればマーケティングを貫く大黒柱です。外すことのできない星１つ（★）の初級レベルの内容といえます。

基本的な内容だからこそ、踏み外してしまうと致命傷になってしまいます。「わたしは大丈夫、わかっている」と思っていても念のため、ざっとでも目を通しておかれることをおすすめします。

## １-１「目的は利益」ではない

### 事業の目的

マーケティングは、事業を展開するための不可欠なはたらき（機能）であり、事業を具体的にどのようにするのかという手段です。事業の手段であるマーケティングでは、そもそも事業は何のためにするのかという目的を踏まえておかなければなりません。目的あっての手段、手段は目的に従うからです。

では、事業の目的は何でしょうか。

マーケティングの講義やセミナーをするときは、わたしは最初にこの質問をすることにしています。よくある答えが、利益、売上、価値の3つですが、なかでもいちばん多い答えが利益です。

事業の目的は利益を出すことである。利益第一主義、利益至上主義です。確かに、利益を出さないことには、事業を継続することができません。利益が目的であるとする考え方も成り立ちます。現に、伝統的な経済学では、利潤の最大化こそが企業の目的とされてきました。実際、多くの企業でもそのように考えられています。

ところが、利益を事業の目的としてしまうと、不都合なことが起こります。ニュースで繰り返し報道されている各種の偽装問題が典型的な例です。

たとえば、食品の原材料や生産地を偽り高級品であるかのように見せかけて高く売りつけたり、本来の消費期限を偽って延長して売りつけたりする食品偽装があります。あるいは、マンションの耐震強度についての構造計算や検査データを偽って、耐震上問題がない建物として販売する建築偽装があります。

偽装することで、原価の安いものが高く売れ、売ってはいけないものも売れるようになるわけですから、本来得られなかった利益を手にすることができます。事業の目的を利益にすると、偽装といった不都合な行動を誘発するようになってしまうのです。

さすがに偽装まではしなくても、目先の利益を出すために、長い目でみれば顧客を失うようなことをしてしまいかねません。

たとえば、少しでも利益を出そうと、投げ売りのような極端な値引き販売をしてしまい、それまで正価で買ってくれていた顧客の不興を買って二度と買ってもらえなくなったり、新たな顧客も正価では買い控えるようになったりするようなことです。

１９９１年のバブル崩壊後に、マンションの売れ残った住戸が20％引きや30％引きで販売され、すでに購入していた顧客が訴訟まで起こすトラブルが多発したことを覚えている方もおられるでしょう。

わたし自身が経験した実例をあげましょう。２００１年に起業した、国内初の住宅リフォーム仲介サイト「ホームプロ」（図１‐１）に関するものです。

ホームプロに追随して参入したある競合他社は、ホームプロ同様、顧客の希望するリフォームにマッチした会社だけを紹介するのに加え、加盟するリフォーム会社の一覧を表示して、そこからも選べるようにしました。実際に加盟会社に顧客を紹介できなくても、加盟会社の

図１－１　ホームプロのサイト

情報をいわば広告としてつねに表示しておくことで、加盟する会社の数を増やし、加盟料や広告料からも追加の利益をあげようというわけです。しかし、それでは、肝心のリフォームを検討している顧客が、そもそもどちらのしくみを使えばいいのか入口で迷ってしまいます。

ホームプロも、当時はまだ赤字であり、そうした追加で得られる利益は１円でも欲しかったのですが、同じことをすると、顧客の「失敗しないリフォームの実現」というホームプロ創業のミッション（使命）からは外れてしまいます。なんとか歯を食いしばり、わたしたちは、顧客の希望にマッチしたリフォーム会社の紹介だけに特化し続け、加盟会社の数を追わず、国内でもっとも厳しい加盟基準で選びぬき続けました。

ホームプロが今日まで№１の成約実績を伸ばし続けてこられたのも、利益を第一に考えなかったおかげだとつくづく思います。

また、ホームプロを始めてからすぐに、顧客の評判がとてもよく、地域でもトップの成約実績をあげるようになった加盟会社がありました。その理由がわかったのは、その会社の社長の顧客に対するアドバイスを知ったときです。社長は、予算１００万円超の外壁リフォーム案件で現場へ調査に出向き、顧客に「まだ5年くらいは塗り替えなくても大丈夫です。時期が来たらあらためて検討されてはいかがでしょうか」と言ったそうです。

利益を第一に考えれば、どうせいずれ必要になるのだから、早めにリフォームしてもらえばいい、せっかく受注できるチャンスをみすみす逃すことはない、ということになるでしょう。ところがその社長は、目先の利益よりも顧客のことを優先しました。顧客は、もし5年後にリフォームするときは、ぜひこの会社、この社長に頼もうと思ったのではないでしょうか。

事業の目的を利益と考えるべきではないのであれば、何と考えればよいのでしょうか。

経営の神様といわれ、「もしドラ」ブームでビジネスパーソン以外にも広く知られるようになったピーター・ドラッカーが、『現代の経営』（ダイヤモンド社、２００６年〈原著１９５４年〉）や『マネジメント』（ダイヤモンド社、２００８年〈原著１９７４年〉）で指摘しているように、事業の目的は「顧客の創造と維持」である、と考えなくてはなりません。

## なぜ「顧客の創造と維持」なのか

事業の基本となる計算式「売上－費用＝利益」をもとに、なぜ顧客の創造と維持でなくてはならないのかを考えてみましょう。

利益を出すためには、まず売上をあげなくてはなりません。どんなに費用の節約に努めても、売上をあげないことには利益を出すことはできません。

では、事業の目的は売上をあげることなのでしょうか。売上が目的だとしても、利益を出すために費用を圧縮しようとしなくなるだけで、不都合な行動を招きかねないのは、利益の場合と同様です。売上からさらに踏み込んだ目的を考えなくてはなりません。

こう考えてみてはどうでしょう。売上をもたらしてくれるのは、商品の代金を支払って買ってくれる顧客です。社内にあるのは費用だけです。つまり、新規の顧客を創造し、既存の顧客が流失しないように維持して、購入してくれる顧客全体の数を増やしていくことこそが事業の目的だと――。

マーケティングというと、ともすれば新規の顧客獲得ばかりに目がいきがちです。しかし、国内では総人口が減少に転じ顧客の獲得競争が激化する今日、既存の顧客を維持することはますます大切になってきています。

新規に顧客を獲得するための費用は、既存の顧客を維持するための費用の６〜10倍はかかるとされています。同じだけ商品が売れても、既存客は新規客よりも５〜９倍に相当する費用差だけ利益が多くなります。６〜10倍の費用をかけて獲得した顧客も、何もせずに放っておくと年に20〜80%は流失していくとされています。最近では、顧客の獲得費用がさらに高くなり、顧客の流失速度もますます速まっています。既存の顧客の維持に注力しないわけにはいきません。

別の目的も考えてみましょう。

事業の目的は価値を生み出すことだ、というのはどうでしょうか。

価値というのは値打ち、得られた商品とそのために費やした費用との対比、見合いで決まります。商品に価値を認めて代金を支払ってくれるのは顧客です。いくら価値のある商品を提供したとしても、その商品を買ってくれる顧客がいなければ、残念ながら売上はあがりません。価値あるものを提供したのだという思い込み、自己満足だけに終わってしまいます。

ですので、事業の目的は価値を生み出すことだ、とするわけにはいきません。

いやいや、顧客が買ってくれない商品にはそもそも価値はなく、顧客が買ってくれ、さらには使ってくれてはじめて商品に価値が生まれるのだ、という考え方もできます。それであれば、事業の目的は顧客にとっての価値を生み出すことだ、というのも成り立ちます。

では、顧客と価値のどちらを目的にしたほうがよいのでしょうか。

価値がなくても潜在的には顧客が存在することはできますが、潜在的にすら顧客が存在しなければ、そもそも価値はありえません。ですので、顧客のほうが価値よりも根本にあるといえます。

また、ある価値を認めて買ってくれる顧客を増やしていけば、その価値のみならず、さらなる価値や別の価値も認めて継続して買ってもらえるので、事業の持続的な成長につながります。やはり、事業の目的は価値とするよりも顧客とするほうがより適切です。

事業の目的が顧客の創造と維持だとすれば、偽装をするようなことは起こりえません。いくら利益が出ようとも、偽装などすれば、いずれは露見して、新規の顧客は獲得できなくなり、既存の顧客も流失してしまい、目的そのものに反することになるからです。目先の利益を出すために、顧客を失うようなことも、目的に反するのでできません。

## 利益の位置づけ

事業の目的が利益でないとすれば、利益はどういう位置づけになるのでしょうか。

「売上－費用＝利益」の式からもわかるように、利益は事業活動の結果です。利益は、顧客に支持されたあかしとして後からついてくるものであって、活動の指針にはなりません。利益は、顧客の創造と維持という目的のもとで達成を目指す、重要な目標のひとつなのです。

ここで、目的と目標の違いについて確認しておきましょう。

文字どおり、目的はめざす的《まと》であり、目標はめざす標《しるべ》です。目的へと至る道筋を刻むのが、目標だということになります。目的は「何のために」という意義としてのねらいであり、目標は「何をどこまで」という対象や到達点としてのねらいです。

戦略思想家のカール・フォン・クラウゼヴィッツが、「目的はパリ（の陥落）、目標はフランス軍（の撃破）」と主張したとされているのが、わかりやすい例です。目的あっての目標、目標は目的に従うことになります。

ところが、目標であるはずの利益を厳しく追及されたりすると、ついつい目先の利益が目的にすり替わってしまいがちです。事業の目的は、あくまでも顧客の創造と維持であることを、ゆめゆめ忘れないようにしなくてはなりません。

「事業の目的について、こんなに長々と論じなくても、結論だけ言ってくれればじゅうぶんだ」などと思われたかもしれません。しかし、根幹となる事業の目的に関する誤った理解や外れた行動が世の中にはあふれています。目的について腑に落ちなければ、たんなる枕詞《まくらことば》で終わってしまいます。

いまから200年前の江戸時代の後期に、わが国初の経営コンサルタントとされる海保青陵《かいほせいりょう》が、天下の台所といわれ経済の中心であった大坂に居をかまえて見抜いたように、優れた商人が利益にくわしいことは、けっして目の前の利益だけをはかるような浅はかなものではないのです。軸がぶれて浅はかなことになってしまわないよう、最初にしっかりと目的をおさえておかなくてはなりません。

## 1-2 「営業だけの仕事」ではない

### マーケティングとイノベーション

ドラッカーによれば、企業の基本となる機能は、マーケティングとイノベーションのふたつだけです。事業の目的である顧客の創造と維持を実現する機能が、まさにマーケティングであり、現状に満足して、革新的な商品を提供するといったイノベーションを怠ると、魅力がなくなり競合他社に顧客を奪われてしまうからです。

いまから600年前の室町時代、ショービジネスともいえる能を大成した世阿弥《ぜあみ》も、秘伝の書である『風姿花伝』や『花鏡』で、イノベーションの大切さを何度も力説しています。

魅力的な花というのは人の心に新鮮な珍しいものだけであり、ひとところに安住しないのが花だとまず知らなくてはならない。よい業績に安住しているとやがて悪い業績になってしまうことに注意し、その時々における初心を忘れてはならないのである——。

こうした秘伝を守りイノベーションを怠らなかったからこそ、能は、継承されている演劇としては世界最古といわれるようになるまで永続してこられたのです。

現代の日本では、イノベーションを技術革新のことだと狭く誤解している人が少なくありません。1956年の「経済白書」が「技術革新」と誤訳し、ものづくりの側面が過度に強調されてきたからでしょう。

そもそもイノベーションということばを100年前に提唱した経済学者のヨーゼフ・シュムペーターの定義によれば、「新結合」すなわち既存のものを新しく組み合わせることをいいます。そして新結合の例として、新しい生産方法の導入、新しい産業組織の創出、新しい販売市場の創出、新しい購買先の開拓をあげています。

世阿弥も、平安時代からの伝統芸能である猿楽に、田楽など競合する芸能の要素をとりいれて革新し、能として集大成しています。

既存のものを創造的に破壊するのは、新しい技術だけではありません。ドラッカーも注意しているように、イノベーションを技術だけのことに限定すべきではないのです。

## マーケティングを担う組織

このようにマーケティングは、事業の目的を実現する基本機能ですから、営業の仕事である、営業にまかせておけばよい、などと狭くとらえるわけにはいきません。マーケティングは、営業部門だけにまかせるにはあまりに重要すぎるのです。ところが、企業では、マーケティングは営業のする仕事だと思い込んでいる人がほとんどです。

営業部門はもちろんですが、製造部門やサービス部門、さらには広報・人事・総務といった一般管理部門など、**企業のすべての組織がマーケティングを担う**と考えなくてはなりません。

製造部門は、商品の性能や品質の向上だけに精を出して、ものづくりに徹していればよいというわけではなく、顧客が求める商品をつくりださねばなりません。同じように、サービス部門は、顧客からの問い合わせやメンテナンスにきちんと対応さえしていればよいというわけではなく、顧客の声を商品の改善や開発にも活かしていかなければなりません。

一般管理部門も、たんに日常業務をこなしさえすればよいというわけではなく、顧客の創造と維持につながるように、広報は事業をＰＲし、人事は社員を採用・育成し、総務は社外と対応しなければなりません。そうすることで、商品を超えて企業全体の価値を向上させ、発展していけます。

世界最大の食品飲料企業であるネスレの日本法人トップ（代表取締役社長兼ＣＥＯ）の高岡浩三は、マネジメントではなくマーケティングを経営の中心に据え、間接部門のマーケティング強化にも取り組んでいます。

たとえば、人事部門では、年齢・学歴・国籍を問わず社員を募集し、課題や面接で絞り込み、社員参加型研修で選抜する採用方式の「ネスレパス」を導入し、本気度の低い学生には応募を諦めさせ、イノベーティブな人材だけを効率よく確保しています。

また、現場で実践したイノベーションのアイデアを報告させ、人事評価にも反映する表彰制度の「イノベーションアワード」を導入しています。そこから、スーパーマーケット内の

「カフェ・イン・ショップ」、新食感でヒットした「焼きキットカット」、行列のできる専門店「キットカット　ショコラトリー」、阪急電鉄の駅構内に設置された「ネスカフェ　スタンド」などが続々と生まれてきています。

２０１０年に高岡がトップになって以来、ネスレ日本が右肩上がりで業績を伸ばし続けているのもうなずけます。

## 1-3「マーケティングは売ること」ではない

### マーケティングとセリング

「マーケティングは、要するに売ることでしょう」

世の中の99%以上の人が、そう思い込んでいるといっても過言ではありません。マーケティングにおける最大の呪縛、誤解といえるでしょう。

マーケティングは売ることではありません。ドラッカーが指摘するように、**マーケティングとは、売らなくても売れるようにすること、売ること・売り込むことであるセリングを不要にすること**です。

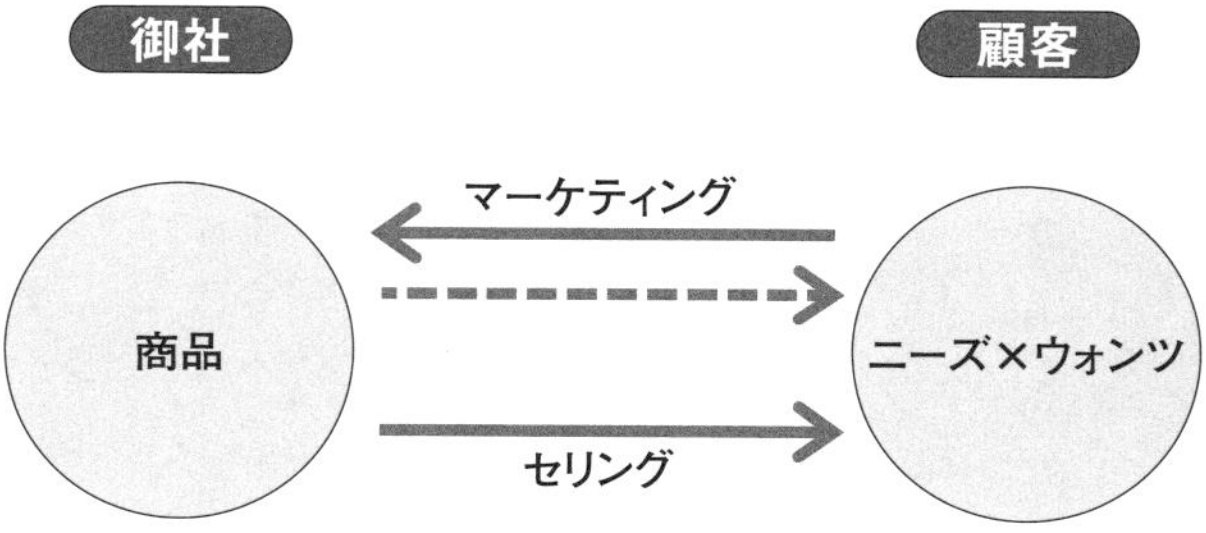


図１-２　マーケティングとセリング

セリングとは販売やセールスのことですが、マーケティングの世界では、マーケティングと対比することばとしてセリングを使うのがしきたりなので、本書でも従うことにします。売ることであるセリングは、売らなくても売れるようにすることであるマーケティングとは、まったく正反対の考え方なのです。

## ニーズとウォンツ

図１-２を使いながら、売らなくても売れるようにするとはどういうことなのか、くわしくみていきましょう。

まず、マーケティングは、はじめに顧客ありきです。起点は顧客であり、そのニーズとウォンツです。

ニーズとは、本来あるべきなのに欠けてしまっているので要る、ひとことでいえば必要ないしは欠乏です。ないと困るものです。

わたしがいっとき働いていたリクルートグループでよく使われる表現でいえば、ニーズとは不足・不満・不便などの「不」のことです。

このニーズ、「不」に着目するのはいいのですが、すでに顕在化しているニーズ、「不」だと、競合他社との競争に陥りやすいでしょう。ですので、これまで潜在化していたより本質的なニーズ、「不」を掘り起こすことこそ、マーケティングを行うマーケターの腕の見せどころ、知恵の絞りどころです。

こうした顧客のニーズをみたし、「不」を解消することがビジネスの基本であり、広い意味で企業の社会的な責任（ＣＳＲ）を果たすことにもなります。

一方、ウォンツとは、必ずしも必要というわけではなくても、あったら欲しい、ひとことでいえば欲求です。なくても困らないが欲しいものです。ニーズをみたすための特定の商品に対して生じるのがウォンツだと考えてもいいでしょう。

顧客が求めていることを、ニーズ（要る、必要）とウォンツ（欲しい、欲求）とに分けて、そのかけ算（求める＝ニーズ×ウォンツ）として考えるのが、マーケティングの流儀です。

たとえば、トイレットペーパーやせっけんといった日用品は、必要ではありますが特に欲しいもの、というわけではありません。ニーズは高いけれどウォンツは低いことになります。一方、ダイヤの指輪や高級スポーツカーなどの贅沢品は、特に必要ではありませんが欲しいものです。ニーズは低いけれどウォンツは高いことになります。

このように、顧客が求める理由をニーズとウォンツのふたつに因数分解して見極め、どちらかが低ければどうすれば高くできるかを考えます。ニーズもウォンツもともに高い、必要かつ欲しい商品を提供できれば、よく売れることになります。

ホームプロでいえば、生活者にとって住宅リフォームは、家が古くなってくると放っておくわけにはいかなくなるので、ニーズはじゅうぶんにあります。ただ、悪質な業者も暗躍するなかで、どこの会社に頼めばよいのかわからず、ぜひやりたいというほどにはウォンツは高くはありませんでした。

そこで、厳選された優良なリフォーム会社のなかから、匿名のままでかんたんに選ぶことができ、しかも無料の工事保証まで付いていれば、ホームプロを使ってみようというウォンツを高めることができると考えたのです。わが家のリフォームをするときに、これならぜひ使ってみたいというしくみを考えたわけです。

一方、地域の中小リフォーム会社は、それまで集客の柱であったチラシの反響が大きく落ち込むなかで、新しく登場してきたインターネットでの集客に魅力を感じていました。しかし、自力で対応するには技術やノウハウがない。ということで、ニーズもウォンツも相当程度あったのです。

マーケティングでは、顧客が何を求めているのか（ニーズとウォンツ）をよくつきつめて、それをみたす商品を自らつくるなり他所《よそ》から手に入れるなりして、押しつけなくても顧客に買ってもらえるようにします。顧客が求めている商品を提供するので、売り込まなくても売れるわけです。

図1-2において、マーケティングの矢印は、まず顧客から御社へ左向きに出て、その次に御社から顧客へと右向きに戻ることになります。矢印は双方向です。上から2番目の矢印が点線になっているのは、マーケティングをうまく展開すれば、わざわざ売り込まなくても商品が売れていくことを表しています。

## セリングの位置づけ

マーケティングに対して、売ることすなわちセリングは、はじめに商品ありきです。起点は、御社であり、その商品です。御社で売りたい商品がまずあって、顧客に売り込んで買わせます。御社が売りたい商品は、顧客が求めているものとは限りませんから、押しつけてでも買わせなくてはなりません。

図1－2において、セリングの矢印は、御社から顧客へ右向きに出ています。マーケティングの最初の上の矢印と比べると、向きが逆になっていますし、一方向です。

マーケティングに注力しても、理想どおりセリングがまったく不要になることはまずなく、実際には大なり小なり必要になります。図1－2でいえば、マーケティングの2番目の点線の矢印のところに、セリングの実線の矢印がちょうどはまる、ということになります。

その場合でも、マーケティングがしっかりできていると、顧客が求める商品を提供するわけですから、セリングは大いにはかどることになります。

わたしは決してセリングを軽んじているわけではありません。かつてわたしは、新入社員研修の一環として、3か月間、一般家庭への飛び込み営業に取り組んだことがあります。その際、ガスファンヒーターの全社共通の販売目標である60台に対して、150台を販売するという実績をあげました。わたしのビジネスの原体験です。

ホームプロでも、当初はみずから加盟の勧誘にリフォーム会社をまわりました。Ｙａｈｏ

o!をはじめ@nifty、BIGLOBE、OCN、hi-ho、AOL、NIKKEI住宅サーチ、HOME4U、HOME'Sといったポータルサイトへのコーナー提供の提案や、DeNA（おいくら）、千趣会（ベルメゾン）、ニッセン、ウェブクルーなどへのタイアップの提案にまわり、商談をとりまとめました。セリングへの思い入れは人一倍あります。

ただ、セリングの前にマーケティングをきちんとしておけば、求める商品を提供される顧客に喜ばれ、もっともコストのかかる、従業員が担うセリングの効率も大いにあがる、ということなのです。

マーケティングとセリングは、相反する考え方ですが、相補う考え方でもあるのです。

**日本発祥のマーケティング**

マーケティングを世界で初めて実践したのは、実は欧米の企業ではありません。ドラッカーも認めているように、江戸時代の日本の企業です。現代でも学ぶべき点が少なくありません。当時の常識だった商習慣の呪縛を解いて、どのようにマーケティングを実践したのか、駆け足でみておきましょう。

世界で初めてマーケティングを実践した企業は、江戸時代前期の1673年に、伊勢松坂出身の三井高利《たかとし》が江戸で開業した呉服店の越後屋です（図１‐３）。明治に入り三越呉服店と改称し、東洋初の百貨店となった現在の三越の源流であり、三井財閥の始祖でもあります。

高利は、顧客をそれまでの大名や旗本、豪商などの富裕層ではなく、当時台頭しつつあった町人層に絞り込み、町人の視点に立って老舗《しにせ》の商習慣をことごとく覆すイノベーションを起こしました。具体的な内容は以下の通りです。

図１－３　三井高利の越後屋（浮絵駿河町呉服屋図、写真提供：三井文庫）

「現金掛値なし」をキャッチフレーズとして掲げ、従来の掛け売り（ツケ）で顧客との交渉によって値段を変えて盆と暮の年2回の後払いとするのではなく、安価な定価をつけて値引きなしでの現金販売としました。また、屋敷を訪問して販売するのではなく、店舗を構え、店頭での対面販売にし、呉服は反物単位ではなく、顧客の欲しい分だけでも切り売りし、その場ですぐに仕立てにも応じるようにしました。

１６８３年に店舗を新築移転した際には、日本で最初のチラシである「引札《ひきふだ》」を発行して、江戸の十里四方の25万世帯に50万～60万枚を配布、おまけに売上高の推移を記録して、引札での広告効果により３か月で売上が60％増えたことまで確認しています。

ほかにも屋号の入った番傘を無料で貸出ししたり、万一他店より高価であったり、気に入らなかったりした場合にはいつでも返金を保証したりするなど、さまざまな工夫を凝らして大繁盛しました。

町人に対して小売りをするだけでなく、地方の商人へも卸売りをすることで飛躍的に売り上げを伸ばして江戸随一の呉服店となり、大坂へも出店します。排斥運動や妨害工作までして激しく反発していた同業者も、越後屋が幕府から呉服御用達に命じられてからは、その商法を模倣するようになっていきました。

越後屋の現金掛値なしの商法がまだ珍しかった大坂で、１７２６年から事業を展開し、名古屋、江戸へと進出、13の出店を設けて天下の巨商に数えられるまでになったのが、下村彦《ひこ》右《え》衛門《もん》が１７１７年に京都で創業した呉服店の大丸です。

彦右衛門は、大丸の店是を「先義後利《せんぎこうり》」すなわち道義を先にして利益を後にすることと定め、「商人は諸国に交易し、西の物を東に通じ、北の物を南に送り、人の用を調べ、その中おのずから利を得てその身を養うものなり」とし、顧客のためにならないものは売らないように徹底しました。今日でいう企業の社会的な責任（ＣＳＲ）を果たしていたおかげで、大塩平八郎の乱でも、大丸だけは義商だとされ焼き討ちを免れています。顧客のためになるものを調べて商いをすれば、おのずと利益を得ることができるというのは、まさにマーケティングの発想そのものです。

江戸時代中期の１６９０年頃から、越中富山の薬売り（売薬さん）は、富山藩の産業奨励策による後押しを受けて、置き薬による「先用後利《せんようこうり》」という商いのしくみを全国へ広めました。顧客は、あらかじめ家庭に預けてある薬を先に使って病気を治し、薬売りが年に１、２度訪問してきた際に、使った薬の分だけの代金を後から支払えばよいのです。

薬売りは、地元の薬屋が株仲間（同業者組合）をつくっているような大きな町は避けて、地方ごとに仲間組という組織をつくって全国の農村地域を手分けして行商し、顧客を開拓していきました。

顧客になった家とは何代にもわたって取引を続けます。配置先の住所・氏名、訪問年月日、配置した薬の種類・容器・数量、服用した数量と売上額・集金額などを逐一記録した台帳である「懸場帳《かけばちょう》」は、適切な薬を適量だけ配置するためのデータベースとして活用され、顧客リストとして年間売上総額の1・5倍や2倍といった高値で売買されるようになります。最盛期には全国を約３０００人でカバーし、多くの家庭に薬を配置するまでになり、３００年後の今日でも薬事法で定められた配置販売業として続いています。

大阪ガスが１９６４年に、ガス湯沸かし器を7、8月に取り付ければ、お代は12月までいりませんとするキャンペーン「アロハサンタセール」を行い、前年実績の2倍の22万台を販売して新聞紙上を賑わしたのは、「先用後利」が薬以外でもヒットした例です。２０１０年には、最新のガスコンロ（翌２０１１年には、ガス給湯器や浴室暖房乾燥機も追加）を手軽なリース料金で使用でき、リース期間中は故障しても修理費用を負担しなくてもいい「らく得リース」をいち早く導入しヒットさせたのも、「先用後利」の新たな展開といえるでしょう。

江崎グリコが２００２年から展開し、10万か所以上に配置している置き菓子サービスの「オフィスグリコ」は、置き薬のしくみを職場向けにアレンジしたものです。

せっかくいにしえの商人たちが編み出していたこのような日本発祥のマーケティングの知恵も、つくれば売れる高度成長期やバブル期を経たこともあってか、一部の例外を除いて忘れ去られてしまったようです。

マーケティングについて、欧米を後追いして取り入れるばかりでなく、欧米に先んじていた日本の先覚者たちにも学ばない手はありません。

## １‐４「はじめに商品ありき」ではない

### 顧客ありき

このように、マーケティングは、はじめに商品ありき（プロダクト・アウトといいます）ではありません。そのように考えるのはセリングです。**マーケティングは、はじめに顧客ありき（マーケット・イン、さらに個々の顧客に着目してカスタマー・インともいいます）なのです。**図１‐２で、マーケティングの矢印が顧客から始まっているとおりです。

### 顧客の区分

ここで顧客について確認しておきましょう。ひとことで顧客といってもさまざまです。商

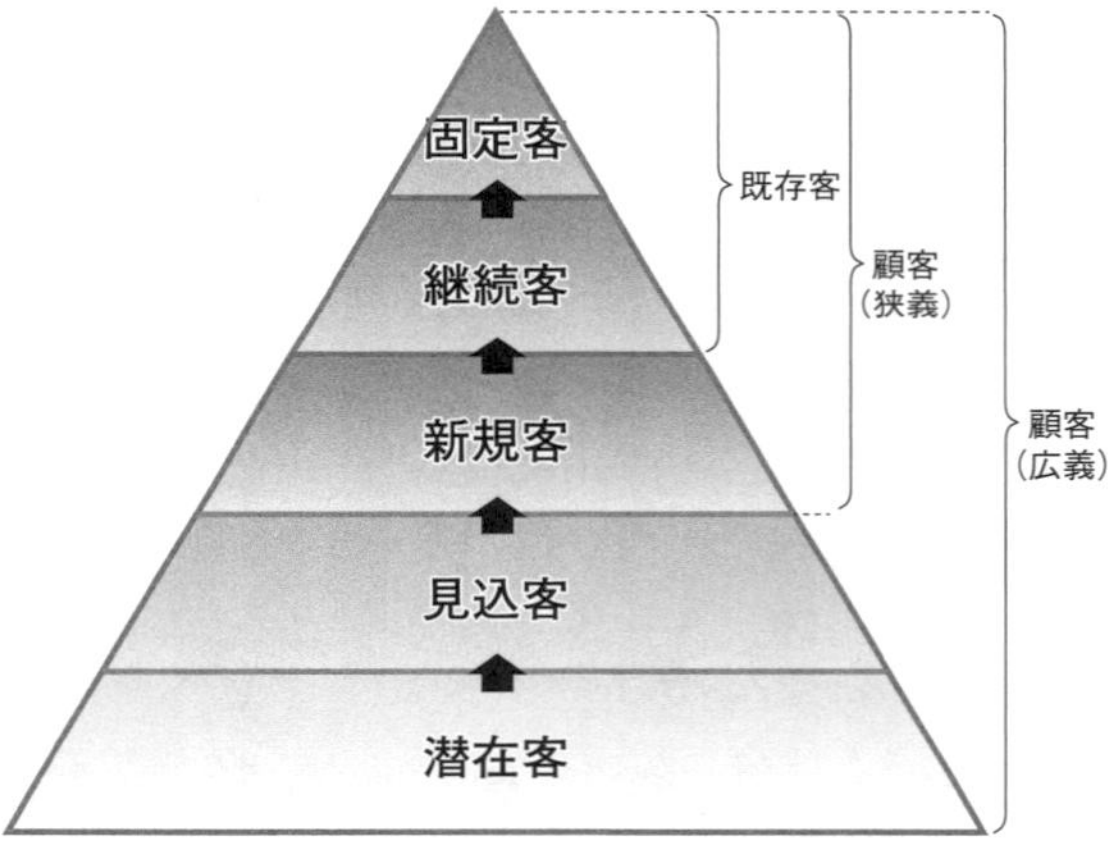


図1-4　顧客の区分

品を購入する段階別にみれば、次のように分けることができます（図1-4）。

まず、商品を購入する可能性があると推測される潜在客から始まり、マーケティングの対象に据えたもののまだ商品を購入していない見込客、初めて商品を購入した新規客、2回以上商品を購入した継続客（常連さん、リピーター）、ご愛顧いただけるまでになった固定客（お得意さま、ご贔屓、ファン）となります。継続客と固定客が、既存客になります。

実際にマーケティングを展開するときは、それぞれの段階に応じた手を打って固定客へと計画的に育てていかなければなりません。

ホームプロでは、講読を希望する全員に同じ

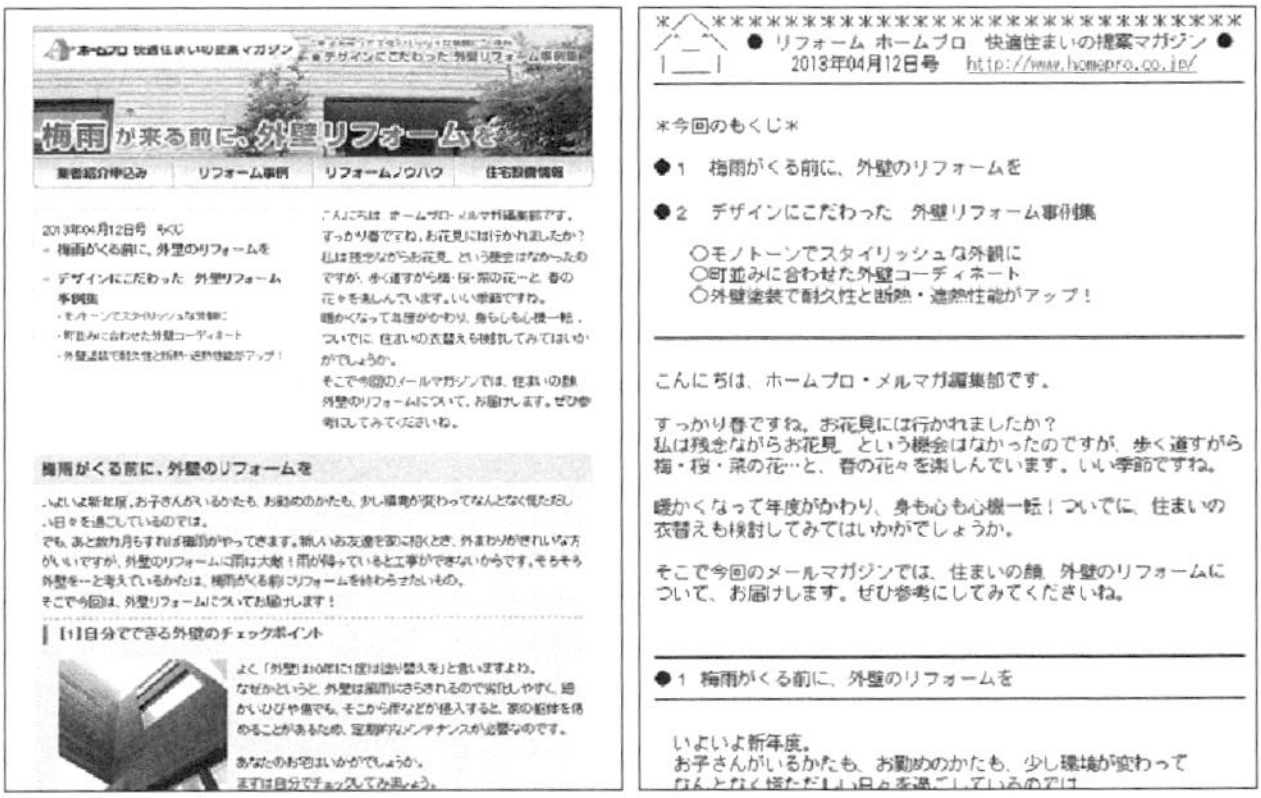


図1-5　ホームプロのメールマガジン

メールマガジン（図1-5）を送るだけでなく、顧客の状況に応じた内容のメールも自動的に送ることによって、育てるようにしていました。

さきにみたように、なにも手を打たないと顧客はどんどん流失していくからです。しかも、国内では総人口が減少していくのですから、これまで以上に注力しなければなりません。

さて顧客の定義ですが、狭義では、潜在客や見込客を除いて実際に購入したことのある者だけをさし、広義では、潜在客や見込客も含めたすべての者をさします。本書では、特に限定しなければ、広義の定義で用います。

顧客については、同種の顧客だけに対応していればよいとは限りません。顧客が企業の場合は、複数の組織や担当者に対応するのが普通です。最近では、他社との違いを際立たせて差別化するため、また、取引の形態が複雑化しているために、複数の種類の異なる顧客に対して、多面的に対応する取り組みが増えています。

たとえば、世界最大の半導体メーカーであるインテルが、直接相手にする顧客は半導体を部品とするパソコンメーカーですが、さらに、そのパソコンメーカーの顧客でありパソコンを実際に使う生活者に対しても、直接の顧客の先の顧客として、「インテル入ってる（Intel Inside）」などと宣伝したり（このキャンペーンは、もともとは日本での新卒採用における知名度を上げるため、１９８９年にIntel in itとして始められました。１９９１年から２００５年までは、Intel Insideとして世界中で大規模なキャンペーンとして展開され、現在でも使われ続けています）、家庭内でのパソコンの利用実態にまで踏み込んで調査したりもしています。

ネスレ日本では、本格コーヒーを楽しめる自社製のコーヒーマシンを管理し、自社から購入したコーヒーを補充して代金を徴収する職場の世話役となる顧客を、マシンを無料で利用できる特典キャンペーンで募ることによって、職場への導入を進めています（図１‐６）。しかし顧客は、「ネスカフェ アンバサダー」（アンバサダーは、もともとは大使や使節のことですが、好意的な情報を発信してくれる顧客のことも、こう呼ぶようになっています）と呼ばれる世話役だけではありません。マシンを使ってコーヒーを飲む他の職員も、コーヒー代金の支払いに加えて、自宅用にマシンを購入してくれることが少なくない顧客なのです。インテルやネスレ日本は、直接の顧客に働きかけて購入をプッシュするだけでなく、その顧客の顧客にまで働きかけて、そちらからも直接の顧客に対して購入を促してもらったり、クチコミを広げてもらったりしようとしているのです。

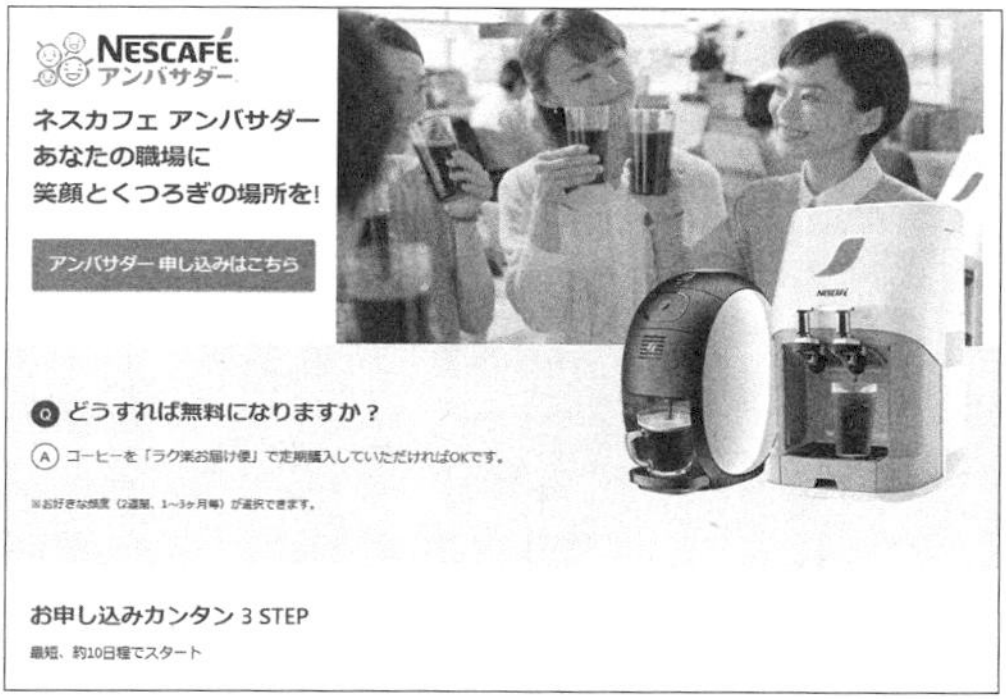


図１－６　ネスカフェ アンバサダーの募集サイト

また、リクルートでは、たとえば求人情報サイト「リクナビ」の場合、採用したい法人と就職したい学生の両方を顧客として、それぞれに対応し結びつけなければなりません。リクルートでは、法人顧客をクライアント、個人顧客をカスタマーと呼んで区別しています。

ホームプロでも、リフォーム工事を行いたい会社と、工事を頼みたい生活者の両方を顧客として、それぞれに対応し結びつけなければなりません。

リクルートやホームプロは、企業と個人の生活者をつなぐインフォミディアリ（情報仲介者）、ＢｔｏＢｔｏＣ（Business to Business to Consumer。真ん中のBusinessは仲立ちする自社のことです）あるいはマッチングプラットフォームといわれる取引の形態の例です。

リクルートでは、こうしたクライアントとカスタマーを結びつけるマッチングのしくみを図示したものが、リボンのようなかたちに見えることから、２００３年頃からもっぱら「リボンモデル」と呼ぶようになっています。

のちほど第３章で具体的な設計の仕方を、第５章で新しい展開のとらえ方をみていきます。

## 失われる顧客

あなたの会社や組織では、顧客のところにでかけ、顧客を観察し、顧客と話をしているでしょうか。社内でマーケティングとして議論し検討されている内容が、顧客とそのニーズやウォンツについてほとんどふれられなくて、商品に関してばかりであるようなことが少なくないのではないでしょうか。もしそうであれば、それはマーケティングではなく、もっぱらセリングそのものということになります。

図１‐２でいえば、マーケティングといいながら、最初の上の矢印が実線ではなく消えか

けの点線になってしまい、その下の矢印が点線ではなく太い実線になってしまっているわけです。

もちろん、マーケティングでも、商品について議論し検討することは必要です。しかし、まずは顧客とそのニーズやウォンツについて議論し検討したうえで、それを踏まえたものでなければなりません。しかも、顧客とそのニーズやウォンツはつねに変化するので、一度検討したからといって、その後の検討を怠っていると、売れなくなってしまいます。

企業は、主要顧客のニーズとウォンツをより一層みたすべく、商品の継続的なイノベーションに注力します。その反面、現在の主要顧客に注力するあまり、既存の商品をいずれ陳腐化してしまうことになる破壊的なイノベーションが登場しても、対応しなかったり適当に対応したりしてしまいがちです。

なぜなら、破壊的なイノベーションは、自社の主要顧客が要求するだけの性能を当初はみたさず、現行の商品の需要をみずから破壊したくないこともあって軽視し、新しく生まれてきた顧客のニーズとウォンツへの対応を怠るからです。

そうこうしているうちに、新興企業にそれらの顧客を奪われてしまいます。やがて破壊的なイノベーションの性能が向上してくると、肝心の主要顧客もそちらに乗り換えてしまうことになるのです。

こうして、栄華を誇っていた企業が、主要顧客の声に耳を傾け寄り添ったがゆえに、没落してしまうことが少なくありません。

これが、イノベーション研究の世界的権威であるクレイトン・クリステンセンが「イノベーターのジレンマ」と名づけた現象です（『イノベーションのジレンマ　技術革新が巨大企業を滅ぼすとき』翔泳社、２００１年〈原著１９９７年〉）。

たとえば、コンピュータ市場における中核商品が、汎用大型のメインフレームコンピュータから簡略化した中型のミニコンピュータ、さらにはパーソナルコンピュータ（デスクトップ、ラップトップ）、携帯端末（タブレット、スマートフォン）へと移行し、それに合わせてトップ企業も、ＩＢＭからディジタル・イクイップメント・コーポレーション（ＤＥＣ）、コンパック、アップルなどへと入れ替わりました。

当初は性能がよくなかった下位のコンピュータが、飛躍的に性能を向上させて、上位のコンピュータを次々に蚕食《さんしょく》していったのです。その結果、ＤＥＣはコンパックに吸収合併され、さらにコンパックはヒューレット・パッカード（ＨＰ）に吸収合併されてしまいました。

カメラの感光材料として使われていた写真フィルムのトップ企業であったコダックは、みずからデジタルカメラを世界で初めて開発していながら、画質が劣ることから時期尚早として稼ぎ頭のフィルムに注力し続けているうちに、デジタル化の波に乗り遅れ倒産してしまいました。一方、ライバルの富士フイルムは、フィルムからヘルスケア商品や高機能材料などへと展開し、事業構造の転換に成功しました。

つねに破壊的イノベーションの登場や、顧客とそのニーズやウォンツの変化に注意を怠らず、手遅れにならぬうちに手を打たなくてはなりません。

## マーケティング・コンセプト

顧客を起点として考える顧客志向は、マーケティングの根本となる考え方なので、「マーケティング・コンセプト」ともいわれます。マーケティングの神様と呼ばれるセオドア・レビットが1960年に書いた「マーケティング近視眼」（『T・レビット　マーケティング論』ダイヤモンド社、2007年所収）という論文をきっかけに広まりました。

レビットは、事業の定義（目的）は、商品中心ではなく顧客中心にすべきである、とします。目の前の商品中心に見るのは近視眼的であり、商品の背後にいる顧客中心に見るよう視力を矯正しなくてはならない、というわけです。

レビットは、当時の鉄道と映画の例をあげています。

米国の鉄道会社は、鉄道という商品ばかりを見ていたので、自動車や航空機のニーズをみたすことなく放棄してしまいました。顧客にピントを当てて事業を輸送というふうにとらえていれば、そうしたニーズをみずからみたし、斜陽産業にはなっていなかったはずです。

また、ハリウッドの映画会社は、映画という商品ばかりを見ていたので、テレビを劣った商品あるいは脅威ととらえて拒否しました。顧客にピントを当てて事業を娯楽というふうにとらえていれば、テレビを好機として成長し、斜陽産業にはなっていなかったはずです（その後、ハリウッドの映画会社はテレビやビデオなどへも進出して復活しました）。

企業の目的は価値を生み出すことだとすると、顧客よりも商品のほうに目が行きがちになってしまいます。この点からも、目的は顧客の創造と維持にするほうがよいでしょう。

顧客志向とは、顧客のためにということではなく、顧客の身になってということです。顧客のために、だと、御社の立場から顧客のことを考えるところにとどまってしまうからです。顧客よりも顧客になりきらなくてはなりません。積極的に顧客の立場でどう思うかを想像することで共感し、顧客の意図や気持ちを理解するのです。

世界最大の日用品メーカーであるプロクター・アンド・ギャンブル（P&G。図1-7）

のトップ（CEO）に2000年に就任したアラン・G・ラフリーは、P&Gを技術志向から顧客志向へと転換すべく、「消費者こそが私たちのボス（Consumer is Boss）」という理念を掲げました。「お客さまは神様です」などとするのではなく、時として理不尽なこともあるボスとしているのは秀逸です。

100年前に、マーケティングの先駆者とされる米国の百貨店王、ジョン・ワナメーカーが「消費者は王様」と言っていたのを、より身近な表現に改めたものといえるでしょう。

王様は奉仕すべき絶対者ですが、時としてわがままな裸の王様でもあるのはボスと同様です。ワナメーカーは、王様である消費者に奉仕するために、当時の商習慣をことごとく覆す定価販売、品質表示、現金取引、返品交換保証を広告でうたって実践し、ワナメーカー百貨店をゼロから当時世界最大の百貨店に

図１－７　P&G Japan のサイト

まで成長させました。その200年ほど前に創業していた越後屋とそっくりです。

ラフリーも、消費者こそが私たちのボスというのを、たんなるお題目にとどめることなく、みずから率先垂範して顧客の家庭を訪問するとともに、各国のトップにも最低でも四半期に一度は顧客の声を直接聞くことを義務づけるなどして本気で取り組み、全社にその理念を徹底しました。その結果、顧客を中心に据えたさまざまな取り組みが功を奏して、9年の在任期間中に売上を2倍、利益を4倍に伸ばしています。

アマゾン（Amazon。図1-8）も、1994年の創業以来、「地球上でもっとも豊富な品揃え」とともに「地球上でもっともお客さまを大切にする企業であること」を企業理念に据え、つねに顧客を起点に判断することで成長し続けています。

図1-8　アマゾンのサイト

2000年に導入した「マーケットプレイス」が典型的な例です。アマゾンが販売する新刊本と第三者が販売する新古本が一緒に並んで売られることになりました。それまでの常識では、みずから競合相手にも出品させるなど考えられないことでした。しかし、豊富な品揃えとなり、顧客も選べて満足するということから実現したものです。いまではマーケットプレイスは収益の柱となっています。

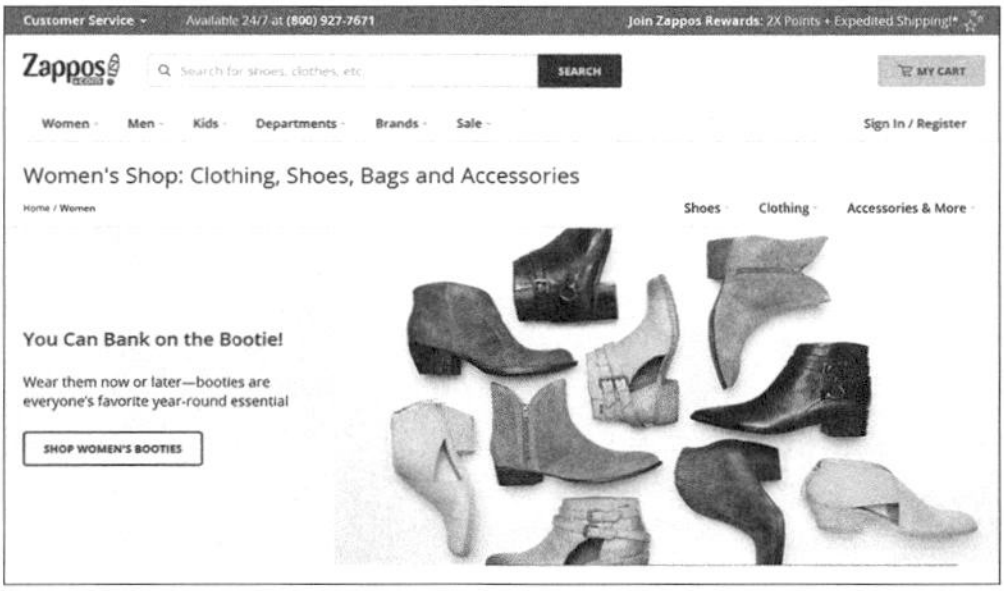

図1－9　ザッポスのサイト

そのアマゾンが２００９年に買収したザッポス(Zappos。図１－９)は、日本では事業を展開していないのであまり知られていませんが、インターネットの靴の小売りでは全米No.１のサイトです。

ザッポスは、「至上の顧客サービスと経験を提供すること」を長期ビジョンとし、「靴を売ることになった顧客サービス企業」を標榜するだけあって、顧客サービスこそ全社員の仕事と位置づけ、競合他社と差別化しています。

送料・返送料とも無料で、３６５日以内であればいつでも返品でき、長時間になることもいとわず24時間年中無休で自社の正社員が電話で対応し、自社に在庫がなければ３

社以上の他サイトをチェックして、見つかれば顧客に教えるといったことまでしています。顧客の75%をリピーターが占めるという圧倒的な支持を得ており、アマゾン自体も靴を売っていますが、ザッポスを吸収統合することなく独立したままで事業を展開させています。

## 1-5「求めているのは商品」ではない

### 顧客の求めるもの

発想の起点である顧客が求めているのは、商品そのものなのでしょうか。

レビットが、『マーケティング発想法』(ダイヤモンド社、1971年〈原著1969年〉)で紹介した米国の工具メーカーの社長のことばが、その答えとして有名です。

「昨年度、4分の1インチ・ドリルが100万個売れた。これは、人びとが4分の1インチ・ドリルを欲したからではなくて、4分の1インチの穴を欲したからである」

「ドリルの穴」として知られている話です。

ドリルは穴を開けるための手段のひとつにすぎません。たとえば、小さな穴なら錐《きり》でも間に合うし、レーザー光線で一瞬にして穴が開けられる商品が発売されれば、ドリルでなくてもかまわない、ということになります（代替品の購入）。ドリルを買わなくても、レンタルしたり大工や便利屋に頼んでやってもらったりしてもかまいません（サービスの購入）。

レビットの指摘以降に実際に起こった例をひとつあげれば、レコードを求めていたのは音楽を聴きたかったからなので、１９８０年代になるとカセットテープやコンパクトディスク（ＣＤ）へ（代替品の購入）、さらに２０００年代以降は音楽データのダウンロード、そして最近ではストリーミング（ダウンロードと同時に再生）へというように（サービスの購入）、より便利な媒体である商品やサービスへと移っています。

レビットは、ドリルの穴の話を一般化して、人は商品を買うのではない、商品のもたらす恩恵の期待を買うのである、と言います。

恩恵の期待というのは、得られるであろう便益（便利で有益なこと、ベネフィット、与える者の視点からみた場合に使われます）のことです。効用（満足する度合い、ユーティリティ、受ける者の視点からみた場合に使われます）ないしは問題解決（ソリューション）への期待と言い換えてもよいでしょう。

要するに、**ニーズをみたし問題を解決することを期待して、商品を買う**ということです。

なお、便益や効用は、機能や特徴とはちがいます。機能という手段によってみたす目的にあたるのが便益や効用です。たとえば、パソコンやスマートフォンのマイクロプロセッサの高速化という機能は、顧客が動画やアプリケーションソフトを円滑に取り扱えるようにする便益や効用のためのものです。

商品の機能や特徴ではなく、顧客に知覚された便益や効用、あるいは問題解決こそが購入の決め手なのです。顧客は問題解決に役立つと思うからこそ購入するのです。

ドリルの穴ほど有名ではありませんが、レビットは化粧品メーカー、レブロンの社長のことばも紹介しています。

「工場では化粧品をつくる。店舗では希望を売る」

レビット自身も、衣料業界では、メーカーが売るのはドレスではなく流行である、と指摘しています。

このように、顧客は商品から得られるどのような恩恵に期待して買っているのか、商品の使い道や用途をよく見極めることが大切です。

その後も、さきにふれたクリステンセンが、顧客が求める商品サービスを見つけるには「片づけるべき用事（jobs to be done）」に着目せよと、2003年から主張しています（『ジョブ理論　イノベーションを予測可能にする消費のメカニズム』ハーパーコリンズ・ジャパン、２０１７年〈原著２０１６年〉）。
顧客の用事を明らかにするための方法として、生活に身近な用事、無消費に眠る機会、間に合わせの対処策、できれば避けたいこと、意外な使われ方、の５つについて、観察し掘り起こすことをすすめています。

レビットと同じ発想にもとづき、イノベーションを生み出すための手法として、クリステンセンはこれらを主張しています。のちほど第４章であらためてとりあげます。

## １‐６「サービスは商品のおまけ」ではない

### 拡張された商品

それでは、顧客が実際に買っているのは、商品だけなのでしょうか。

レビットは、商品だけでは足りない、目に見えないサービスで商品を包み込んだ「拡張された商品」でなくてはならない、と主張します。モノとしての商品だけでなく、商品に伴うサービスまで拡張して、商品に含めて考えるようにするということです。

たとえば、食品メーカーは、小売店に食品だけではなく、販売支援も売っています。コンピュータ会社は、コンピュータだけではなく、それをどのように活用すればいいのかというコンサルティングも売っています。航空会社は、航空機の座席だけではなく、座席を予約できるシステムも売っているのです。占める割合が違うだけで、どんな産業でも、サービス業はもちろんですが、製造業でもサービスを提供しています。**サービスこそ購入されるものの中心**なのです。

ここでいうサービスとは、顧客が代金を支払って購入する効用をもたらす経済活動のことです。日常生活で使われることのあるような、接客態度やおもてなし（「サービスがよい」など）、値引きやおまけ（「サービスしておきます」など）のことではありません。

サービスは、管理マーケティングが前提としているモノとしての商品とはちがって、目に見える形がなく、顧客のいる現場で生産と消費が同時に起こる（サービスに顧客も参加し共創する）ことが多く、成果の品質を標準化することが難しく、消費のために在庫できないことが多い、といった特徴があります。モノに対するコトというふうにとらえるとわかりやすいでしょう。

## 2つのサービス化とサービス・ドミナント・ロジック

レビットが「拡張された商品」について指摘したのは、40年以上も前のことです。今日では、国内総生産に占める第三次（サービス）産業の割合が高まる「経済のサービス化」が進み、日本では75％を超えるまでになっています。就業者に占める割合でも、70％を超えています。総務省の家計調査でも、財（商品）ではないサービスの購入が家計支出の40％を超えています。

商品の機能や品質に大差がなくなり、価格競争に陥るコモディティ化（どこにでもある日用品のように一般化すること）に対抗するために、製造業（メーカー）がサービス分野へと進出する「製造業のサービス化」も進んでいます。コピー機やエレベーターのメーカーのように、収益の過半を保守・運用サービスからあげているような製造業も少なくありません。なおのことサービスを中心に据えないわけにはいきません。

ゼネラル・エレクトリック（GE）は、航空機エンジンの販売を主とし、それに付随するものとして部品販売やメンテナンス、ファイナンスなどを個別に提供していました。１９８０年代半ばになって、それらをひとつのサービスとして統合し、稼働時間に応じた従量課金制に転換しました。

その後、エンジンにセンサーを組み込んでリアルタイムでデータを収集分析し、故障を事前に予測して予防するだけでなく、燃費のよい最適な飛行方法を提案して燃費を削減するサービスを導入するなど進化を続け、いまや民間航空機のエンジンでは過半のシェアをおさえてGEの稼ぎ頭になっています。現在では、航空機エンジンにとどまらず、発電機や機関車などで同様のサービスを全社的に展開しています。

2010年代に入り、ネスレ日本は、「すべてのメーカーはサービス業をめざすべきだ」として、ネスカフェ アンバサダー（48ページ参照）を募集して、職場にコーヒーを継続的に供給するなど、商品からサービスへの展開を進めています。

コクヨも、法人顧客に対して、たんに家具を納入するだけではありません。不動産の有効活用についてのコンサルティングから、働き方を含めたオフィス空間全体の企画・設計・空間デザイン・施工・オフィス家具納入・経営課題の洗い出し・運営から改善までの全過程を担当し、「空間価値創造」を展開するようになってきています。

こうしたサービス化の進展を背景として、たとえモノとしての商品であっても、その商品が果たすべき機能はサービスにほかならず、サービスこそが商品の効果の源泉であり、商品とサービスを二分する従来の区分は意味をなさない、と2004年頃から主張されるようになっています。

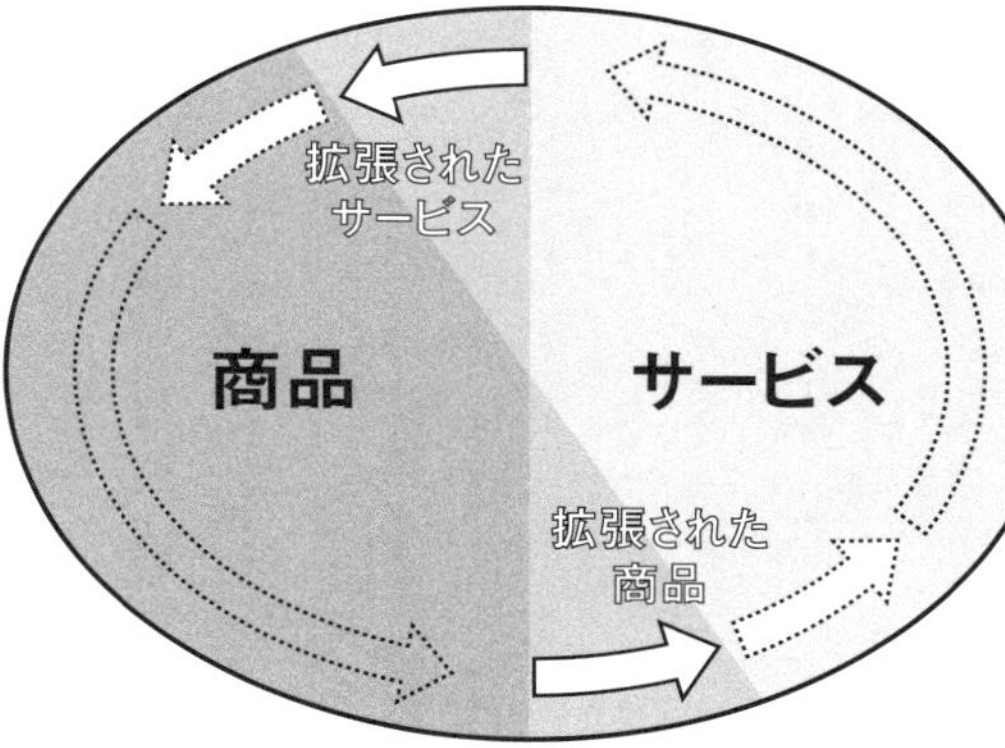


図１-10　拡張された商品と拡張されたサービス

商品と具体的な複数形のサービス(services)を合わせて抽象化した、ナレッジやスキルに相当する単数形のサービス(service)こそが、マーケティング全体を支配する論理だとします。これは「サービス・ドミナント・ロジック」と呼ばれ、賛同する研究者が増えています。

この論理は、レビットの主張した、商品からサービスへと「拡張された商品」とは逆に、サービスのほうから商品へと「拡張されたサービス」を主張するものということができます(図１-10)。モノとしての商品として狭くとらえていてはいけないという点では一致しています。

サービス・ドミナント・ロジックは、実践

マーケティングにも通じる考え方ですが、マーケティング理論の基本的な前提についてまだ議論がなされている段階なので、本書ではここでふれるだけにとどめます。

### 商品サービス

これまでは、かんたんに「商品」とだけ記してきました。レビットのように商品の概念を拡張してサービスを含めてしまうこともできます。サービス・ドミナント・ロジックに従えば、商品を含めてサービスとしてしまうこともありえます。

本書では、いずれにしても商品とサービスはお互いに補完し合いながら一体のものとして提供されるべきであることを踏まえて、ここからは「商品サービス」として表記することにします。

商品と製品の違いについても、ここで確認しておきましょう。

商品は売買される品物のことをいいます。製品は製造された品物のことをいいます。したがって、商品は製品を含み、さらに製造されたものではない農産物なども含むということになります。もともとマーケティングは、メーカー（製造業）から始まったこともあって、商品（Goods、Merchandise）ではなく製品（Product）ということばが、もっぱら用いられてきました。本書では、狭い意味の製品ではなく、本来あるべき商品ということばを用います。

## まとめ：マーケティングの定義

マーケティングの発想について、誤った常識による呪縛をひととおり解いてきました。あなたは何を学ばれたでしょうか。ざっと振り返っておきましょう。

事業の目的は売上や利益などではなく、顧客の創造と維持です。マーケティングは営業だけでなく、企業のすべての組織が担わなければなりません。マーケティングは売ることではなく、売らなくても売れるようにすることです。マーケティングは商品ありきではなく、顧客ありきです。事業の定義（目的）も、商品中心ではなく顧客中心に考えなくてはなりません。顧客が買うのは商品ではなく、商品のもたらす恩恵の期待、問題解決です。顧客が実際に買っているのは商品だけではなく、商品を包み込んだサービスです。

ここまで、マーケティングについて定義をせずにきました。第１章を終える前に、まとめとしてマーケティングを定義しておくことにしましょう。

本書でおすすめするマーケティングの定義は、「**売れるしくみをつくること**」です。しくみというのは、ものごとがうまくいくように工夫された組み合わせ、組み立てのことです。顧客の創造と維持という事業の目的を果たすべく、さまざまな打ち手を組み合わせ、全体としてうまくはたらくよう有機的に統合するわけです。

さきにみた越後屋の「現金掛値なし」や富山の置き薬の「先用後利」の取り組みは、まさに売れるしくみづくりそのものであり、世界に先駆けたマーケティングの実践だったのです。

この「売れるしくみをつくること」という定義はシンプルで覚えやすく、一度聞いたら忘れることはないでしょう。しかも、マーケティングの発想もちゃんと織り込まれています。売れるしくみをつくることは、明らかに売ること、すなわちセリングとは違います。売るしくみではなく売れるしくみをつくるためには、はじめに顧客ありきで考えないわけにはいきません。売れるしくみですから、売る組織だけでなく、すべての組織がかかわってきます。売れれば利益はあとからついてきます。

次の第2章では、この売れるしくみをつくる計画について、みていくことにします。

# 第2章　「計画についての呪縛」を解く　★初級

マーケティングの教科書は、事前にどうするか考える計画一色だといっていいくらいです。事例については、その計画の良し悪しが市場において判明した後の結果として紹介されます。これが管理マーケティングです。

ところが、計画についても、第1章でみた発想と同じように、誤った常識による呪縛に囚われてしまっているのです。コトラーの管理マーケティングの体系内での、星1つ（★）の初級レベルの内容といえます。初級だからといって、甘くみているとつまずいて痛い目にあいかねないのは、第1章と同じです。

計画を立てるときの標準的な進め方とされている順番に従って、呪縛を解いていくことにしましょう。

## 2-1「とりあえず調査」してはいけない

### 市場調査

マーケティングは、何から始めるべきなのでしょうか。

「R→STP→MM（４P）→I→C」というのが、標準的なマーケティングの体系、手順となっています。

Rは市場調査（Research）です。STPは、市場細分化（Segmentation）、ターゲティング（Targeting）、ポジショニング（Positioning）の3つです。MM（４P）というのは、４つのP、すなわち商品（Product）・価格（Price）・流通（Place）・販促（Promotion）からなるマーケティング・ミックス（Marketing Mix）です。Iは実行（Implementation）で、Cは統制（Control）です。

それぞれの内容については、この第2章の最後のまとめであらためてみていきます。ここでは、最初がR（市場調査）になっていることをまず知ってもらえばじゅうぶんです。

ちなみに、マーケティングにおける市場とは、売買の行われる場所としての「いちば」ではなく、顧客の集まりとしての「しじょう」です。市場調査では、すでに明らかとなっている顧客だけでなく新たに見込まれる顧客、すなわち顕在客と潜在客からなる顧客の集まりがどれくらいあって、ニーズとウォンツはどうなっているのかを調べる必要があります。

市場には顧客を取り合うことになる競合他社も、すでにいるか、まだいなくても遅かれ早かれ登場するので、合わせて調べておかなくてはなりません。

そのため、顧客（Customer）と競合他社（Competitor）、そして自社（Company）も合わせた、3つのCである3者の関係について検討する「3C分析」が基本となります。

3C分析は、世界的に有名な経営コンサルタントの大前研一が1970年代に提唱し、その後広く使われるようになったものです。3Cを念頭に、つねに顧客と競合他社を両にらみで意識するよう習慣化し、自社の都合についてばかり検討することのないようにします。

以下では、3Cのなかでもっとも大切でありながら、ともすれば、わかっているつもりになって省いたり適当にしたりしてしまう顧客についての調査に絞ってみていくことにします。

## 目的による使い分け

さて、なにはともあれ、とりあえず市場の調査と分析から始めるべきなのでしょうか。

調査はあくまで手段です。何のためにするのかという目的があって、それをどのようにするのかという手段があります。手段は目的に従います。**市場調査も目的を明確にしてから行わなければなりません。**目的に応じて手段である調査を使い分けましょう。

目的は、すでにある商品サービスの延長線上で拡販するため（1からnに増やす「1→n」、連続的なイノベーション）なのか、これまでなかった商品サービスを生み出すため

（0から1を生み出す「0→1」、不連続のイノベーション）なのか、大きく２つに分けて考えることができます。

まず、すでにある商品サービスの延長線上で拡販するため（1→n、連続的なイノベーション）の調査である場合、すでに意識されているニーズやウォンツが対象になることが多いので、通常のアンケートやインタビューによる調査でも役に立ちます。

実際の購入データや、インターネットのアクセス履歴（ログ）といった実績データがあれば、最近はパソコンと表計算ソフトでもかんたんに分析できるようになっています。データの質と量を確保できれば、有効な相関関係やパターンを見つけ出したり、精度の高い売上予測をすることもできます。

ホームプロでは、広告ごとに、紹介申込の獲得単価（ＣＰＩ）や成約の獲得単価（ＣＰＯ）と、契約金額に応じて見込まれる手数料収入とを比較して費用対効果を分析し、広告出稿を最適化するようにしていました。

また、自社サイトへの訪問者（ビジット）数、紹介申込の件数と率と予算金額の総額と平均単価、紹介案件に対して手を挙げた平均会社数、成約の件数と率と契約金額の総額と平均単価などの主要な業績評価指標（ＫＰＩ）について、毎日最新のデータを全員で共有し毎週全員でミーティングを行い、先々の売上を予測しながら必要な手を随時打っていました。

気をつけなくてはならないのは、データの対象になっていても売り切れてしまっていた商品サービスや、そもそもデータの対象にはなっていなかった商品サービスの売りそびれまでは、いくらデータを分析してみてもわからないということです。そうした機会損失については、実際に見て（観察）聴いて（質問）やって（実験）みないことにはわかりません。

次に、これまでなかった商品サービスを生み出すため（0→1、不連続のイノベーション）の調査である場合、従来のアンケートやインタビューによる調査はほとんど役に立ちません。

ウォークマンを世に出したソニーの盛田昭夫も、iPhoneを生み出したアップルのスティーブ・ジョブズも、そうした調査を当てにしていませんでした。ホンダを創業した本田宗一郎も、「市場調査と女心は当てにならん」と言っていました。ネスレ日本の高岡浩三は、「調査でわかるようなことは誰でもできる。調査からイノベーションは生まれない」と言い切ります。

まだ世の中には存在しない商品サービスに関して、いきなり顧客に聴いてみてもわかるはずがありません。自動車が登場する前には、もっと速い馬が欲しいという答えしか得られません。実際に発売されてみて、初めて自動車が欲しかったのだということになるのです。のちほど第４章でくわしくみていきますが、そもそも人間の行動の実に95％ないし99％は無意識によるものであり、そうした行動の意図や理由を本人に聴いてもわかりません。文化人類学者が未開の部族に対してしてきたのと同じように、ターゲットとする顧客を現場で観察しなくてはなりません。積極的に顧客の身になってどう考えるかを想像しながら共感をもって観察することで、本人が意識せず言語化もされていないニーズやウォンツを見出すことができるのです。そうすることで、ウソや後知恵による回答の偏りを排除することもできます。

観察の対象とするのは、通常行われる平均的な顧客ではなく、「エクストリーム・ユーザー」すなわちよく利用するヘビーユーザー（多消費者）と、まったく利用しない者（無消費者）という両極端の顧客にしたほうが多くの気づきを得られます。従来の調査は、気づきを裏づけるデータをとるなどの必要に応じて、その後からすることになります。

たとえば、今や国際標準規格にも採用されている絵文字ですが（英語の正式な表記もemojiです）、実は開発者が女子高生を観察していて、携帯電話が普及する前によく使われていたポケットベル（無線呼出し機）のなかで、専業の事業者であったテレメッセージの機

図2－1　最初の絵文字176種類
出所：MoMA のブログ
https://stories.moma.org/the-original-emoji-set-has-been-added-to-the-museum-of-modern-arts-collection-c6060e141f61

種ばかりが多用されていることに気づいたことをきっかけに生まれました。その理由が、ハートマークを使えるためだったことから、今度はＮＴＴドコモが１７６種類の絵文字（図２‐１）を作成して、１９９９年発売の携帯電話のｉモードやポケットベルに搭載してみたところ、一気に使われるようになったのです。

こうしたアプローチは、「世界でもっともイノベーティブな会社」にも選ばれた米国のデザインコンサルティング会社のＩＤＥＯ（アイディオ）が、「デザイン思考」の核として取り組んでいることで広く知られるようになりました（『発想する会社！ 世界最高のデザイン・ファームＩＤＥＯに学ぶイノベーションの技法』早川書房、２００２年〈原著２００１年〉）。

韓国のサムスン電子は、いちはやく１９９０年代半ばからＩＤＥＯと組んでいます。カリフォルニアにあるＩ

DEO本社の隣に自社の研究所まで設置し、デザイン思考で１２０件以上の商品を開発し、日本の家電メーカーを世界市場で凌駕する起爆剤としました。

創業１２５年の巨大企業であるGEでも、デザイン思考を全面的に取り入れるようになっています。日本国内では、２０００年代に入り、大阪ガスグループが「行動観察」として広めています。デザイン思考は人間中心の考え方を基本としていますが、商品中心ではなく顧客中心というマーケティング・コンセプトとも合致しています。

のちほど第４章で、無意識のとらえ方としてあらためてみていくことにします。

## 二段階方式

すでにある商品サービスもこれまでなかった商品サービスも、いきなり本格的な市場調査をするのは、非効率であり非生産的です。焦点が定まっていないので、あれもこれも調べたくなります。一方、細部まで詰められていませんから、あとから抜けや漏れが出てきます。せっかく調査したのに役に立たず、結局一からやり直さなければならなくなったりします。

どのようにやっていったらいいのかよくわからず、仕事に取り組んでいるという体裁を取り繕うために、居酒屋を訪れてすぐにビールを頼むのと同じように、とりあえず調査会社に発注するようなことは厳に慎まなければなりません。

まずは当たりをつけるかんたんな調査によって仮説をつくり、その仮説を検証するために本格的な調査をするという二段階方式が、効率的であり生産的です。

優秀なコンサルタントと一緒にプロジェクトに携わったことが何度もありますが、彼らはつねにそうした仮説をもって仕事を進めていました。仮説を裏づけ、説得材料にするために調査をするわけです。その際、自分の仮説を肯定する証拠を意図的に探す確証バイアスがはたらくことは、意識しておくことが必要です。もちろん、仮説が不適切であることが判明すれば、新たな仮説をつくって検証し直します。

実際に調査をするときの参考になると思うので、わたしが起業したときのこともお伝えしておきましょう。

ホームプロを立ち上げたときには、海外の最先端の取り組み事例をざっと調べ、住宅リフォームのインターネット仲介事業についての仮説を立てました。実は、その数年前に、テレビCMでよく見かけた会社のフリーダイヤルに電話して自宅に来てもらったところ、宣伝の10倍を超える法外な料金をふっかけられた苦い経験があり、まさに身をもってそのようなサービスの必要性を痛感していたのです。

ネットビジネスとして取り組むに値するだけの顧客がいることを確認するために、主婦１２８名にアンケートをとり、リフォーム会社10社に聞き取りをし、じゅうぶん見込めるとの確証を得るとともに事業化の説得材料にしました。

マーケティングに限らずあらゆる調査についていえることですが、何らかの仮説、少なくとも問題意識をもっていないと、どんなに一所懸命調査をしても、見れども見えずの状態となってしまい、大事な点も見過ごしてしまいます。

かんたんな実験をしてみましょう。いま本書を読んでいるまわりの環境について、10秒間、見落とすことのないよう目を皿のようにして観察してください。10秒経ったら観察は終了です。

それでは、まわりを見ないで、以下の質問に答えてみてください。

赤いものはいくつあったでしょうか。

心して観察していたはずなのに、ほとんど思い出せないでしょう。

今度は、まわりを見て、赤いものがいくつあるか確かめてみてください。かんたんに見つかります。赤いものを探すという仮説ないし問題意識がないと、見ているにもかかわらず、いともかんたんに見逃してしまうのです。

問題意識をしっかりもっていると、思わぬところからでもチャンスを見出すことができます。日本のセブン‐イレブンの発端がまさにそうです。

1971年にイトーヨーカ堂の取締役だった鈴木敏文が、新規事業開発のために米国に出張し、レストランチェーンのデニーズと交渉しにサンフランシスコからロサンゼルスへ長距離バスで移動中、たまたまトイレ休憩で立ち寄ったのがセブン‐イレブンの店だったのです。米国にもこんな小さな店があるのかと思って帰国後に調べてみたところ、全米に4000店を展開する優良企業だったことから、日本でも事業化することにしたのです。

## 市場テスト

もっとも確かな調査は、なんといっても実際の市場でテストしてみることです。いわゆるテストマーケティングです。リクルートでは、「フィジビリ」（フィージビリティ・スタディ〈実現可能性調査〉の略語です）と呼ばれ、頻繁に実施されています。

ネスレ日本は、家庭向けのコーヒー市場ではネスカフェが70％のシェアを誇っていたのとは対照的に、家庭外のコーヒー市場では3％のシェアしか獲得できていませんでした。そこで、第1章でふれたように、2009年に、家庭向けとして売れていたコーヒーマシンをオフィスにも売り込んでみることにしました。

以下は、ネスレ日本の神戸本社で、この事業を推進してきた部長から聴いた話です。

オフィス向けのセットをつくって営業してみたところ、すでに自動販売機がある、わざわざ買ってまで置こうとは思わない、などといった反応が返ってきて、まったく売れませんでした。そうした中、２０１１年に東日本大震災のボランティアとして被災地を訪問した際、利用者の少ない集会所にマシンを設置したところ、住人たちの交流の輪が生まれていったのです。

今度はマシンを無料で提供して、コーヒー代で回収することにし、試しにモニターサイトで50台限定の無料モニターを募集してみると、１週間で１０００件を超える応募がありました。

さらに広告費用の安い北海道でテレビＣＭを10日間流して、１２００件の申し込みが得られ、職場での運用がうまくいくことも確認できたので、２０１２年から現行のネスカフェ アンバサダー方式を本格的に展開することになったのです。当初は「オフィス・アンバサダー」と名づけていたのですが、病院・学校・消防署・船舶などオフィス以外の職場からの申し込みが半数を占めたことから、「ネスカフェ アンバサダー」に改名しました。

ＩＤＥＯの「デザイン思考」でも、「プロトタイピング」といって、最初の段階から次々に大まかなプロトタイプ（試作品）をつくって手を動かしながら考え、顧客に使ってもらってその様子を観察し、意見を聴いてつくりあげていくようにしています。

英国の家電メーカーのダイソンが、大ヒット商品となったサイクロン式掃除機を開発するために、５年間で５１２７ものプロトタイプをつくった話は有名です。今日では３Ｄプリンターが登場し、商品のプロトタイプをかんたんにつくれるようになってきています。

なにも初めから大がかりにする必要はありません。ラフスケッチを描くことからでも、すぐに始めるべきです。起業の盛んな米国のシリコンバレーなどでは、ランチを食べている最中に紙ナプキンに走り書きした内容から、しばしば新しいビジネスが生まれています。商品ではない無形のサービスの場合でも、サービスを紹介するサイトやチラシ、利用するツールなどをスケッチし、手近にあるものを使って試作して検討すればよいのです。

市場で試すとなると、それなりの準備が必要でありコストもかかるので、みずから顧客になって経験してみる（わたしも起業する前に、図らずもみずから経験していたわけです）、頼みやすい身近な人を最低３人はみつけて試してみる（わたしも実際に試してみました）ことなどから始めてみるのもよいでしょう。

それだけでもかなりの確度でわかってきます。通常のアンケート調査などではわからない多くの気づきも得られます。

### よくある誤解

マーケティングは市場調査のことだ、という誤解も、世の中には蔓延しています。

もちろん、市場調査（R）はマーケティングの一手段、管理マーケティングの体系である「R→STP→MM（４P）→I→C」のひとつのステップにしかすぎません。マーケティングは、体系の全体が首尾一貫し整合性をもって連動してはじめてうまくいくのです。

## 2-2「ターゲットは幅広くねらう」べきではない

### 絞り込みが必要なわけ

第1章でみたように、事業の目的は顧客の創造と維持です。それならばと、できるだけ多くの顧客を一網打尽に獲得しようと欲張り、あれもこれもとついつい顧客をたくさんカバーしようと幅広くねらいがちです。「総合○○」「トータル○○」などと、自社やその商品サービスをうたうのは、そうした意向の表れにほかなりません。

ところが、顧客を幅広くカバーしようとすればするほど、意に反して、獲得できる顧客がかえって少なくなってしまう現象が起こります。

**対象とする顧客は、できるかぎり絞り込まなければなりません。**

広告史上もっとも偉大なコピーライターとされ、広告の神様とも呼ばれるクロード・C・ホプキンスは、「消費者を集団としてとらえてはならない」「重要なのは個人に照準を合わせることだ。広告でも対面販売と同じように消費者を扱う。消費者の欲求に焦点を合わせる。相手が目の前に立ち、何らかの欲求を訴えていると考える」と言っています（『広告でいちばん大切なこと』翔泳社、2006年〈原著1927年〉)。

今日では、「ペルソナ」と呼ばれる象徴的な架空の顧客像を具体的にくわしく描き出して、顧客イメージを絞り込む手法が使われるようになっています。年齢や性別といった単純な顧客の属性だけによって、顧客をひとくくりにできなくなってきたからです。氏名、年齢、性別、外見(写真)、居住地、家族、趣味、学歴、職業、勤務先、役職、個性、価値観、生活パターンなどといった内容までつめます。

そして、絞り込んだ顧客以外は思い切って捨て去る覚悟が必要です。世界的に著名なマーケティング・コンサルタントのアル・ライズが強調するところです(『フォーカス! 利益を出しつづける会社にする究極の方法』海と月社、2007年〈原著1996年〉)。「R→STP→MM(4P)→I→C」におけるTであるターゲティング(Targeting)のポイントです。

そもそも経営資源には限りがあります。その資源を集中して投下してこそ効果を発揮します。孫子の兵法が強調するように、戦いの基本は戦力の集中です。十をもって一を攻める、10人がかりでひとりと戦うように、戦場を絞り込んで圧倒的に有利な状況をつくりだしていけば、必ず勝てます。

また、「80対20の法則」ないしは発見者の名前をとって「パレートの法則」とよばれる経験則があります。これによれば、20％の顧客が80％の売上をもたらすことがわかっています（実際の数字は多少前後しますが）。そうだとするなら、この20％の顧客に集中して注力しない手はありません。この点からも、平均的な顧客ではなく、20％の顧客であるヘビーユーザーをこそ観察すべきなのです。

絞り込んだ顧客のニーズとウォンツに合った情報を提供すると、まさに自分のための有益な情報だとして喜ばれます。顧客を絞り込んでいない情報を提供すると、誰彼となく押しつけるぶしつけで迷惑な情報（いわゆるスパム）として、商品サービスではなく怒りを買うのがオチです。

とりわけサービスでは、顧客も生産に参加（共創）することになるとともに、どのような人が顧客になっているかは他の顧客にも大きく影響するので（憧れの人が利用している店に行きたい、あんな人が利用する店ならやめておこうなど）、ふさわしい顧客に絞り込むことが大切です。

## 絞り込みの威力

対象とする顧客を絞り込むと、商品サービスの特徴を際立たせることもできるようになります。

人に呼びかける場合、「そこの彼女」だけではなかなか振り向かれなくても、「そこのメガネをかけてるジーンズの彼女」まで絞り込めば、当てはまる人はほとんどが振り向くようになるでしょう。しかも、うまく絞り込むと、売上は減るどころか、かえって増えるようになります。実例をいくつかあげましょう。

小売業では、百貨店よりも専門量販店が、スーパーマーケットよりもコンビニエンスストアが成長しています。

図2-2　ゼクシィ

リクルートでも、結婚情報誌の「ゼクシィ」(図2-2)は、1993年の創刊当初は男女の出会い・結婚・新生活を対象にしていたのを結婚だけに特化して、売上が一気に伸びました。

また、クーポンマガジンの「ホットペッパー」(図2-3)は、前身である1994年創刊の「サンロクマル(360°)」ではあらゆる業種の店を薄く広くカバーして苦戦していたのですが、２０００年の新創刊からは飲食店中心に絞り込み、数年で中核事業に成長しました。

マーケティング上手のリクルートでも、最初からは思い切って絞り込めないというよりも、実際に活動していくなかで気づきを得て絞り込んでいくものだといえるでしょう。

図２－３　ホットペッパー

絞り込んで一点突破できれば、ホットペッパーはグルメ（飲食店）からビューティー（美容院・美容室・ヘアサロン）へ、ゼクシィは結婚から縁結び（婚活）へ、といった水平展開が可能です。

動画共有サイトのYouTube（図２－４）も、もともとは動画を利用してデート相手を見つけるサービスとして、２００５年に始められました。ところが、利用実態を調べてみると、付随する機能として提供していた動画共有サービスがもっぱら利用されていたので、そちらだけに絞り込んで大成功しています。

ネスレ日本のチョコレート菓子の「キットカット」（図２－５）は、広く息抜きのお供

（“Have a break, have a KITKAT.”）として、ながらく宣伝されていました。ところが、受験シーズンの1、2月になると、九州では語呂合わせ（「きっと勝つ」の方言「きっと勝っとぉ」）で縁起を担いで購入され、売上が急増することが2001年に判明します。

図２－４　YouTubeのサイト

そこで、2002年からは受験ストレスからの解放、受験生の応援に注力することにしました。ただ、拒否反応を招きかねないこともあり、宣伝は一切せず、ニュースとして自然に広まるしかけに徹します。朝日新聞のコラムを初めとした記事や報道で紹介され、ホテルで受験生に「頑張ってください」とひとこと添えてプレゼントしてもらい、鉄道会社にラッピング電車を走らせてもらうことなどが次々と連鎖することによって、クチコミを中心に全国的に浸透していき、チョコレート菓子部門の売上トップとなりました。

2009年には、そのまま郵送できる「キットメール」が郵便局でも発売されたように（ちょうどそのとき日本郵政にも週に1日勤めていたので、発売前に知りました）、受験生とその家族や親戚はもちろんのこと、かつて受験を経験したわたしたちやこれから受験することになる子どもたちまで（ということはほとんど全国民です）、うまい具合に心情的に巻き込むことができたのです。

図2-5　キットカット

わたしもホームプロで、集客を高額リフォームの検討者に絞り込むべく「100万円以上の増改築・リフォーム」という見出しの広告（図2-6）を出してみました。すると、100万円以上のリフォーム検討者の反応が増えただけにとどまらず、100万円未満の検討者（実は高額リフォームの潜在的な見込客でもあります）の反応までよくなりました。成人指定やR25などと年齢を制限されると、対象外の年齢の人もついつい気になるのと同じ心理でしょう。

朝からシャンプーで洗髪する「朝シャン」は、1980年代半ばに女子高生の間で流行したのが始まりです。大阪ガスでは、シャワー付き洗面化粧台を販売し、さらに資生堂が「朝のシャンプーをしましょうか」と呼びかけ、流行拡大のきっかけとなったシャンプー「モーニングフレッシュ」とのタイアップ広告も出したりしました。

その結果、1980年には19％に過ぎなかったシャワーの普及率が、1989年には69％と3倍増となりました。実はシャワーの普及がここまで進んだのは、一杯飲んで夜遅く帰宅した父親も、娘を見習って朝シャンするようになったからだったのです。

このように、うまく絞り込むと、絞り込んで捨てたはずの顧客まで結果的にとれるようにもなるのです。

## 2-3 「よければ売れる」というものではない

### ポジショニングはファースト

いまの世の中で、競合他社の存在しない商品サービスはまずありません。新しく生まれた商品サービスであっても、売れるとなるとすぐに競合他社が現れます。そうしたなか、競合他社よりもよい商品サービスを提供してさえいれば、放っておいても売れるでしょうか。

図2-6　ホームプロの広告

まず、売れるためには、対象とする顧客の記憶のなかに商品サービスを位置づけて、競合他社と差別化することが必要です。管理マーケティングの体系の「R→STP→MM（4P）→I→C」におけるSTPのP、すなわちポジショニング（Positioning）です。

これは、アル・ライズと、かつての同僚ジャック・トラウトのふたりが、1969年に世界で初めて打ち出した考え方です（『ポジショニング戦略［新版］』海と月社、2008年〈原著2001年〉）。

かのレビットも、差別化は、会社が不断に取り組まなくてはならないもっとも重要な戦略的、戦術的行動のひとつであり、あらゆるものは差別化が可能だと言っています。ポジショニングすることで、差別化を実現できるのです。

競合他社と比べて、自社の商品サービスを顧客の記憶のなかでどのように位置づけて認識されるべきかを決定します。競合他社の商品サービスが強い地位を占めない位置づけ（競合他社と差別化）で、自社の商品サービスが独自で魅力的に映る位置づけ（ニーズとウォンツを充足）が望ましいことになります。

その際、**商品サービスの属する分野でベストであるよりも、ファースト（最初→トップ）であると認識されることが重要です。**

人類で最初の動力付き有人飛行をしたのは米国のライト兄弟であることはよく知られていますが、２番目はだれも知りません。人類で最初の宇宙飛行士は旧ソビエト連邦のガガーリン少佐であることはよく知られていますが、２番目はだれも知りません。世界で１番高い山はエベレスト、日本では富士山であることはだれでも知っていますが、２番目は山好き以外にはほとんど知られていません。

ちなみに、世界で２番目に高いのはカラコルム山脈にあるＫ２で、日本で２番目に高いのは南アルプスにある北岳です。ファーストであることがいかに強いのかがわかります。

リクルートが、商品サービス分野の名称などの手がかりを与えられただけで思い起こされる「純粋想起」、そのなかでも最初に思い起こされる「第一想起」にこだわって、「バイトするなら、タウンワーク。」といったテレビＣＭをひたすら流すゆえんです。

「そうはいっても、世の中に競合他社はたくさんいるのだから、ファーストになれる分野などもはや残っていないだろう」と思われたかもしれません。もし既存の分野でファーストになる余地がないのであれば、ファーストになれる切り口を見つけて、魅力的な分野を新たにつくりだせばよいのです。

世界有数の日用品メーカーであるユニリーバのせっけん「ダヴ」（図２‐７）は、その成分の４分の１が、基礎化粧品のコールドクリームの主成分であるステアリン酸でした。そこで、従来の汚れを落とすせっけんではなく、「ダヴの４分の１はクレンジングクリームです　洗っている間にお肌が潤います」と、肌に優しい化粧落とし（クレンジング）として訴求することにしたのです。こうして、１９５７年に初めて化粧

図２－７　ダヴ

せっけんの分野をつくりだし、世界一のクレンジングブランドとなり、今日まで売れ続けています。

アサヒ飲料の「ワンダ モーニングショット」（図２－８）は、午前中に缶コーヒーの40％以上が飲まれていることに着目し、１９９７年に缶コーヒーで初めて時間帯という切り口で「朝専用」という分野をつくりだし、そこでのトップになってヒットさせています。これにより、アサヒ飲料は、コカ・コーラのジョージア、サントリーのＢＯＳＳに次ぐ缶コーヒー売上第３位の地位を獲得しました。

実は、日本では発売されていないので知られていませんが、史上初の「夜専用」の風邪薬があります。１９６６年に発売されたリチャードソン－メレルのヴイックス「ナイキル

(NyQuil)」で、現在もP&Gのもとで売れ続けています。

ホームプロも、「住宅リフォームの本格的なインターネット仲介」という分野をつくりだし、最初かつトップとして成長し続けています。ネット、リアルを通じて初めて、厳選されたリフォーム会社だけを比べて選べるようにしたのです。

実は、２００１年にホームプロを立ち上げる前に、わたしは『ポジショニング戦略［新版］』の前の版である『ポジショニング　情報過多社会を制する新しい発想』(電通、１９８７年〈原著１９７２年〉)を読んでいました。住宅の新築では、すでに有力な仲介サイトがいくつもありましたが、リフォームではまだそうした仲介サイトがなく、ファーストになれる分野でした。だからこそ、最初にサービスを開始すること（ホームプロを計画してから10か月で立ち上げました）と、利用実績No.１にこだわり続けたのです。

図2－8　ワンダ モーニングショット

商品サービスの同業者の間では誰もが知っている当たり前の事実であっても、顧客にまだ知られておらず、顧客が知ればあっと驚くことであれば、その事実を最初に伝えてファ

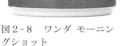

ーストになればよいのです。先手必勝です。

広告の神様といわれるホプキンスが、当時どこのビール会社でも同じようにやっていた製造工程について、「わが社のボトルは生蒸気で殺菌しています!」として、地下400メートルからくみ上げた地下水を使い、ビール瓶を4回も蒸気で洗浄殺菌していると、「シュリッツ」というビール（図2-9）の広告で初めて紹介しました。1919年のことです。すると、米国内で第5位だったシュリッツの売上が、3か月後には首位となりました。シュリッツ以外のビールは不潔らしいと思い込まれたのです。

図2-9　シュリッツビールのサイト

競合ビールメーカーは、同じ広告を出せばシュリッツの独創性を認めることになり、広告を出すにはもはや手遅れでした。広告の世界では伝説となっている成功事例です。

また、商品サービスの属する分野で、全国のファーストになれないのであれば、特定の地域に絞り込んでファーストになるという手もあります。

セブン‐イレブンは、コンビニエンスストアでは全国のトップですが、すべての地域でトップというわけではありません。そこで、ファミリーマートやローソンなどの競合他社がすでに出店している地域に、新たに進出する際には、ドミナント（高密度多店舗）出店方式を徹底しています。

特定の地域内で、他社に比べてより多くの店舗を集中的に出店することで、商品配送の効率を高めるとともに、その地域で「コンビニならセブン‐イレブン」とファーストの認識を定着させながら、出店地域を拡大していくのです。

北海道では、セイコーマートが１０００軒を超える出店で、道内人口のほぼ１００％をカバーしてトップを維持しています。セイコーマートは、道内でドミナント出店を先に実践し、道民から「コンビニならセイコーマート」と、ファーストとして認識されています。こうして、後から乗り込んできたセブン‐イレブンに対抗しています。

さまざまな小売店やリフォーム会社などが、しばしば地域一番店を名乗っているのは、その地域でのファーストであるという認識を定着させようとしているのです。

とはいえ、「自社には、とてもファーストになれるような切り口などない」という声をよく聞きます。しかし、すでに商品サービスを購入してくれた顧客がいるのであれば、少なくともその顧客にとっては何かがファーストだったからこそ、競合他社ではなく自社から購入してくれたわけです。何がファーストなのかわからないのであれば、顧客を観察し聴いてみることです。予想もしない理由が判明して、驚くことも少なくありません。

次の事例は、わたしが実際に体験したことです。

ある会社向けに行ったセミナーを終えた後、参加者との懇親の場でのことです。参加者のひとりが、業界の最大手企業が地域でもダントツなので、自社がファーストになるのは無理だという話を始めました。そんなことはないだろうといろいろ話を聴いているうちに、ある切り口では、彼の会社のほうが地域ではダントツNo.1であることがわかったのです。しかも、その切り口は、業界最大手であることよりも、地域での信頼を裏づけるものでした。

そこで彼は、その切り口で地域の実績No.1であることをデータでおさえたうえで、それを前面に打ち出し顧客に訴求するしくみにつくり替えました。すると、競争もなく受注できるようになり、1年で受注実績を倍増させました。

## USPへの落とし込み

さて、こうしたファーストと認識されるような位置づけを見出しただけでは、まだ足りません。「なぜあなたから買わなきゃいけないの」という疑問に対する答え、購入すべき理由を、独自の魅力的な提案として、ずばりひとことで表現できなくてはならないからです。

これは、情報が溢れかえるなかで多忙を極める顧客に対し、購入検討の土俵にあげてもらうために不可欠な取り組みです。

ホプキンスの弟子を自認し、広告界の巨匠と呼ばれたロッサー・リーブスが、１９４０年代から主張していたＵＳＰ（Unique Selling Proposition）です（『ＵＳＰ ユニーク・セリング・プロポジション　売上に直結させる絶対不変の法則』海と月社、２０１２年〈原著１９６１年〉）。

実は、このリーブスのＵＳＰを踏まえ、ライズとトラウトが、前出のポジショニングを考え出しており、このふたつはセットで用いてこそ効果をフルに発揮します。

ＵＳＰは、商品サービスの核となるコンセプトといえます。教科書で紹介されることはまれですが、実務では必ずおさえておくべき大事なポイントです。

起業の盛んな米国のシリコンバレーなどでは、「エレベーター・ピッチ」といって、起業家はエレベーターで乗り合わせた投資家に対して、15～60秒で事業について簡潔かつ魅力的に提案できなければならないとされています。これもＵＳＰに通じる主張です。

　ＵＳＰは、以下の３つの条件を満たすことが必要です。

　顧客に向かって具体的な便益（ベネフィット）を提案しなければならず（Proposition）、その提案は、競合他社が主張しようとしてもできない、もしくは主張していない、独自なものでなければならず（Unique）、その提案は、強力で多くの顧客を引き寄せられる魅力がなければなりません（Selling）。

　ＵＳＰによって競合他社と差別化し、独自性を確立するのです。

　リーブスが当時の優れたＵＳＰの例としてまずあげているのが、いずれもホプキンスによる、さきほどのシュリッツビールの「わが社のボトルは生蒸気で殺菌しています！」であり、ペプソデント歯みがきの「歯の薄膜（フィルム）を除去！」です。

　また、マウスウォッシュのリステリンを広めた、ランバートの「口臭をストップ！」、ライフブイ石けんの「ＢＯ（体臭）をストップ」もよい例としてあげています。

　実は、リーブスからさかのぼること２００年前の江戸時代中期、エレキテルの実験で知られる一代の鬼才、平賀源内が、１７６９年にゑびすや兵助が新たに売り出した歯みがき粉「嗽石香《そうせきこう》」のチラシである引札に、「はをしろくし　口中あしき　匂ひをさる」との見出しの口上（コピー）をすでに書いています。

夏場の売上不振に悩んでいたうなぎ屋に相談されて、土用の丑の日にうなぎを食べると夏負けしないという引札を書いて、江戸はおろか日本中のうなぎ屋を大繁盛させたのも源内だとされています。平賀源内こそ、コピーライターの先駆けであり、世界に誇るべきマーケターといえるでしょう。

図2-10　ドミノピザの宅配

リーブス以降の秀逸な例としては、「焼きたてアツアツのピザを30分でお届け、遅れたら代金は頂きません」をあげることができます。1960年に開業、1980年代には30％超のシェアを獲得し、全米一の宅配ピザチェーンとなったドミノピザ（図2-10）のUSPです。

宅配ピザを注文するのは、すぐに欲しいときがほとんどでしょう。そのことに気づいたドミノピザは、競合他社のよう

図2-11　ダイソンの掃除機

に石窯で焼いた美味いピザなどとはひとことも言わず、ピザの大きさを大小2種類、トッピングを6種類、飲み物はコーラだけに限定し、事前に配達ルートを調べあげ、ひたすら迅速な宅配にこだわり、それを徹底し続けたのです。

　配達員の交通事故の原因になるという訴訟を起こされたこともあり、現在はこのUSPは使われていませんが、スマートフォンで最新のオーダー処理状況を追跡できるようにしています。２０１７年には、世界初の商業用自動運転デリバリーロボット（図2-10下）の試験運転も始めています。

　２０００年代の優れた例として、「吸引力が落ちない、ただひとつの掃除機」があります。そうです、掃除機の売上日本一となったダイソン（図2-11）です。マーケティングの講義やセミナーで尋ねても、10代の学生を含めほぼ全員がまさに吸引されたかのように、このUSPを知っています。

　吸引力は落ちないものの、２００６年の国民生活センターのテストで、国内メーカーのサイクロン式掃除機のほうが吸引力では強いことが明らかになったからでしょうか、その後は「他のどの掃除機よりも確実にゴミを吸い取ります」などのコピーが使われるようになっています。それでも、いまだにほぼ全員が以前のコピーを覚えているというのは、いかにインパクトが強かったかのあかしといえるでしょう。

ホームプロの初期のＵＳＰは、「最適な住まいのプロを比べて選べます」、フルバージョンは「ホームプロは、利用実績№.１の増改築・リフォーム仲介サイトです。利用者に評判まで確認して厳選したリフォーム会社の中から、あなたにピッタリの会社を匿名・無料でカンタンに比べて選べます。独自の無料の工事保証付きです。大阪ガス・ＮＴＴ西日本・ＮＴＴ東日本の３社が共同で出資・設立した中立的な情報提供専門の会社が運営しています。」などとしていました。

フルバージョンでは、こだわりつづけた実績№.１を最初にあげています。№.１というのは、だれにでもわかりやすい独自の売りです。少なくとも有力な選択肢として検討されるでしょう。

サイトのトップページでは、一目見てＵＳＰが伝わるように、実績№.１のマークを入れたり、かんたんに比べて選べる３ステップをイラストで表したり、親会社のロゴマークを表示するなど、いろいろと表現を工夫し反響を見ながら改善していきました。

もちろん、こうして打ち出したＵＳＰに違わぬよう、サービスそのものの改善に日々努めていたのはいうまでもありません。

## ２－４「広告宣伝さえすればよい」わけではない

### コトラーの嘆き

コトラーは、２０１３年に10年ぶりに来日し、東京ビッグサイトに１０００人を集めて講演を行いました。わたしも一目見ようと聴きに行ったのですが、「日本では、いまだに１Ｐ(Promotion）だけがマーケティングだと勘違いしている企業が少なくない」と嘆いていました。その後も、２０１７年に、「いまだ日本には、マーケティングとは『15秒の効果的なテレビコマーシャルをつくること』と見なす企業が多いように思える」と書いています。

もちろん、このあとみていく管理マーケティングの体系の「Ｒ→ＳＴＰ→ＭＭ（４Ｐ）→Ｉ→Ｃ」では、販促（Promotion）は４Ｐのうちのひとつにすぎません。４Ｐのなかではもっとも業務のウェイトが高くなるのが通常ですが、他の３Ｐ、さらに前提となるＳＴＰを踏まえておくことは不可欠です。

世の中には、広告宣伝を過大に評価し、マーケティングそのものだと思い込んでいる人も少なくありません。マーケティングを強化するというので、その具体的な取り組み内容を聴いてみると、広告宣伝を増やすだけというようなこともしばしばです。

広告宣伝は、人件費を除けば販促費とともにマーケティング予算の大半を占めることが多く、目立ちやすいこともあり、こうした誤解を招いているのでしょう。

**広告宣伝は、4Pのうちのひとつである販促（Promotion）のさらにまたその一部にしかすぎません。**マーケティングの全ての取り組みが首尾一貫し整合性がとれていなければ、いくら広告宣伝を増やしてみたところで、砂漠に水を撒《ま》くようなことになりかねません。

## まとめ：管理マーケティングの体系

この第2章の最後で、管理マーケティングの体系である「R→STP→MM（4P）→I→C」全体の概要を、一気通貫でおさえておきましょう。

この章の冒頭でもふれましたが、コトラーがつくりあげた管理マーケティング（マーケテ

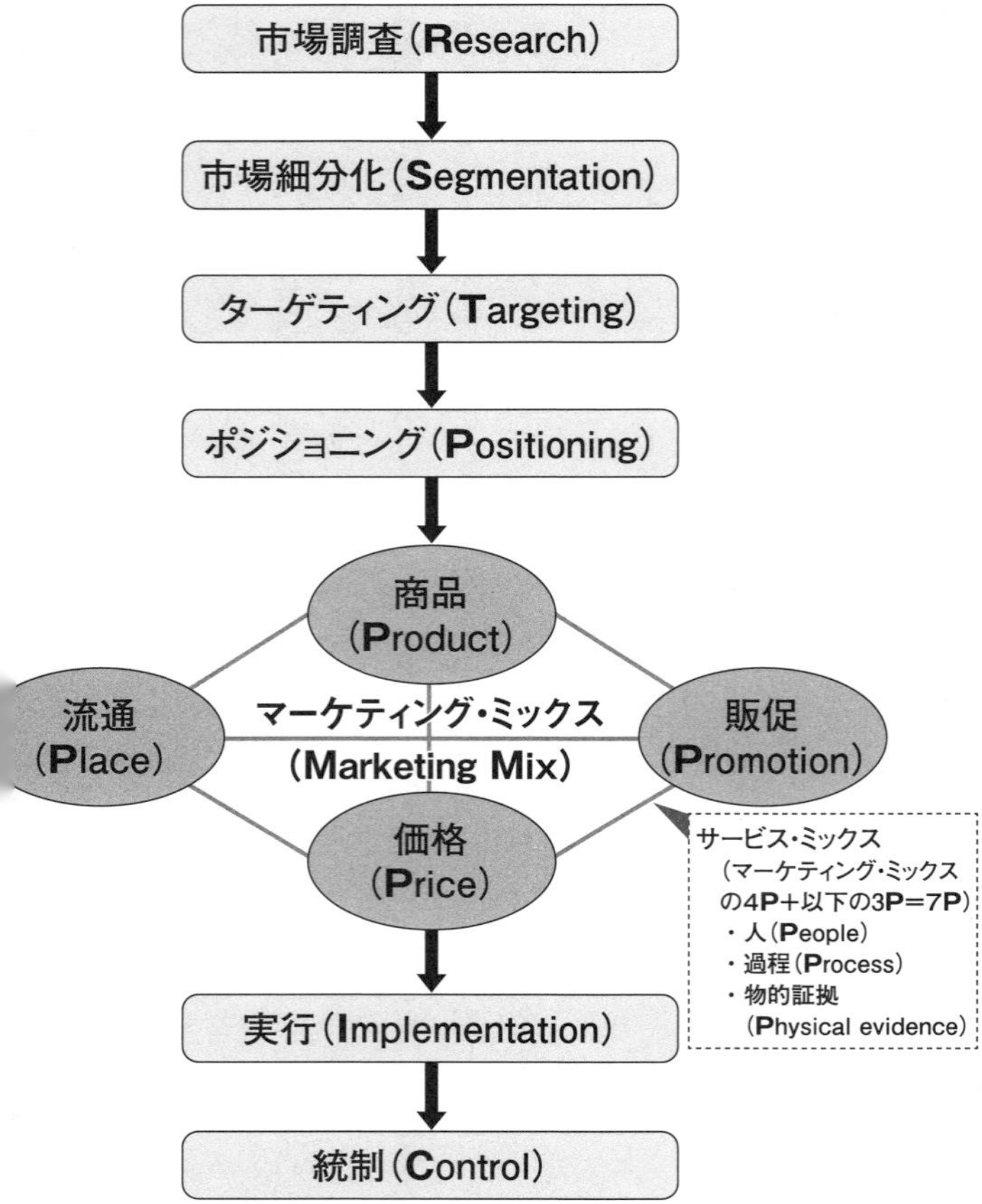


図2-12　管理マーケティングの体系

イング・マネジメント）の体系が、「R→STP→MM（４P）→I→C」です（図２－12）。アルファベットは、それぞれ以下の内容を表す英語の頭文字となっています。

管理マーケティングが前提としている商品から外れがちなサービスや、言及されることの少ないインターネット関連の内容についてもふれながら、順にみていきましょう。

R：市場調査（Research）

経営環境や、顧客とそのニーズやウォンツについて調べます。やみくもに調査してみても役に立たないことが多いのは、さきにみたとおりです。

S：市場細分化（Segmentation）

顧客の集まりである市場を同じニーズとウォンツをもつ部分ごとに分割します。

地理（都道府県市区町村など）・人口動態（年齢・性別・家族・所得・職業・学歴など）・心理（ライフスタイルやパーソナリティなど）・行動（利用場面・利用経験・利用水準・ロイヤルティなど）の４つの切り口を組み合わせて分割します。

かつては年齢と性別が同じであれば、ニーズやウォンツもほとんど同じでした。女性であれば、F1層（20〜34歳の女性）、F2層（35〜49歳の女性）、F3層（50歳以上の女性）などと区分するだけでも、たいてい間に合いました。

しかし、現在では十人十色、さらには一人十色といわれるように、人口動態だけではとらえきれなくなっています。そこで、人口動態に地理を組み合わせ、全国を町丁目単位で18万の居住地域（地域あたり平均で300世帯）に分け、「富裕層住宅地」「エグゼクティブ層が多く住む都心地域」「アッパーミドル層が多い郊外地域」などといった類型に分類し（同じ高所得者層でも、居住地域によって価値観や購買行動が異なります）、利用されたりするようになっています。

さきにみたワンダ モーニングショットは、行動を切り口にして成功した例です。

T：ターゲティング（Targeting）

市場全体のなかから、自社がニーズとウォンツをうまくみたせる標的となる部分を選択します。さきに86ページ以降でみたとおりです。

自社の提供する商品サービスに関するキーワードを検索サイトで入力して、自社のサイトを訪れる顧客は、購入する見込みの高いターゲットです。

インターネットの検索やクリックといった行動データにもとづいて、個別の顧客ごとにふさわしい内容の広告を表示する「行動ターゲティング広告」が２００７年に登場し定着しています。もしあなたがネットでリフォームに関する記事をあれこれ読むと、いろんなサイトでホームプロの広告を目にするようになるのがその一例です。

さらに最近では、スマートフォンの位置情報を利用した「リアル行動ターゲティング」も展開されるようになっています。たとえば、無印良品は、会員証機能をもつスマートフォンアプリのMUJI passportを通じて位置情報を取得し、近くにある店舗の広告を出したりクーポンを発行したりするとともに、購買行動や商圏の分析にも活用しています。

P：ポジショニング（Positioning）

選択した市場の部分で、競合他社とは違った高い価値を認められるように顧客の記憶のなかに位置づけます。ＵＳＰとあわせて、さきほど93ページ以降でみたとおりです。

論理的に並べれば、以上のように、Ｒ→ＳＴＰの順になります。

この順序は、事後に整理して説明するには、わかりやすくてよいでしょう。しかし、実際に新たにビジネスを検討するときには、むしろターゲティングやポジショニングが固まることで、市場細分化も決まってくることのほうが多いでしょう。TPSやPTSの順ということになります。いずれにしても、順にひととおり検討するだけでまとまることはまずなく、何度も行ったり来たりしながら固めていくことになります。

市場調査も、いきなり本格的に行うのではなく、こうした検討の過程で必要に応じて行っていくべきでしょう。

MM：マーケティング・ミックス（Marketing Mix）

マーケティングの打ち手は、①商品（Product）、②価格（Price）、③流通（Place）、④販促（Promotion）の4つのPに整理できます。マーケティング・ミックスは4Pともいわれます。

【①商品（商品サービス）】

機能・品質・デザイン・パッケージ・ブランドなどからなります。

物販では品揃えも含まれます。サービスでは、不可欠ではあるけれどもコモディティ化する中核サービスと、不可欠ではないけれども差別化の要因となりうる周辺サービスとの組み合わせが含まれます。

１９９０年代以降、他社の商品サービスと区別する**ブランド**が差別化のカギとして重視され、４Ｐとは別に、柱となる無形の資産として独立して位置づけられるようになってきています（ブランド論）。

ブランドは、商品サービスを特徴づける名称、文字、図形、色彩などの組み合わせからなる概念ですが、いわば受け皿となって顧客の認識や感情が付加されていき、商品サービスを超えた固有の意味や価値、個性、「らしさ」をもつようになっていきます。

いずれにしても、得られるであろう便益や効用を想起させ、好ましい認識や感情が顧客の頭の中に蓄積され、顧客との強固な信頼関係の基盤となるように、独自のブランドを生み育てていくこと（ブランディング）が大切です。

のちほど第4章と第5章で、こうしたブランドの意味や価値が生成されるしくみについてみていきます。

## 【②価格】

標準価格・値引き・取引条件などからなります。

京セラの創業者である稲盛和夫が「値決めは経営」と強調するように、利幅と売れる量の積を極大に近づけるように値決めできるかどうかが、経営の死命を決します。

国内では総人口が減少し売れる量を増やしづらくなっていくので、利幅を広げていく取り組みがこれまで以上に大切です。安売りは最後の手段と心得て、どうすれば高く売れるかにこそ知恵を絞らなくてはなりません。

類似品より高価格でも売れている、セブン&アイホールディングスのオリジナル商品「セブンプレミアム」や「セブンゴールド」、ネスレ日本のキットカットのご当地限定土産や専門店「キットカット　ショコラトリー」は、模範となる展開例です。

安易に値下げして競合他社に対抗しようとする会社が少なくありませんが、不毛な価格競争に陥りかねません。とくにサービスの場合は、価格によって品質が推定されやすいので、むしろ価値を高めて値上げし利幅を広げるよう努めるべきです。

替刃式ひげ剃りやコピー機、最近ではネスレ日本のコーヒーマシンなどのように、本体はあえて安売りし、消耗品である替え刃、トナーやドラム、コーヒーで継続的に収益をあげるやり方が定着しています。このような場合は、たんなる安売りではありません。顧客から長期的に得られる生涯価値に着目して値決めしているのです。

【③流通】

商品サービスをみずから直販で売るのか代理店に売ってもらうのか、どのような販売経路（チャネル）で届けるのか、売上の70％を左右する店舗の立地をどこにするのか、商品の在庫や配送をどうするかなどについて考えます。

今やインターネットやスマートフォンへの対応は不可欠です。店舗などのチャネルとの融合（オムニ〈すべての〉チャネル）についても検討しなくてはなりません。

固有名詞を明らかにはできないのですが、ある耐久消費財メーカーは、ショールームの訪問予約をした顧客について、それまでのサイトの利用データから購入が見込まれる商品とその見込み度合いを推定し、その情報を事前に店頭へと伝えておくことで、顧客への的確な対応を可能とし、成約率を向上させることまで実現しています。

## 【④販促】

いわゆる広告宣伝（ＡＤ＝ADvertisingもしくはADvertisement）、自社の取り組みを社会に知らしめ記事や報道で紹介してもらう広報（ＰＲ＝Public Relations。なかでも報道機関に情報や素材を提供し記事やニュースにして発信してもらうことをパブリシティ、略してパブといいます）、すぐさま購買に結びつけようとするサンプリング（無料配布）・ノベルティ（景品）・クーポン・ポイントプログラム・会員制度・店頭陳列・店舗内のＰＯＰ広告・実演販売・展示会・イベント・キャンペーンといったセールスプロモーション（ＳＰ＝Sales Promotion。狭義の販促です）、対面での人的販売であるセリング（さきに第１章でもみたセリングは、マーケティングの打ち手である４Ｐのうちのひとつである販促の、さらにまたその一部にすぎないのです）、顧客から直接反応を獲得し関係を構築するダイレクト・マーケティング、そしてクチコミなどをどのように組み合わせて展開するか考えます。

インターネットの場合、現在の集客の３本柱は、①入札しておいたキーワードが検索されると、それに応じてあらかじめ登録しておいた広告を表示し、クリックされると課金されるリスティング広告（検索連動型広告、検索ではなくコンテンツの内容に応じて表示されるコンテンツ連動型広告もあります）への出稿、②広告ではない、検索結果の上位に表示されるように工夫するSEO（検索エンジン最適化）対策、③クチコミを通じて広めるSNS（Social Networking Service、交流サイト）の活用（公式ページでの情報発信や広告の出稿）です。

そうやって集客してきた顧客が最初に目にするページは「ランディング（着地）ページ」と呼ばれ、検索されたキーワードに応じて表現内容を変えたページへと誘導することで、顧客の離脱を防ぎ、申し込みや購入へと誘導します。途中で離脱されないように、できるだけページの遷移を少なくし、入力は最小限かつかんたんにします。

すべての履歴が自動的に残るので、費用対効果の測定が容易であり（アクセス分析）、クチコミによる波及効果が大きいことから、今後ますますインターネットやスマートフォンなどのデジタルメディアの活用が、さきの耐久消費財メーカーが実現しているように、店舗での対面販売などとも組み合わされて進んでいくでしょう。

以上の4Pは、コトラーが発案したものだと勘違いされていることが少なくありませんが、1960年に、コトラーと一緒に学んでいたこともあるジェローム・マッカーシーが主張したのが最初です。これはコトラー自身も認めています。

それから30年経った1990年に、4Pは売り手の視点に立っているので、買い手である顧客の視点に立って、4C＝顧客価値（Customer value）、顧客負担（Cost to the Customer）、利便性（Convenience）、コミュニケーション（Communication）としてとらえなおしたほうがよいと、ロバート・ラウターボーンが主張しました。マーケティングは顧客志向ですから、理に適っています。

しかし、ここでもファースト（最初）に主張された4Pが圧倒的な強みを発揮して、今日まで4Pの地位が揺らぐことはありません。

サービスのマーケティングでは、マーケティング・ミックスの4P以外に、次の3つのPを加えて**7P**のサービス・ミックスにすべきであるなどとも主張されます。

すなわち、サービスを提供する従業員や、その場に居合わせる他の顧客という⑤**人**（**People**）、サービスを提供する⑥**過程**（**Process**）、そして、サービス提供の場を構成する建物や設備、備品や服装、サービスの資格の認定証や出版物、利用前後の写真や感謝状など、目に見えて品質を裏づける⑦**物的証拠**（**Physical evidence**）の3Pです。

4Pとは別に、あえてこれらの3Pを追加しなくても、商品のなかに含めればよいともいわれます。目に見えるこれらの3Pは、無形のサービスを顧客が事前に評価する手がかりとなります。その手がかりとして、顧客に訴求すべきことをおさえておきさえすれば、4Pと

7Pのいずれでもよいでしょう。

4つのPの内容を、STP、すなわち選択した市場での位置づけに応じて首尾一貫させ、ばらばらの寄せ集めではなく、整合性があるように固めます。

たとえば、シニアを対象にしているにもかかわらず、肝心のシニアには読めず覚えられない横文字のブランド名にしたばかりに、グッドデザイン賞まで受賞した実に使いやすい商品なのにさっぱり売れない例を、わたしは知っています。個々の要素がいくらよくても、その組み合わせがちぐはぐだと売れなくなってしまうのです。

マーケティングでは、個々の手段が自己目的化してしまった部分最適の寄せ集めではなく、対象とする顧客にとっての全体最適をめざさなくてはなりません。

I:実行(Implementation)

4Pの計画を市場で展開します。

C:統制(Control)

実行した結果にもとづいて計画を見直します。

以上の「R→STP→MM（4P）→I→C」の手順に従って、分析を重ね計画を練り上げて、あとはそのとおりにきちんと実行しさえすれば、マーケティングはうまくいく、というのが管理マーケティングの考え方です。マーケティング研究の主流を占めてきた、「いかにすべきか」を打ち出す規範的なアプローチです。

この体系のうち、STP→MM（4P）が（広義の）マーケティング戦略、さらにSTPが全体戦略（狭義のマーケティング戦略）で、MM（4P）が個別戦略とされています。

現在書店に並ぶマーケティングの教科書や解説書のほとんどは、基本的にこの「R→STP→MM（4P）→I→C」の体系を踏襲しています。

管理マーケティングにもとづく教科書は、この第2章でみてきた、計画とその結果についての記述でほとんどおしまいです。しかし、これだけをいくら学んでも、現場の実践では役に立ちません。次の第3章では、これまで管理マーケティングが切り捨ててきた、計画と結果を結びつける現場での実践についてみていくことにします。

# 第3章 「実践についての呪縛」を解く ★★中級

この第3章からは、いよいよ「はじめに」でふれた実践マーケティング〈マーケティング・プラクティス〉についての内容ということになります。

さきほど第2章でとりあげた、計画とその結果を結びつけるのが現場での実践にほかなりません。

「はじめに」でもみたように、管理マーケティングは、現場でも計画がそのとおりに理路整然と進むという神話にもとづいて、現場の実践をすっぽり見過ごしています。神話が暴かれてからも、現場の実践には踏み込まないままです。

代表的な教科書である『コトラー&ケラーのマーケティング・マネジメント 第12版』（丸善出版、2014年〈原著2006年〉）では、実行（I）に関する記述は、全967ページ中わずか2ページだけしかありません。しかも、計画は適切に実行されないと無意味なのできっちり管理するように、というだけの当たり前の内容です。

このような管理マーケティングの呪縛に囚われていると、いざ現場で実践する段になってから途方に暮れてしまいます。かつてのわたしがまさにそうでした。実務ノウハウを知らなければ、勘と経験と度胸でやるしかありません。ホームプロを起業した際には、つまずき続けてあざだらけになり、さんざん苦労しました。その経験から、実践マーケティングについて探究することを決意したのです。

本章では、コトラーの管理マーケティングの体系から脱することになるので、星２つ（★★）の中級レベルの内容ということになります。

管理マーケティングが、実践を導きおのずと結果をもたらすとする戦略と計画について、それぞれ呪縛を解いたうえで、結果についての呪縛を解くことにします。

## ３-１「戦略で勝負がつく」とは限らない

最初の問いです。

管理マーケティングが主張するように、マーケティングの計画に落とし込まれることになる戦略の出来不出来で、ビジネスの勝敗は決することになるのでしょうか。

### 戦略と戦術の違い

まず、戦略と戦術の違いについておさえておきましょう。

そもそも戦略とは将軍による戦争の策略、戦術は士官や兵士による戦闘の方術のことをいいます。古来、戦略は目に見えないが戦術は目に見える、戦略は図上で計画するが戦術は地上で戦闘させる、などと区別されてきました。戦略は、何のためにするのかという目的についての決心覚悟として軽々には変えないものであり、戦術は、どのようにするのかという手段として臨機応変に状況に応じて柔軟に変えるものです。

登山での例をあげれば、富士山に登頂するというのが戦略で、登山ルートを吉田・御殿場・富士宮・須走のいずれにするかは戦術です。富士山に登るという戦略を固めたのなら、戦術にあたるルートは、難易度・標高差・所要時間・施設などを踏まえ、その時の天候や体調、混み具合などに応じて柔軟に選べばよいのです。

ビジネスでは、戦略は成功パターンについての仮説であり、戦術はその仮説を実現するための具体的な打ち手である、ととらえるのがわかりやすくてよいでしょう。

マーケティングでは、さきほど第2章のおわりのところでみたように、STP→MM（4P）での首尾一貫した方向性が（広義の）戦略とされています。その実行（I）において行われる、競合他社に優位する切り口での具体的なコミュニケーション、現場でどのように商品サービスを提供し顧客に経験してもらうのかが戦術となります。

有効なことが実証されている戦術をいくつかあげると、広告では見出しがいちばん重要であり（本文を読む人の５倍の人が見出しを読み、反響の50～75％は見出しで決まるといわれています）、得になること（とりわけ無料は有効です）と新しい情報を伝えるのが、もっとも効果的です。

広告の本文は事実にもとづいて具体的に書き、推奨すべき特徴がたくさんある商品サービスなら、長く書けば書くほど多く売れます。図版の説明文（キャプション）は本文の２～４倍は読まれるので、ミニ広告として活用します。

インターネットのサイトでは、スクロールしなくても最初に目に入るファーストビューに閲覧時間の80％が費やされ、左上から右下へと読み進められるので、ブランドのロゴ、顧客の求める問題解決やＵＳＰなど、最優先で伝えるべき内容を左上に配置します。

取り扱う商品サービス名や、自社のサイトを検索する際に入力される可能性の高いキーワードをサイトに含ませ、最重要のキーワードはタイトルにも入れて、検索結果としてサイトが表示されるようにします。

こうした、すでにテスト済で効果が明らかになっている戦術については、以降のページでも適宜紹介します。

## 戦略と戦術の優劣

管理マーケティングは、（広義の）戦略であるＳＴＰ→ＭＭ（４Ｐ）でビジネスの勝負がつくものとします。コトラーの教科書でも、ほとんどすべてのページがこの戦略の説明にあてられています。とりあげられている事例の成功・不成功は、計画に落とし込まれた戦略の良し悪しによるものとして説明されています。

戦術に関する具体的な記述はまずなく、せいぜい事例の紹介でとりあげられた広告や商品の写真くらいしかありません。

確かに、戦略は戦術に優先し、戦略の誤りは戦術では償えません。そもそも戦略と戦術のふたつに分けた意義もそこにあります。戦略なくして戦術なし、戦術は戦略に従う、と言われるとおりです。

しかし、こうして戦略を重視するのはよいのですが、戦術を熟知した上で戦略を策定しなければ、戦略を実現する裏づけがないので、机上の空論、絵に描いた餅になりかねません。

戦争におけるとりわけ悲惨な例は、第一次世界大戦でドイツ軍と連合国軍が対峙した西部戦線におけるパッシェンデールの戦いです。

ドイツ軍の潜水艦基地を占拠するという戦略のために、戦術的な要因としてしかみていなかった天候をまったく考慮せずに連合国軍を進軍させたために、雨でできた泥の海の中で25万人ものイギリス兵の戦死者を出してしまったのです。

一方、第二次世界大戦の北アフリカ戦線で「砂漠の狐」として勇名を馳せたのが、ドイツ陸軍のエルヴィン・ロンメル将軍です。ロンメルは、戦術的に実行できないような戦略計画は、それが戦略上最高のものであっても使いものにならないとし、みずから前線で陣頭指揮をとって機動的に戦術を駆使し、物量に優るイギリス軍をたびたび壊滅させました。

ホームプロでも、マーケティングやインターネットの戦術に疎かったために、初年度は仲介で６７００万円のリフォーム工事しか成約しませんでした。地場の中小工務店なみの実績にすぎません。この調子だと、数年を待たずして撤退は必至です。まさに絵に描いた餅で終わりかねなかったのです。

そうした起業１年後のどん底の時期に、幸運にもわたしはマーケティングの戦術を体系的に学ぶ機会を得ました（そのときに学んだ内容については、のちほど第４章でみていきます）。そして、学んだ戦術を次から次へと実行し、検証を繰り返していったのです。

広告を出す媒体・時期・内容を工夫することで、サイトへの訪問者の獲得単価を下げながら総数を増やしました。サイトの内容・構成・使い勝手を調整することで、紹介申し込みの件数を増やしました。加盟会社を指導しながら案件をフォローすることで、成約件数を上げるとともに成約金額を増やしていきました。うまくいけばそのまま続け、うまくいかなければまた違うことをしました。

こうして、2年目には仲介で初年度の10倍の7億円を成約し、3年目は24億円、4年目は37億円と、仲介実績No.1の地位を固めることができました。

創業以来、基本となる戦略は変わってはいません。住宅リフォームで失敗したくない生活者に対して、厳選された質の高いリフォーム会社のなかから比べて選べるようにする、というポジショニングはそのままです（図3-1）。

その後も、サイトのデザインや使い勝手を改善し、広告コピーを何十パターンも書き、あらゆる媒体に出稿して反響を確かめ、検索エンジン最適化（SEO）対策を講じ、実績をあげている加盟会社の商談をパターン化して指導するなど、ひたすら戦術を試し、磨き続けることで、仲介成約したリフォーム工事高が年間で200億円を超えるまでになりました。

実際のビジネスの現場で、戦術の大切さを痛感した次第です。

広告の神様と呼ばれるホプキンスが、長年にわたり広告の結果を比較し続けてきた経験に

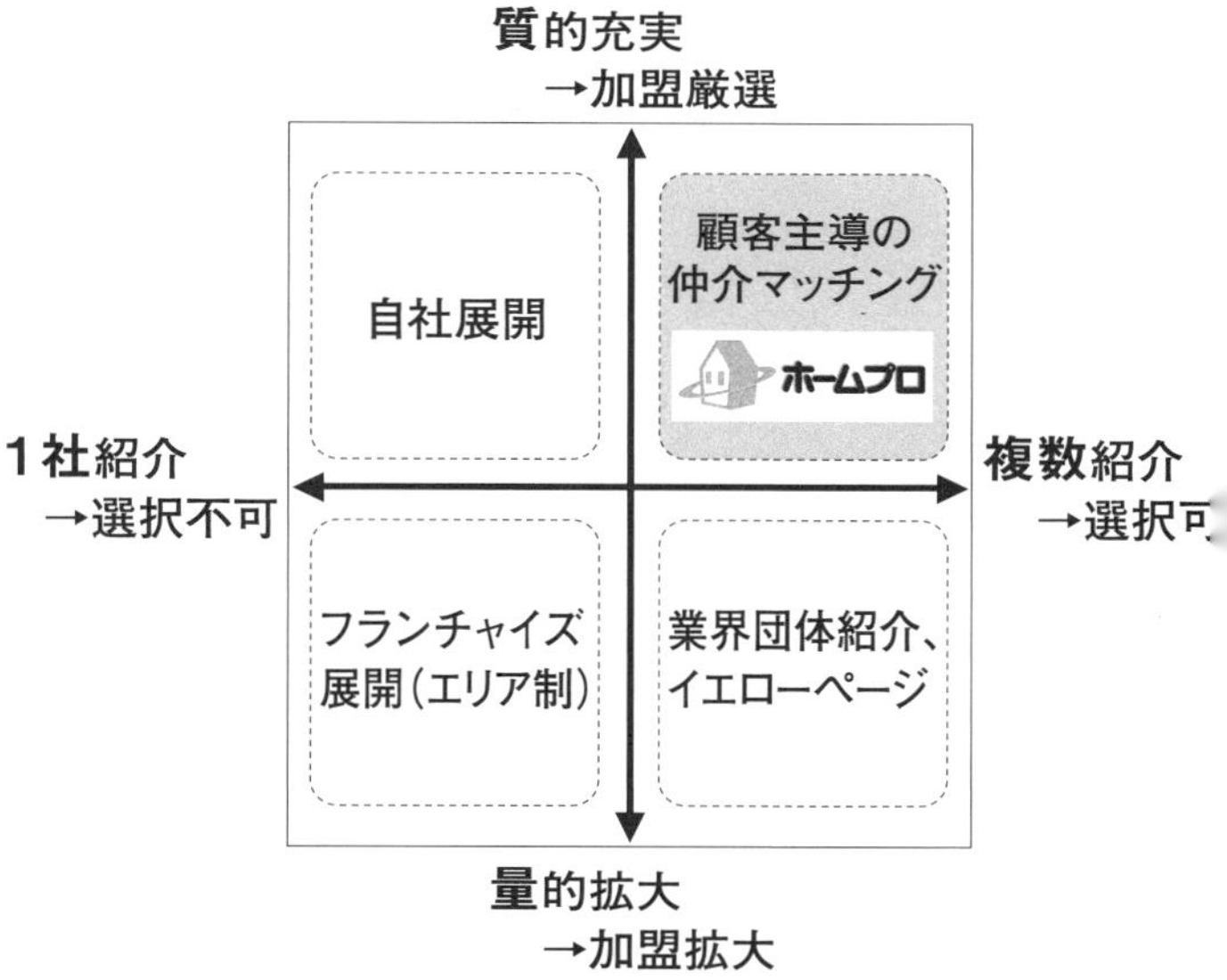


図3-1　ホームプロのポジショニング

もとづいて指摘しているように、同じ広告の見出し（ヘッドライン）を変えただけで、反応が5倍から10倍にはねあがることも珍しくありません（『広告マーケティング21の原則』翔泳社、２００６年〈原著１９２３年〉）。現代広告の父といわれるデイヴィッド・オグルヴィも、「通販広告をやっている企業なら、ヘッドラインを変えるだけで10倍も売り上げが伸びることにとっくに気づいている」と言っています（『ある広告人の告白［新版］』海と月社、２００６年〈原著１９６４年〉）。

広告をテストし、効果を測定し続けた伝説のコピーライター、ジョン・ケープルズが紹介しているように（『ザ・コピーライティング 心の琴線にふれる言葉の法則』ダイヤモンド社、２００８年〈原著１９９７年、初版１９３２年〉）、ある通信販売の同じ商品の広告が、同じサイズで同じ雑誌に2種類掲載されたところ、文章（コピー）だけの違いで売上が19・5倍違った、自動車修理の広告の見出しで、大がかりな感じのする「リペア」をかんたんな感じのする「フィックス」に１語変えただけで、注文が20%増えた、というようなことが起こります。

広告の内容がまったく同じでも、描き方が違うだけで大差が出ます。ＵＳＰの提唱者であるリーブスが行った実験では、テレビＣＭを４本つくってメッセージがどれだけ伝わるのかテストしてみたところ、顧客への浸透度が91％、54％、25％、６％と最大で15倍の差がつきました。４本のＣＭは、いずれもプロがよかれと思ってつくったものであるにもかかわらずです。

ホプキンスは、さまざまなアプローチの組み合わせテストを重ね、もっともよい反応が得られた組み合わせが、最悪の組み合わせの58倍の反応を引き出したこともあったと言っています。

米国の事例だけではありません。

福武書店（現ベネッセコーポレーション）の通信教育講座「進研ゼミ」を飛躍させたダイレクトマーケターの草分けである深山一郎も、６００種類以上のコピーテストをしてきた経験をもとに、ダイレクトメール（ＤＭ）のコピーを変えるだけで、最低で10％の違いから、最高で20数倍も注文に開きが出たと言います。さらにコピーは同じであっても、「ちょっとしたレイアウトの相違が敏感に返信率に響いてくることを体験しているが、恐いくらいである」とも言っています（『信念のダイレクト・マーケティング』シーンラボ、２００６年〈原著１９６０年〉）。

「ずいぶん昔の話であって、いまは違うんじゃないの」などと思われたかもしれません。しかし、人間の習性は、そうやすやすと変わるものではありません。現在でもやはり同様のことが起こり続けています。

通信販売大手のジャパネットたかたでは、電子辞書を累計で150万台以上も売っています。テレビショッピングで、電子辞書に収録されている辞書の冊数の多さを実感してもらうために、現物の辞書をすべて見せて効果をあげていました。従来は辞書を机の上に立てて横に並べていたのですが、平積みにして縦に積み上げるように変えてみたところ、売上が2倍以上になったそうです。

また、ビデオカメラでは、社員6人が自分たちの子どもを撮ったビデオを流してみたところ、注文が通常の2・5倍になりました。手のひらサイズのカーナビでも、当初は机の上に置いて紹介していたのをポケットから取り出すように変えてみたところ、売上が5倍に跳ね上がったそうです（髙田明『伝えることから始めよう』東洋経済新報社、2017年）。

マイクロソフトは、ユーザー企業のシステム部門のスタッフを対象としたセキュリティ・ガイダンス・キャンペーンで、ランディング（着地）ページの表現を変更しただけで、登録者数を5倍に増やしています。

民泊施設の紹介サービスであるエアビーアンドビー（Airbnb。図3-2）では、当初、サイトで紹介する宿泊物件の写真を、すべて物件の提供者にまかせていました。あるとき、創業者みずから物件を訪問してみると、実際はきれいな部屋なのに、写真では暗くて薄汚く見えていたのです。そこで、試しにプロカメラマンが撮影した物件の写真を出してみたところ、それだけで普通の物件の2倍から3倍の予約が入ったのです。それ以降、プロの写真サービスを提供することで成長を加速させています。

図3-2　エアビーアンドビーのサイト

　このように、ちょっとした表現の工夫ひとつで、売上は大きく変わるのです。

「神は細部に宿る」というのは、建築ばかりでなくマーケティングでも同じです。にもかかわらず、かつてのわたしもそうでしたが、広告は広告、どれも大差ないものと勝手に思い込み、たった1度広告を出しただけで、比較テストをして効果検証をすることもなく、集客、さらには事業の成否すら即断してしまうような人が少なくありません。戦術を知らないために、せっかく植えた事業の芽が出る前に摘んでしまうことにもなりかねません。

広告ばかりでなく、商品サービスのネーミングを変えただけで、売上が何倍にも増えることもあります。

たとえば、レナウンの紳士用靴下が「フレッシュライフ」から「通勤快足」になって13倍に、伊藤園の缶入りのお茶が「缶入り煎茶」から「お～いお茶」になって6倍に、王子ネピアの高級保湿ティッシュペーパーが「ネピア モイスチャーティッシュ」から「鼻セレブ」になって4倍に売上が増えています。

ヤマト運輸を小口の宅配事業のトップ企業に育てあげた小倉昌男も、「経営は戦略だけではいけないのであって、戦術もまた非常に重要なのである」と言っています。

宅配・早い・便利というサービス内容を具体的に表現するものとして、みずから「宅急便」のネーミングを考え、集配車の側面にセールスポイントである「翌日配達」の文字を書くよう指示しています。

セブン‐イレブンを流通業界のトップ企業に育てあげた鈴木敏文も、30年以上の長きにわたって、毎週（2006年からは隔週）、全国から店舗経営指導員を集めた全体会議で、みずから小売業でもっとも大切だとする店頭での仮説検証による適切な発注について、厳しく指導し続けていました。創業時には「開いててよかった」、最近では「近くて便利」といった広告のキャッチコピーも、みずから考え出しています。

このように、実現可能な戦術なくして戦略なし、戦略は戦術に従う、でもあるのです。

近代の三大戦略思想家といえる、ドイツのカール・フォン・クラウゼヴィッツ、フランスのアントワーヌ＝アンリ・ジョミニ、イギリスのベイジル・リデル＝ハートは、いずれも戦場での実戦経験が豊富で、戦術の成功・失敗も熟知していました。3人の戦略論では、戦略だけではなく戦術もあわせて論じられています。

ところが、経営やマーケティングの研究では、総じて実践経験が少ないからでしょうか、戦略ばかりが議論されて、戦術は無視されてしまっています。効果についてテスト済の戦術が数多くあることを知れば、それらを学んで利用しようとしない実務家はいないでしょう。

戦術は戦略に従うとともに、戦略も戦術に従うのです。戦略と戦術は、相互に依存して循環する、表裏一体の関係にあるわけです。**戦略がなければ無謀ですが、戦術がなければ無力です。**戦略と戦術は両方とも必要であり、両者が相まって有効に機能するのです。

さきに第2章でみたUSPは、戦略としてのポジショニングを戦術であるコピーに落とし込むものです。戦略と戦術をつなぐ懸け橋、扇の要として、USPの果たす役割は極めて重要です。戦術を無視、あるいは軽視する教科書のほとんどが、USPにはふれないか、せいぜいひとことふれるだけです。しかし、実務ではUSPをつめることが不可欠です。

あえて戦略と戦術のどちらか一方だけを選ばざるをえないとするならば、どちらを選ぶべきでしょうか。

教科書などでは戦略だとしますが、**実務では戦術を選ばなくてはなりません**。どんなによい戦略を立てても、そもそも戦術で集客できなければ、手も足も出ません。戦略に難があっても、戦術で集客できれば、顧客の反響をみて戦略を軌道修正していくこともできます。戦略は当初は仮説にすぎません。仮説を検証するためには、戦術でまずは集客できなければ始まらないのです。

ホームプロでも、当初大苦戦してそのことを痛感しました。さきに第2章でみたように、セブン‐イレブン、リクルート、インテル、アマゾン、YouTubeなども、あとから戦略を修正して成功しています。

## コモディティ化する戦略

今日では、戦略はすぐにコモディティ化、すなわち、どこにでもある日用品のように一般化してしまいます。戦略が必要であることや、その具体的なつくり方が、ここ20～30年で広く知られるようになりました。インターネットなどでかんたんに手に入る情報を用いて分析すれば、おのずと似たり寄ったりの内容の戦略ができあがります。非常識とされていたような戦略でも、いざ成功が明らかになると、あっという間に模倣されます。

たとえば、ヤマト運輸が、1976年に社運を賭けて宅急便を始めた当初は、「儲からない小口の宅配事業に参入するとはなんとバカなことをするものだ」と言われていました。ところが、1980年に事業が黒字化したことが明らかとなるやいなや、一気に35社も参入しました。非常識とされていた戦略も、5年足らずでコモディティ化してしまったわけです。

米国でも同様で、フェデラル・エクスプレスが宅配事業を開始した2年後には、郵政公社、UPS、DHLが相次いで参入しています。

最近の例でいうと、2008年に民泊の紹介サービスを始めたエアビーアンドビーは、当初、シリコンバレーの著名な投資家7名からことごとく出資を断られました。2009年に入り、資金が底をつき倒産寸前に追い込まれるなか、老舗のベンチャーキャピタルのセコイア・キャピタルがついに出資し、お墨つきを得られ、事業も急速に成長し始め、注目を集めるようになりました。

2011年になると、欧州など手薄だった地域をカバーする大規模な模倣サイトが現れました。投資家に見向きもされなかった戦略も、3年足らずでコモディティ化していったのです。

コトラーは、親切にも、業界・市場におけるリーダー・チャレンジャー・フォロワー・ニッチャーという4つの相対的な地位・役割に応じた、標準的な競争戦略まで提示してくれています（図3-3）。

トップのリーダーは全方位で量をかせぎ、2番手のチャレンジャーはリーダーがまねできない差別化をし、3番手以下のフォロワーはコストをかけずにリーダーやチャレンジャーを模倣し、他社が進出して来ないすきま（ニッチ）をおさえるニッチャーは得意の分野に集中する、というのが戦略の基本方針だとします。

自社だけがこの標準戦略を知っているのであればよいのですが、競合他社も知ってしまっているでしょう。

こうした標準的な戦略だけでは、競合他社から抜きん出ることが困難になっています。とはいえ、適切な戦略がなければ即脱落することを覚悟しなければなりません。コモディティ

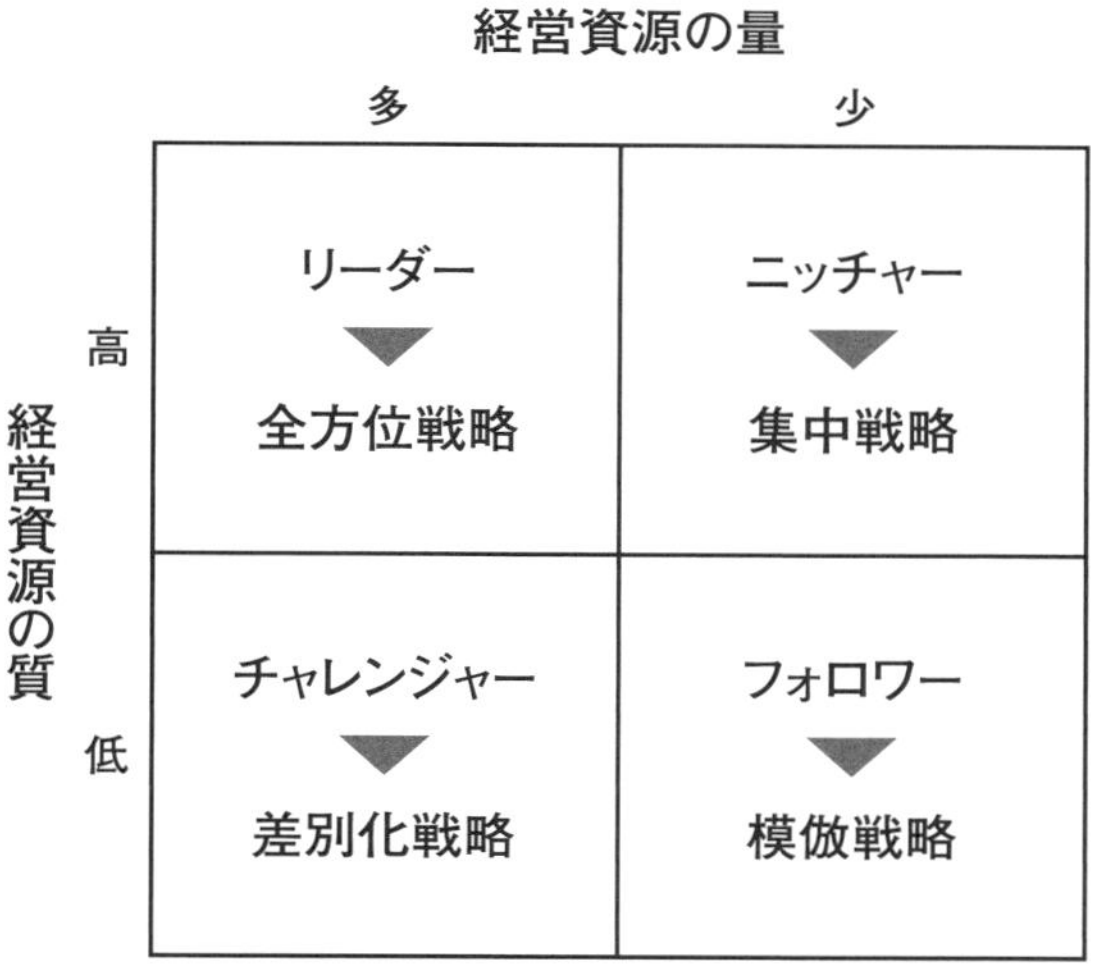


図３-３　地位に応じた標準的な競争戦略

化しているからこそ、戦略は必要不可欠な前提にもなっているのです。戦略の基本は、やはりしっかりとおさえておかなくてはなりません。

## やってみなけりゃわからない

そもそも市場や競合他社の動きを予測することがますます困難になっています。新しい市場のみならず既存の市場においても、変化が激しく先行きを予測しづらくなっています。

古くは、1940年代にIBMは世界中で売れるコンピュータはせいぜい5台だとし、1950年代にゼロックスは普通紙の複写機は全米で5000台以上は売れないとしていました。

新しくは、アマゾンは創業5年後の売上高が、計画の1億ドルから実績は16億ドルに跳ね上がる一方、在庫を持たない方針を180度転換して巨大な物流センターを各所に設置したことから、14億ドルもの大赤字になりましたが、いまやその物流（ロジスティクス）網がアマゾン最大の強みとなっています。

マイクロソフトのトップ（CEO）だったスティーブ・バルマーは、キーボードもない携帯電話の iPhone に、2年間の通信契約を強制し500ドルも支払わせるというアップルの発想を当初は鼻で笑っていました。

新しい商品サービスは、実際にやってみないことには、本当のところはわかるものではありません。

クラボウ（倉敷紡績）やクラレ（倉敷絹織）を育てあげた経営者で、日本初の私立美術館である倉敷の大原美術館を開館したことでも知られる、大原孫三郎の有名なことばがあります。

「新規なことを始める場合には、十人のうち三人賛成したら実行せよ、逡巡しているうちに先を越されてしまう」

この戒めを、役員会での方針としていました。そもそも新規事業は、予測しきれないなかでこそやるべきものなのです。

データを駆使するアマゾンのトップ（CEO）であるジェフ・ベゾスですら、意思決定は知りたい情報の70%を入手した段階ですべきで、90%まで待つのは時間のかけ過ぎだと言っています。

セブン‐イレブンも、「米国とは違って日本では小さな商店はすでに過剰となっており、コンビニエンスストアなど成り立つはずがない」という流通の専門家やイトーヨーカ堂の社内の反対を押し切ってスタートしました。

１９７４年、東京都江東区豊洲に出店した第1号店で、社員が店の掃除を毎日手伝っていると、売れる商品は品切れし、売れない商品はほこりをかぶっていることに気がつきます。店主になぜ売れる商品を仕入れないのか聞くと、黙って店の2階の居間に案内されました。すると、そこまでケース単位で納品されてくる商品の在庫で満杯となり、次の仕入れができなくなっていたのです。

そこで、社員は３０００種類の商品の売上伝票を毎日深夜まで手作業で集計し、単品管理によって死に筋商品を見つけて排除し、売れ筋商品を品揃えすることにしました。そのために、問屋に日参して粘り強く説得して小分けでの配送を、地域の商店を回って説得して集中的な出店を実現します。その後、１９８２年には、物品販売の売上実績を単品単位で集計するＰＯＳ（Point Of Sales、販売時点情報管理）システムを、日本で初めて本格的に全店舗に導入しました。

こうして、その後の飛躍的な成長をもたらすことになる単品管理・小分け配送・ドミナント（高密度多店舗）出店という3つの基本戦略そのものを編み出し、在庫を減らしながら品切れを起こさず効率的に売れるしくみをつくりあげ、コンビニエンスストア業界、さらには流通業界のトップに君臨することになったのです。

さらにセブン - イレブンは、1978年にコンビニエンスストアでは初めておにぎりやおでんを売ることにしました。そのときも「売れるはずがない」と周囲から笑われました。その後、2001年に現金自動預け払い機（ATM）専門の銀行を世界で初めて設立し、店内にATMを設置しました。そのときも、「絶対にうまくいかない」と猛反対されています。ところが、いざやってみると、いずれも大成功し収益の柱となっています。

ヤマト運輸は、全国展開をうたった以上、「サービスが先、利益は後」として、赤字覚悟で地盤のなかった北海道でも宅急便のサービスを始めます。すると、270キロ離れた興部《おこっぺ》町から車で7時間以上もかけて札幌の営業所を訪れ、地元産の新巻鮭を東京へ送る顧客が現れます。それをきっかけに、運送業の営業免許がおりていない地域でも、営業免許のいらない軽トラックで集荷を始めます。

こうして、ホタテ・アスパラガス・メロンといった過疎地の産物を、「新鮮直送」として翌日には都会へ運ぶという潜在ニーズを掘り起こした提案がヒットし、全国的に展開するようになりました。当時の年間集荷数1億個あまりの実に半数を、過疎地からの荷物が占めるようになったのです。

セブン‐イレブンとヤマト運輸の事例は、NHKのテレビ番組「プロジェクトX 挑戦者たち」で、「日米逆転!・コンビニを作った素人たち」「腕と度胸のトラック便~翌日宅配・物流革命が始まった~」と題して、2000年と2001年に放映されています。その内容はDVDや本にもなっていますので、参考にしてください。

実はプロジェクトXで放映される以前から、この2社を模範として2001年に立ち上げたホームプロでも、似たようなことがありました。

サービス開始から1年後に、成約していた案件を振り返ると、申し込まれた現住所と実際に工事をする住所が異なる案件が何件もあることに気がついたのです。調べてみると、入手した中古物件に引っ越す前にリフォームしようと申し込む場合が過半を占め、実家をリフォームする際に、別居している子供が親の代わりに申し込む場合がそこそこあり(「親孝行リフォーム」と名づけました)、海外から帰国する前に貸していた自宅のリフォームを申し込む場合も何件かありました。こうしたインターネットならではの遠隔地のリフォームが、全体の10%以上もあったのです。

また、ホームプロでは、国内でもっとも厳しい加盟基準でリフォーム会社を選び抜いていたので、当初は、加盟後のサポートは想定していませんでした。しかし、さすがに手抜き工事などはないものの、現場の工事対応などについての指摘を時々受けるようになりました。そこで、加盟会社のサポートもすることになったのです。結果的に、次々と現れる競合他社は加盟基準が緩いうえにそうしたサポートも一切なく、差別化できるようになったのです。

ホームプロの株主でもあるＮＴＴ西日本が２００２年に立ち上げたＮＴＴソルマーレも、当初は駅や空港などに専用の情報端末を設置して、さまざまな大容量コンテンツを携帯情報端末へダウンロードできるようにする街角コンテンツ流通サービス「フービオ」からスタートしました。

ＮＴＴソルマーレの担当者から初めて計画を聞いたときには、「街角端末はどれだけ利用されるのかなあ」と心配しました。ところが、実際にコンテンツを提供してみると電子コミックがヒットしたのです。その後、インターネット上でもダウンロードできるようにし、携帯電話へも配信するように方向転換すると、あっという間に国内最大級の電子コミック販売サイト「コミックシーモア」へと成長していきました。

最近では、リクルートが２０１１年から開始した、インターネットで配信する教育サービスの「スタディサプリ（当初は受験サプリ）」でも同じようなことが起こっています。

当初は、進路選択の支援事業として進めていたのですが、大都市と地方の受験指導の格差の実情を知り、受験生向けの教育サービス事業としてみずから手がけることに変更しました。さらにその後、生徒一人ひとりのレベルにあった補習をするのに利用したいと高校側から打診があって、初めて学校側のニーズに気がつき、教員用の管理システムを開発し、補習用の教材として2015年から高校へも提供するようになったのです。

**熟考型戦略と創発型戦略**

このように、当初に意図した戦略である「熟考型戦略」がそのまま実現することもありますが、世界的な経営学者のヘンリー・ミンツバーグが主張しているとおり、当初は意図しなかった戦略である「創発型戦略」が実現することも実際には少なくないのです（『人間感覚のマネジメント　行き過ぎた合理主義への抗議』ダイヤモンド社、1991年〈原著1989年〉、『H．ミンツバーグ経営論』ダイヤモンド社、2007年）。

創発というのは、局所的な取り組みが全体へと波及して、予期しなかった戦略が後から立ち現れてくることを意味します。

熟考型戦略と創発型戦略は、循環しながらいわばらせん状に発展させていくべきものといえます（図3－4）。

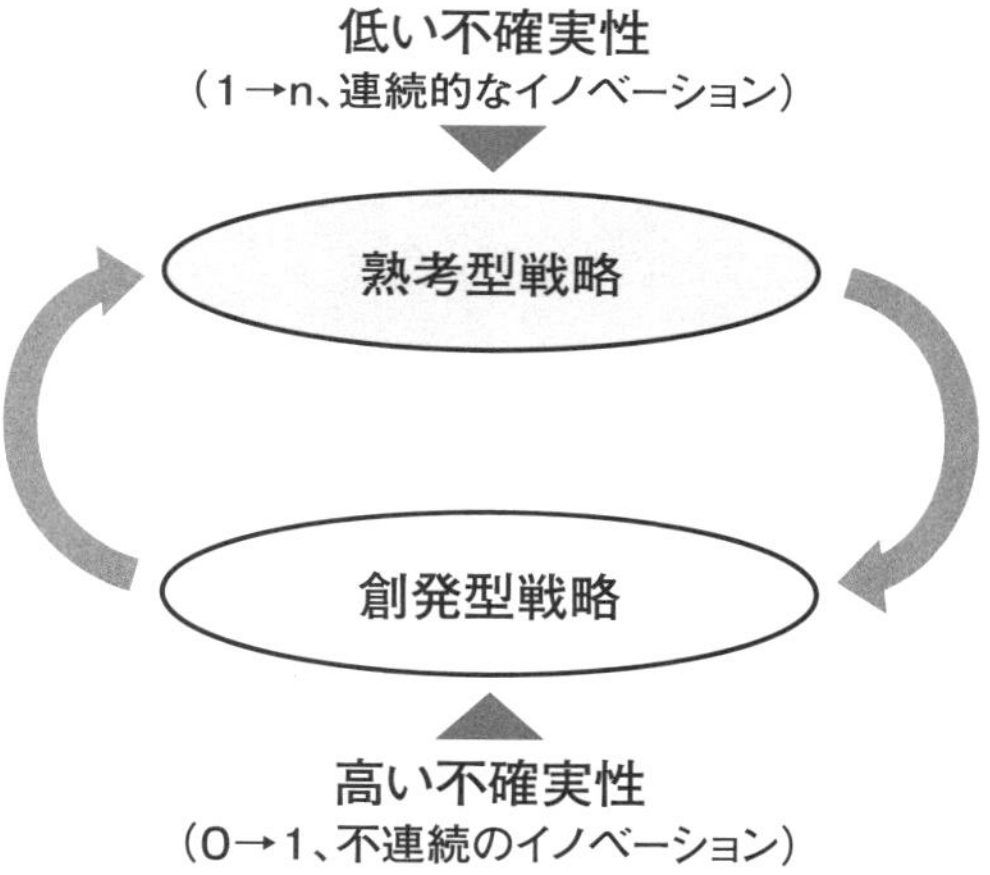

図３-４　熟考型戦略と創発型戦略

まず、仮説としての熟考型戦略から始まります。その熟考型戦略のままでうまくいくこともあるでしょう。しかし、実際に試行錯誤するなかから仮説としての熟考型戦略を超える創発型戦略が生み出されることも少なくなく、それを熟考型戦略としてとりこんでさらに深化させていく、というのが基本のサイクルとなります。もちろん、熟考型戦略がうまくいかず、創発型戦略も生まれずに終わってしまうこともあります。

市場の不確実性の度合いに応じて、ふたつの戦略にかけるウェイトは異なってしかるべきです。

これまでなかった商品サービスを生み出す（0→1、不連続のイノベーション）というように不確実性が高い場合は、熟考型戦略は暫定的な仮説とし、試行錯誤を通じた創発型戦略の形成にウェイトをおきます。

一方、すでにある商品サービスの延長線上で拡販する（1→n、連続的なイノベーション）というように不確実性が低い場合には、熟考型戦略の策定と実行にウェイトをおきます。ただ、生み出されるかもしれない創発型戦略をとりこめる態勢は整えておきます。

分野により濃淡はあるものの、総じていえば、今後ますます不確実性が高まっていくでしょうから、創発型戦略のウェイトも高まっていきます。

熟考型戦略と創発型戦略の循環は、一巡して終わりというわけではなく、繰り返し発展させます。はじめからふたつの戦略を視野に入れて段階的に使い分けていくべきなのです。想定外や偶然を忌み嫌うのではなく、積極的にとりいれて活かすのです。

## 偶然や敵失で舞い込む勝利

教科書でふれられることはまずありませんが、現実には、戦略とはまったく関係なく偶然に、あるいは競合他社がエラーやミスをしたことで、勝利が舞い込むことが少なくありません。ビジネスも、実際の戦闘やスポーツの試合、将棋の対戦などと同じなのです。

たとえば、インテルがマイクロプロセッサ市場の覇者となることができたのも、インテル自体の戦略によるものではありません。

１９８０年代前半に、ＩＢＭが、マイクロプロセッサがパソコン事業における利益の多くを占めるようになることを予見できず、インテルに外注することを決めたからです。そうしてマイクロプロセッサが次々と売れるようになってから、インテルは自社がメモリーメーカーからマイクロプロセッサ企業へと進化していることにようやく気がつきました。

元はカメラ販売店だったジャパネットたかたは、１９９０年に地元長崎のラジオ局から通販番組に出ないかと声をかけられました。最初は店舗を紹介する予定だったのですが、商品も紹介したいと無理を言って変更してもらいました。５分の番組が放送されると、コンパクトカメラが50台、当時の月商２００万円に対して１００万円を売り上げました。そこで、店頭販売から通信販売へと大きく舵を切り、１９９１年にはラジオ通販の全国ネットワークを完成、１９９４年にはテレビ通販へも進出し、通販専業となったのです。

また、Ｐ＆Ｇは、１９９５年に台所用洗剤のジョイの濃縮タイプを日本で発売し、トップシェアを獲得しました。これは、Ｐ＆Ｇの戦略が優れていたからではなく、当時シェア40％ずつで市場を分け合っていた国内大手２社の失策が重なったからなのです。

Ｐ＆Ｇは、競合２社よりもあえて高い価格を設定し、芸能人が一般家庭に乱入して油汚れ落ちを訴求するテレビＣＭを展開する、一か八かの戦略に打って出ました。

競合他社が希釈タイプの良さを宣伝し、大々的に販促を仕掛けられると危なかったのですが、２社はあわてて濃縮タイプを追随発売して値引き攻勢に出ました。これでは、濃縮タイプが優れていることをみずから認めてしまったのも同然です。

Ｐ＆Ｇのトップ（ＣＥＯ）であったラフリーは、「敵がもっと賢く、適切な対抗策で応戦してきたら、私たちに勝ち目はなくなっていただろう。だが彼らはそうしなかった」と言っています。現に、先行して発売したイギリスとドイツでは、敵失に救われることなく、現地メーカーに惨敗してしまいました。

ホームプロが、当初なかなか仲介の実績をあげられず低迷を続けていたときに、ある競合他社は、ホームプロを中途半端に模倣して仲良く低迷していました。もしそのときに競合他社がしかるべき手を打っていれば、いまだからこそ言えるのですが、ホームプロにかわって実績No.１の地位を固めていた可能性はじゅうぶんにあったと思います。

# 3-2 「計画は精緻に立てればよい」わけではない

## 計画から実行へ

管理マーケティングでは、計画がすべてという扱いです。ひたすら調査と分析に精を出し精緻な計画を立てさえすれば、あとはそれをたんたんと実行するだけで、本当に御社の商品サービスは売れるのでしょうか。

計画→実行というのは当然のことだと思っているかもしれません。しかし、計画がつねに実行に先行するとは限らないのです。

事前にすべてを計画してから実行することはそもそも不可能です。わたしたちの行為をとりまく状況は、決して完全に予想することはできず、絶えず変化し続けています。わたしたちの行為は独立して存在するわけではなく、そうした状況のなかに埋め込まれているので、あらかじめ完璧に計画されたものではありえません。

むしろ行為（実行）は、事前の計画によってではなく、実行してみて初めてその意味がわかり、事後的に判断されるものなのです。そもそも行為とは実際になされたことをいうのであり、なされるまで行為は存在しません。起こっていることは、結果が明らかになるまでは意味づけできません。

20世紀の心理学の巨人といわれるジェローム・ブルーナーや日本の認知科学を先導した佐《さ》伯《えき》胖《ゆたか》も、論文を実際に書いた後になって考えるべき内容を発見する、と言っています。編集の権威で知の巨人とも称される松岡正剛も、書いてみるとなかなか発見がある、と言います。実は本書を書いているわたしも、まさに同じことを実感しています。

インテルがメモリーメーカーからマイクロプロセッサ企業へと進化していたことに気がつくまでに、実に10年以上もかかったと、名経営者の誉れ高いトップ（CEO）だったアンドリュー・S・グローブが語っています。アマゾンの経営陣が自社の事業はどのような姿をめざしているのかを本当に理解できたと感じるまでに、創業から6年かかっています。ホームプロでも、さきにふれたように、遠隔地のリフォームというインターネットならではの新しい市場ができていることに気がついたのは、サービス開始から1年以上経ってからでした。

このように、計画→実行だけではなく、実行→計画でもあり、計画と実行は循環する関係にあるのです。戦略でいえば、さきにみた熟考型戦略が計画→実行に対応し、創発型戦略が実行→計画に対応することになります。

実際の計画は、事前によく調べて分析し、それをもとに計画を立てて実行する、というように、あたかも機械を操作するのと同じように制御できるものではありません。経営学者のフレデリック・テイラーが打ち出し、20世紀を風靡《ふうび》した、工場での「科学的管理法」のようなわけにはいかないのです。文化人類学者のクロード・レヴィ＝ストロースが「野生の思考」として見出した、ありあわせのものを寄せ集めてつくる器用仕事（ブリコラージュ）のようなものなのです。

たとえば、カヌーで急流を下る計画をいくら綿密に立てていても、いざ実際に流れに応じてカヌーを操る段になると、あっさりと計画を捨てて、身体化された技能を最大限活かせるような位置取りをせざるをえないのです。

## 実行から計画へ

戦略がコモディティ化している今日、実行するなかで有効な戦術、さらには戦略（創発型戦略）を見出していくことこそが業績の決め手となります。

たとえば、さきにみたように、リクルートは、社内で「フィジビリ」と称するテストマーケティングを頻繁に行い、成功するパターンである「勝ち筋」の発見に注力しています。

前身のサンロクマルで苦戦していたホットペッパーも、全部で23版あるなかで唯一収益化していた札幌版が、半径2キロ内の繁華街のすきのを中心に飲食店の掲載が過半を占めていることに気づき、札幌版をモデルとして繁華街の飲食店に絞り込んで水平展開することで、事業全体を黒字化させ基幹事業に育てあげています。

しかも、リクルートでは、通常の1年単位ではなく、半期ないしは四半期単位で経営サイクルを回しています。かつてわたしも参加したことのある新規事業提案制度の「New RING」は半年ごとに開催されていましたが、２０１４年からは情報通信技術（ＩＣＴ）関連事業に特化した「New RING-Recruit Ventures-」を毎月開催するなど、さらに高速化しています。

そして、リクルート経営コンピタンス研究所が、有効なパターンを見出してリクルートの社内用語でいうところの「型」として標準化し、グループ内で水平展開しています。こうしたしくみが、リクルートの持続的な成長を支えているのです。

ネットビジネスでは、どのようなページがよいかということを議論するのではなく、実際にやってみてどれが一番受けたか反応を観察して決めるのが一般的です。

ヤフーでは、色や広告の配列、文字やボタンの位置など、常時20程度の実験を行っています。たとえば、検索窓をホームページの脇から中央に持ってきただけで、利用者が大幅に増えて、年間２０００万ドルの広告収入増につながりました。

アマゾンも、同様の実験を積み重ねています。検索窓の大きさを変えたり、精算時の説明を左右に出し変えたり、最初のクリックで商品の説明をどこまで見せるかなどのテストを繰り返しています。

グーグルにいたっては、２０１０年だけで、実際にどちらの反応がいいのか比較してみるテストを８１５７回行っています。それだけでなく、全面的に変更する前に１％の利用者に変更を通知して反応を観察する１％テストも、２８００回以上行っています。

ホームプロが成長軌道に乗れたのも、考えうる戦術を次々と試し続けるなかから、有効な戦術を見出し積み上げていったからです。ヤフーやアマゾン、グーグルと同様のことを、ホームプロでも日々実践していました。たとえば、サイトの構成や表現について、アクセス履歴や反響をみながら、日常的に仮説検証を繰り返し、つねに改良していました。

また、ヤフーやグーグルで検索すると、その検索したキーワードにあらかじめ入札していた広告が、自動的に検索結果の冒頭の部分などに表示されます。これを「リスティング広告（検索結果連動型広告）」といい、複数の広告案をかわるがわるローテーションで自動表示さ

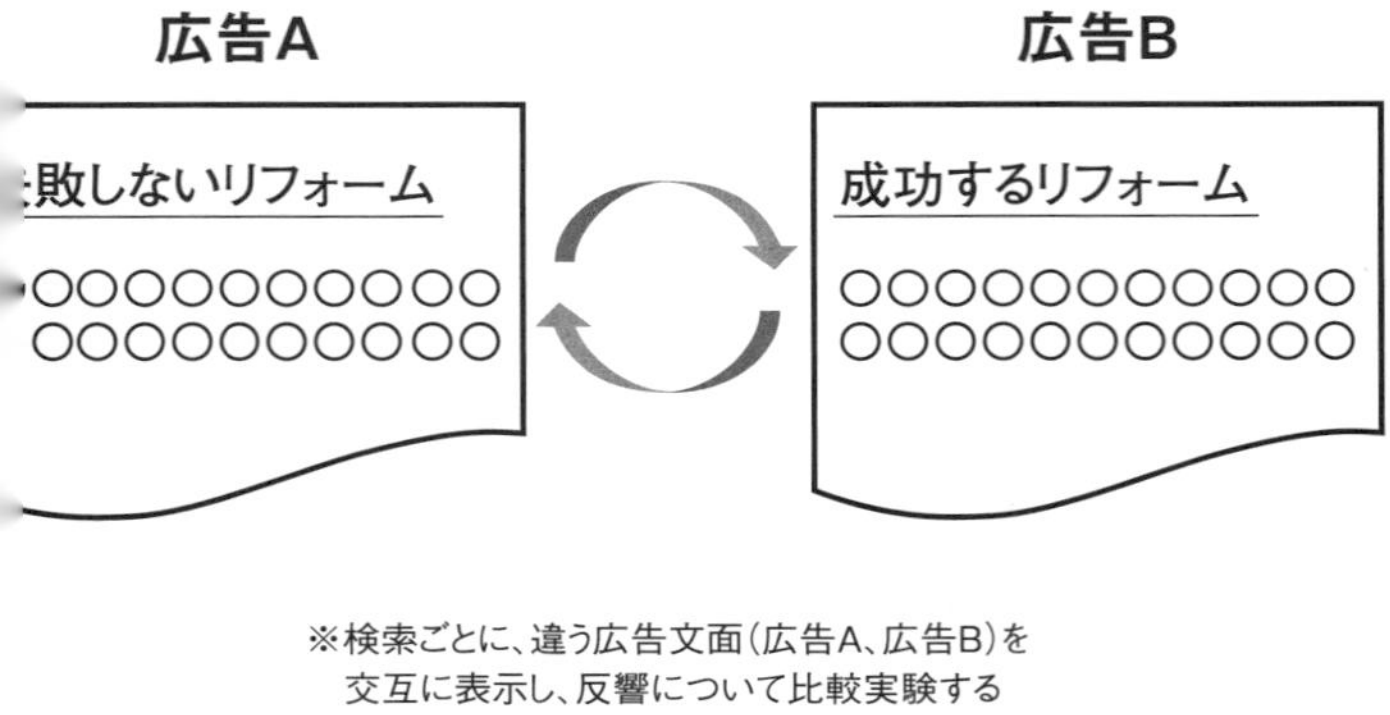

※検索ごとに、違う広告文面(広告A、広告B)を
交互に表示し、反響について比較実験する

図3-5　比較テスト

せることができます。

そこで、比較しようとする内容だけを変えた複数の広告案について、それ以外は均等な条件にし、無作為に選ばれた顧客に見せる比較テスト（実務ではA／Bテストやスプリットテスト、より厳密に行われる研究では無作為化比較対照試験〈RCT〉と呼ばれます。図3-5）をつねに行うように心がけていました。そうして効果を測定し、実際により多くの申し込みにつながる広告案への絞り込みを繰り返し、集客効率の向上に努めていたのです。

広告以外でも、サイトのページデザインやプロモーションなど、できるかぎり比較テストを行うようにしました。

マーケティングの先駆者とされる百貨店王ワナメーカーの有名なことばに、「広告費の半分が無駄になっていることは知っている。ただどの半分なのかがわからないだけだ」というものがあります。そうした広告費の無駄を減らすには、広告を本格的に出す前にテストをしてみて、どれくらい購買に結びつくのか効果を測定すればよいのです。

広告の神様、ホプキンスは「テストは広告を成功させるための唯一の方法と言っても過言ではない」と言い、伝説のコピーライター、ケープルズも「広告は、何らかのテストを実施して初めて、その本領を発揮して効果を生むのだ」と言います。現代広告の父、オグルヴィも「広告用語の中でもっとも重要な言葉は『テスト』だ」と言い、ダイレクト・マーケティングの父といわれるレスター・ワンダーマンも「ダイレクトマーケターが使える最大の武器はテストする能力である」（『ワンダーマンの「売る広告」　顧客の心をつかむマーケティング』翔泳社、２００６年〈原著２００４年〉）と、みんな口をそろえてテストの重要性を主張しています。

広告の神様や父ですら、実際にテストしてみないことには反響がわからないのですから、わたしたちがテストもせずに決め打ちで広告を出したりすれば、怠慢だといわれてもしかたがないでしょう。

マーケティング上手で知られるP＆Gや花王ではどうしているのか、担当者に質問してみたことがあります。テレビCMは、複数の案をつくって消費者モニターに見せてテストし、反響のよかったものを使うようにしているとのことでした。テストするぶん、費用と時間が余計にかかるのではと訊いたところ、テストすることは当初から計画に織り込まれているし、テストもせずに売上目標を達成できなかったら、責任を問われるとの答えでした。

あなたの会社や組織ではどうでしょうか。

### 実行こそ勝敗のカギ

そもそも起業における事業計画書の作成は、ベンチャーキャピタルからの出資の獲得や初期段階の事業の存続とは相関関係がない、という研究結果が報告されています。実際、アマゾンでは、サービス開始から1年経ってもまだきちんとした事業計画はなかった、という説もあります。

また、適切に策定された戦略のうち、実行に成功するものは10％にも満たないという調査結果も発表されています。たとえそれなりの戦略があったとしても、実に90％以上が実行で失敗するわけです。言うは易し行うは難し、とはまさにこのことです。

いまや実行力が企業の勝敗を分けるようになっています。期待どおりの結果を出せないのは、たいていの場合、実行力の不足が原因なのに、戦略などほかの原因によるものだとよく誤解されます。

ホットペッパーの前身のサンロクマルも、歩合報酬の業務委託による営業が多かったため、広告を売りにくい飲食店を避けて、売りやすいエステ店にばかり流れてしまい、うまくいっていませんでした。そこで、唯一黒字化していた札幌版にならって飲食店だけに集中することに加え、あらゆる広告を写真とキャッチコピーとクーポンで標準化した営業パターンを確立し、実行を徹底できる契約社員制度を導入することで、ホットペッパーは基幹事業に生まれ変わりました。

ホームプロに追随して参入した競合他社の多くも、ホームプロの戦略をまるごと模倣したものの、肝心の実行が伴わず次々と消えていきました。

かのクラウゼヴィッツも、「戦争に必要な知識は単純であるが、実行も同様に容易であるということではない」と言っています。問題は戦略ではなく、その実行の欠如にあることが多いのです。

宅急便の立ち上げ時に、「サービスが先、利益は後」として、なにはなくとも実行を徹底させたヤマト運輸の小倉昌男は、やはり傑出しています。

とにかくやり抜くことです。個人が成功するには、情熱と粘り強さからなる「やり抜く力（グリット）」が才能の2倍重要であることが、最近の心理学の研究で明らかとなっています。個人が集まった会社や組織においても同様なのではないでしょうか。

図3-6　ZARAとH&M

## 循環する計画と実行

以上のように、計画と実行は相互に依存し循環する関係にあります。計画→実行というだけでなく、実行→計画でもあるわけです。

ホームプロでも、日々もがき動きまわることで、やるべきことが次々と見えてきました。**調査や分析と計画にばかり憂き身をやつすのではなく、計画と実行のサイクルを高速で回転させることによって、マーケティングの精度を迅速に向上させていくことができます。**

まさにこのことを実践し、アパレル（衣料品）業界の世界2強となったのが、ZARAブランドで知られるインディテックス（スペイン）と

H&Mブランドで知られるヘネス・アンド・マウリッツ（スウェーデン）です（図3-6）。両社は、みずから企画・製造した自社ブランドの衣料品を直営専門店で販売する、製造小売り（SPA＝Speciality store retailer of Private label Apparel）です。

第1章でレビットが指摘していたように、顧客はドレスではなく流行を買っています。彼らは、何か月も前に予測した当たり外れのある流行にもとづいたドレスを計画的に生産してから販売するのではなく、いままさにはやっている流行をすぐにとりいれたドレスを、週単位で迅速に生産して売り切る「ファストファッション」を展開し、世界市場を席巻しています。

計画と実行は分離するのではなく、ひとつの連続した学習の過程として、計画→実行→計画→実行→……ととらえなくてはなりません。コミュニケーションにおける学習として、のちほど第5章でみていくことにします。

## 3-3「結果がすべて」ではない

### 結果と過程からなる実践

計画を実行したら、あとは結果がすべてであり、失敗するなどもってのほかなのでしょうか。

計画を実行するには、現実となった内容である「結果」という孤立した静止画のような断面だけでなく、現実をつくりだしていく連続した動画のような「過程」にも着目しなければなりません。過程とは、ものごとが変化・進行・発展して、ある結果に達するまでの一連の道筋、プロセスのことです。

結果についてのみ着目していては、本当のところ、なぜそうなったのかはわかりません。過程を経てはじめて結果が生まれるからです。

2000年代になって社会学・教育学・看護学などから始まり、最近は経営学でも「実践としての戦略」と銘打って、結果だけではなく現場での具体的な取り組みである過程も含んだ実践について、探究されるようになってきています。実践へと大きく舵を切るので、「実践的転回」などと呼ばれる新しい動きです。戦略に関わる人々は実際に何をしているのかにこそ着目しようというものです。社会の構造、あるいは個人の属性ばかりを重視してきた従来の理論への挑戦でもあります。

ドラッカーも、「マネジメントは科学ではなく実践である」と言っています。マーケティングでも、これからは結果だけではなく、過程も踏まえた実践全体に着目しないわけにはいきません。実践では、過程を経て結果があり、結果がまた過程を導くのです。

さきにみたように、ヤマト運輸は、全国をカバーするために過疎地へも進出するなかで、産地からの要望を受け、「新鮮直送」という新たな市場を生み出しました。

セブン‐イレブンは、初めての出店でいきなり在庫の山に直面したことから、単品管理・小分け配送・ドミナント（高密度多店舗）出店という3つの基本戦略を独自に編み出したのです。

ホームプロでも、加盟会社のサポート業務に手をとられているうちに、手厚いサポートのしくみができあがり、結果的に競合他社と差別化できるようになりました。

当初から結果をめざして直線的に実現していったわけではなく、現場で試行錯誤を重ねるなかで、結果をつくりだしていったのです。

これら3社について、それぞれの前半部分での試行錯誤の過程を省き（ここでもかなり簡略化していますので、くわしくはさきほど紹介したDVDや本、拙著を参照してください）、うまくいった結果のみをとりあげた成功物語は、達成すべき目標地点は示せるものの、実践にあたっての手がかりやヒントを得ることはできません。

結果だけに着目するのであれば、組織のレベルでざっくりととらえておけば事足ります。

過程にまで着目するようになると、個人のレベルでのやりとりにまで具体的に踏み込むことも必要となってきます。のちほど第4章と第5章で、人間とそのコミュニケーションとしてくわしくみていきます。

## サービスにおける過程の重要性

管理マーケティングが前提とするモノとしての商品とは違って、サービスは結果だけでなく過程の品質(対応がよかったかどうかなど)も問われます。サービスでは、現場の過程にまで踏み込まないわけにはいきません。

現場の過程については、顧客の視点からみた一連の体験として、一般には「カスタマー・エクスペリエンス(顧客経験)」、人間工学や情報システムの分野では「UX(ユーザー・エクスペリエンスの頭文字をとった略語です)」などと呼ばれ、競合他社との価格競争を避け、差別化をはかるために有効な手段としても取り組まれるようになっています。

サービスの場合、さきに第2章の最後のまとめのところでみた、マーケティング・ミックスの4Pに加えるべきであると主張されている3Pのうちの過程(Process)がまさにあてはまります。

そもそもあらゆる商品は、「拡張された商品」として必ずサービスを伴うので、実はモノとしての商品であっても、過程についてみていくことが不可欠なのです。もっぱらモノとしての商品を前提としてきた管理マーケティングとは別に、1970年代以降、米国では「サービス・マーケティング」、欧州では「サービス・マネジメント」として研究されています。

欧米では専門の学会がいくつもあり、専門の学術誌も刊行され、活発に研究されていますが、日本では専門の学会や学術誌はなく、研究も低調です。英語をそのままカタカナにした専門用語がやたらに多くなってしまうわけです。

日本はものづくりにこだわり、モノとしての商品のマーケティングにばかり注力することで、とりわけサービスに着目し、注力している海外企業とのグローバルな競争において、サービス業のみならず製造業の低迷をもたらしてきたのではないでしょうか。

コンテンツ配信サービスの iTunes Store を2003年に始め、瞬く間に市場を席巻したアップルの飛躍と、音楽配信サービスの技術をもち、bitmusic（のちに mora へ統合）を1999年に始めながら注力しきれなかったソニーの凋落《ちょうらく》が、彼我の違いを象徴しています。最近になって、ソニーもサービスから得る継続的な収益の拡大によって復調してきており、喜ばしい限りです。

## サービスにおける過程のデザイン

サービスでは、まずは過程の全体について、顧客とのすべての接点を図式化しておさえたうえで、提供する内容を具体的にデザインしていきます。

2000年代に入り、インターネットの普及により、顧客とのやりとりをリアルタイムで観察・比較し、改善しやすくなりました。そこで、顧客の一連の体験をひとつの旅にたとえて、サービスの利用（購入）の前後を通じた体験をつぶさにとらえ、地図のかたちで見えるようにします。これは「カスタマー・ジャーニー（顧客の旅）」などと呼ばれ、最近注目されています。

なぜ注目されるのかといえば、商品サービスをたんに提供するだけで、後は場当たり的に対応していたのではなかなか売れなくなったからです。顧客との接点での商品サービスの提供の仕方についても首尾一貫したかたちで細部までつくり込み、品質を維持向上させなくてはなりません。

さらに顧客の旅は、かつてはおおむね順番どおりに進んでいましたが、インターネットやスマートフォンが普及し、SNSが浸透することで、勝手気ままにネット、リアルを問わず行き来して巡るようになりました。ですから、どこから来られても対応できるように、過程の全体を通して顧客との接点をつくり込んで準備しておく必要があります。

サービスのデザインは、こうした過程全体の設計だけで終わるものではありません。現場での実践を通じて、顧客の反応を見ながら改善を重ねてつくりあげていくことも不可欠です。

こうした新しいサービス・デザインの主張がなされる以前の2001年に始めたホームプロでは、個人的に面識のあった企画の権威である高橋憲行が、1980年代から主張している「フォーメーション」（最近は「プロセスとツール〈PT〉」に改名されています）を活用しました。これに従い、プロセス（過程）全体について、どのようなツール（サイト、メール、電話、ファクス、郵便など）を用いて、顧客にどのように対応していくのかを図式化してデザインしたのです（図3‐7）。

図3‐7は、ごく大まかな全体についての例ですが、加盟会社からの成功報酬（成約に対する課金）を柱とした、もうけのしくみを表すビジネスモデルの図にもなっています。

サービスの過程は、大きく①サービス利用（購入）前、②サービス利用（購入）時、③サービス利用（購入）後の3つの期間に分けることができます。それぞれの期間について、留意すべきおもな内容とその具体例（ヤマト運輸、セブン‐イレブン、ホームプロ）をざっと

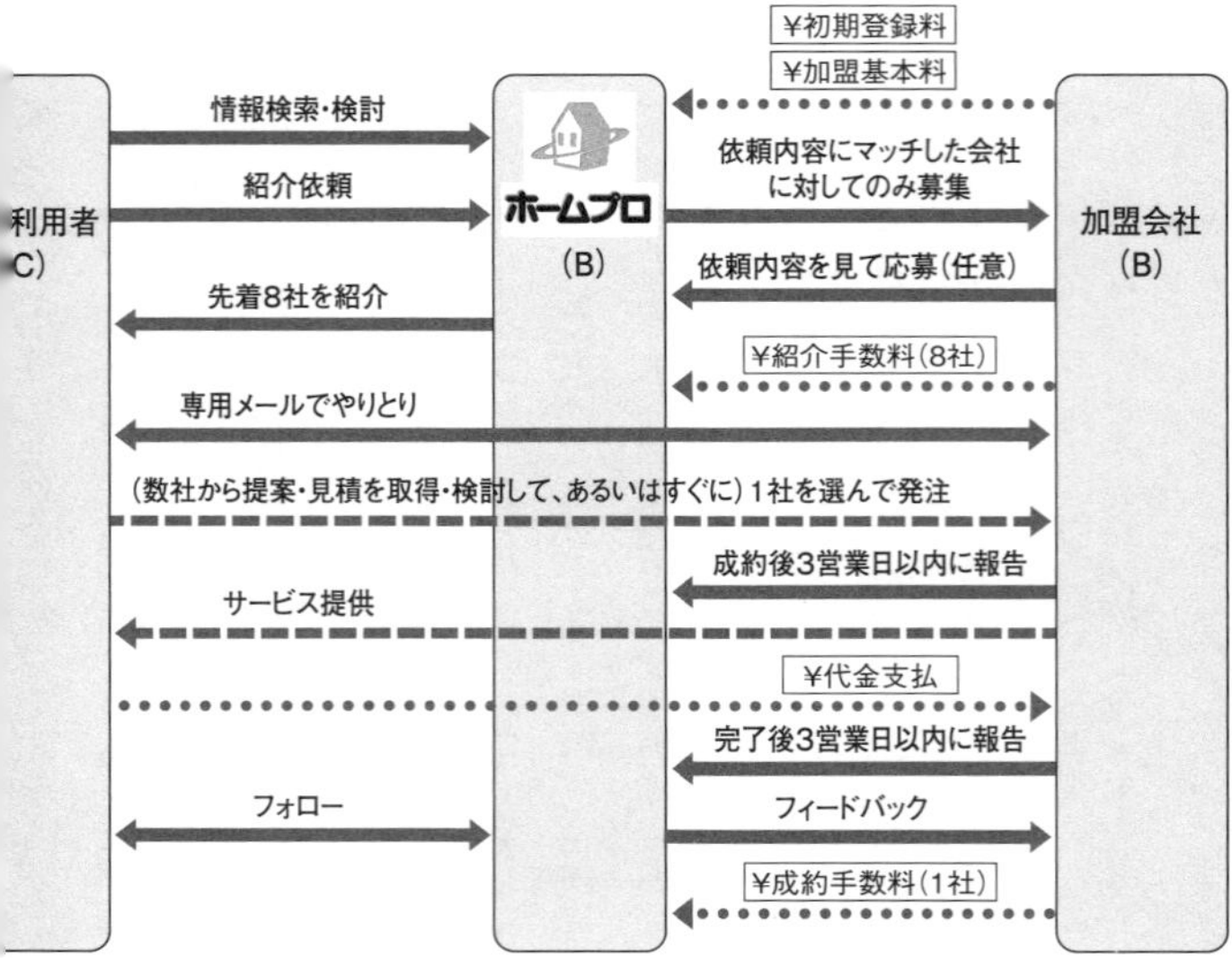


図3-7　ホームプロのフォーメーション

みておきましょう。

①サービス利用（購入）前

顧客にとって形のない活動であるサービスを事前に評価することは難しく、商品サービスを購入する際に不安や懸念（知覚リスク）を感じることが多くなります。

サービス内容をわかりやすく説明し、FAQ（よくある質問）で疑問点を解消し、進捗状況を確認できるようにします。また、実際の事例や利用者の声を公開し、保証をつけるなどして評価をしやすくし、知覚リスクを軽減するようにします。

顧客は事前の期待と実際の経験を比較して評価し、利用するたびに期待は上がり続け、期待を下げることは非常に困難です。期待は、高すぎず（高すぎると利用後に不満となります）低すぎず（低すぎるとそもそも利用されません）、適切なレベルに管理しなくてはなりません。

たとえば、ヤマト運輸では、全国一律での翌日配達を打ち出し、海外パッケージツアーのジャルパックをヒントにしたわかりやすい料金体系にして、いち早く荷物の追跡システムも導入しています。セブン‐イレブンでは、年中無休の営業とし、当初の営業時間は朝7時から夜11時までで、その後はほとんどの店舗で24時間営業としています。

ホームプロでも、イラストを使った利用方法の説明やＦＡＱなどをサイトに掲載し、専用のマイページで案件の進捗状況を踏まえながら、匿名でもやりとりできるようにしています。また、加盟会社の審査基準を公開し、保険会社とつくった工事保証を無料で付けるようにしています。

さらに、利用者の声や施工事例を蓄積し（２０１７年６月の時点で、それぞれ４万８００0件と6万４０００件あり、いずれも住宅リフォームでは国内最大規模となっています）、それらにもとづいた費用の相場とともに公開しています。これは、人気のキラーコンテンツ

（魅力的な内容で集客するコンテンツ・マーケティング、顧客を引き寄せるインバウンド・マーケティングの核です）となっています。

これまでなかった仲介サービスということもあり、パブリシティ（ＰＲ）にはとりわけ注力し、開始６年にして各種メディアで３００回以上紹介されました。そのことをおおいにアピールしています。

②サービス利用（購入）時

顧客と接するにあたり、標準的な過程について、芝居でいうところの配役と台本、すなわち従業員の果たすべき役割と行動の手順をあらかじめ定めて徹底します。そうすることで、顧客や従業員が入れ替わっても、サービスの品質をつねに一定に維持しやすくなるからです。

ヤマト運輸では、集荷・配送業務の基幹となる情報システムがしっかりしていることもあり、現場での顧客対応はセールスドライバーに任せています。

セブン‐イレブンでは、アルバイトにも仮説検証にもとづいて発注させるなど、全員参加で店を経営するようにしていますが、接客については各店にまかせています。

ホームプロが扱う住宅リフォームは、宅配や物販よりも複雑で、個別の現場対応が必要なので、加盟会社向けに施工管理等についての共通マニュアルを作成し、臨店指導やセミナーを通じて、サービス品質の維持向上に努めています。

③サービス利用（購入）後

顧客満足は事前の期待と比較して、実際の経験の評価が上回れば満足となり、下回れば不満となります。

満足してもらうこと（および購入先の切り替えにかかるコストと人間関係）で再購入してもらえる顧客ロイヤルティ（忠誠心、愛着）を築き、顧客との接点情報をまとめて管理する顧客関係管理（CRM＝Customer Relationship Management）によって、長期的に関係を維持するようにします。

CRMについては、ヤマト運輸ではクロネコメンバーズで配達日時の確認変更などとともに、セブン‐イレブンでは電子マネーのnanacoでメールマガジンの送付などとともに、利用回数や購入金額に応じてポイントが貯まるポイントプログラムを導入しています。

ホームプロが扱う住宅リフォームは、宅配や物販に比べると利用頻度はかなり低いので、ポイントプログラムは導入していません。利用者に対して共通のメールマガジンを定期的に発行するだけでなく、個別の利用状況に応じた内容のメールも随時送付しています。

商談などから不満の予兆を察知できれば、指摘される前に手を打ちます。また、すべての利用者に対して主要項目と全体についてのサービス評価を依頼し、回答があったものは利用者の声としてすべて匿名で掲載します。もし不満の指摘が少しでもあれば即解消すべく、24時間以内に対応するとともに（サービス開始から6年あまり、わたしも土日や祝日には当番として対応していました）、サービス品質の改善策を策定・実施して事例としてまとめ、共有するようにしています。

よい評価の声の掲載が増えれば増えるほど顧客からの引き合いも増えるので、加盟各社は満足の評価を獲得すべく、サービス品質の維持向上により一層努力し、成約も増えるという好循環がねらいどおり起こっています。

## 顧客満足と不満への対応

顧客サービス部門などでは以前からよく知られているように、満足した顧客は平均して4、5人に話すのに対して、不満だった顧客はその2倍の9、10人に話します。この人数は直接のクチコミについてだけであり、今日ではインターネットのSNSなどを通じて、あっという間にネズミ算式に広まります。1999年のいわゆる東芝クレーマー事件で、社員とのやりとりを録音した音声データがインターネット上に公開され、マスコミも大きくとりあげて報道したのはそのはしりです。

そもそも不満に思った顧客の95％以上は、企業に何ら指摘をすることなく黙って去っていきます。わざわざ不満を表明してくれた顧客は、改善のための貴重なフィードバックを与えてくれたのです。しかも、不満を適切に解決して満足すると、得意客にすらなってくれます。不満には最優先で前向きに対応すべきです。のちほど第5章でみていきますが、コミュニケーションのしくみからしても、迅速に対応すること自体が大切なのです。

実際、かつてわたしがガスファンヒーターの飛び込み営業をしていたときに、訪問先のお宅で、いきなりガス工事についての不満を1時間ちかく伺ったことがありました。直立不動でひたすら傾聴し、帰社後すぐに担当部署へ伝えて対応させる旨約束したところ、「ところで何しに来たんや」と聞かれ、カタログを渡して早々に退散しました。すると、翌日に電話でファンヒーターの注文をいただいたのです。さらにその方は、2か月後に大丸京都店であった「ガス展」の展示即売会場にも来られ、わざわざ名指しで炊飯器を購入いただきました。

こうした原体験も踏まえて、ホームプロではさきにみたように顧客満足（CS＝

Customer Satisfaction）を経営の根幹にすえて、サービスをデザインし運営していました。

あるとき、主婦向けのコミュニティサイトで知ったということで、ホームプロを訪れる利用者が次々と現れました。よく調べてみると、満足した顧客がそのサイト内でホームプロを何人にも薦めてくれていたのです。満足した顧客は強い味方になってくれます。まさに客が客を呼ぶのです。

ただし、5点満点の顧客満足度アンケートの場合、5点でないとこうした味方にはなってもらえず、継続利用も期待できません。5点は、4点に比べて6倍もの再購買があったという調査結果もあります。顧客が満足するのは当たり前で、大変満足、喜びや感激、感動をもたらさなければならない、などといわれるゆえんです。

ホームプロでは、つねに5点満点をめざして加盟会社とともにサービスの改善に取り組み、全体の平均では4・5点前後で推移していました。

**霧の中での実践**

以上のように、現場の実践にまで踏み込んで、過程の全体を統合したひとつのシステム、売れるしくみとして、サービスを具体的にデザインするわけですが、その前提となる実践のとらえ方についても考え直しておく必要があります。実践のとらえ方について、計画どおり理路整然と進むという管理マーケティングの考え方のままでは、現場の現実とは乖離してしまうからです。

かくいうわたしも、かつては教科書やビジネス書の内容をうのみにしていたため、起業してからいきなり何度もつまずいてあざだらけになりました。

そもそも実践は、いかなる状態のもとで行われるのでしょうか。

クラウゼヴィッツは、軍事行動が繰り広げられる場の４分の３は、多かれ少なかれ大きな不確実性という霧の中に包まれているといいます。マーケティングの現場も、やはり霧の中です。顧客の反応は前もって正確にはわかりません。競合他社が何をしてくるかも完全には予測できません。技術の進歩もあり、新たな商品サービスが次々と登場してきます。暗中模索が常態なのです。

リクルートの創業者である江副浩正は、「毎日が火事」だと言います。エアビーアンドビーの３人の共同創業者のひとり、ブライアン・チェスキーも、呼応するかのように「消火活動」と呼んでいます。ジャパネットたかた創業者の髙田明は、「日々決断を迫られることの連続」だと言います。これがまさに経営が実際に行われている現場の実態です。ホームプロでも、想定外は日常茶飯事で、大抵のことでは驚かなくなりました。

このように、霧の中や火事場で行動しなければならないので大変です。不完全な情報しか得られず、自身についてさえじゅうぶんに理解することはできず、しばしば極度のプレッシャーのもとで行動することを強いられ、いったん危機が発生したりすれば熟考する余裕はほとんどありません。環境や状況は時々刻々と変わり、そのたびに新しい情報が入ってきます。どこかで見切り発車をしなくてはなりません。

大なり小なり、経済学者のカール・マルクスのいう「命がけの飛躍」をしなければならず、しかもその連続とならざるをえないのです。

### 神の視点と人の視点

ところが、わたしたちは、実際にはこうした霧の中での選択の連続であるにもかかわらず、過去を振り返る際には、実践を、あたかも一直線の因果の連なりとして見通してしまいます(図3-8)。

何度もふれたように、インテルは気がつかないうちにメモリーメーカーからマイクロプロセッサ企業へと進化し、アマゾンは在庫を持たない方針を180度転換して巨大な物流セン

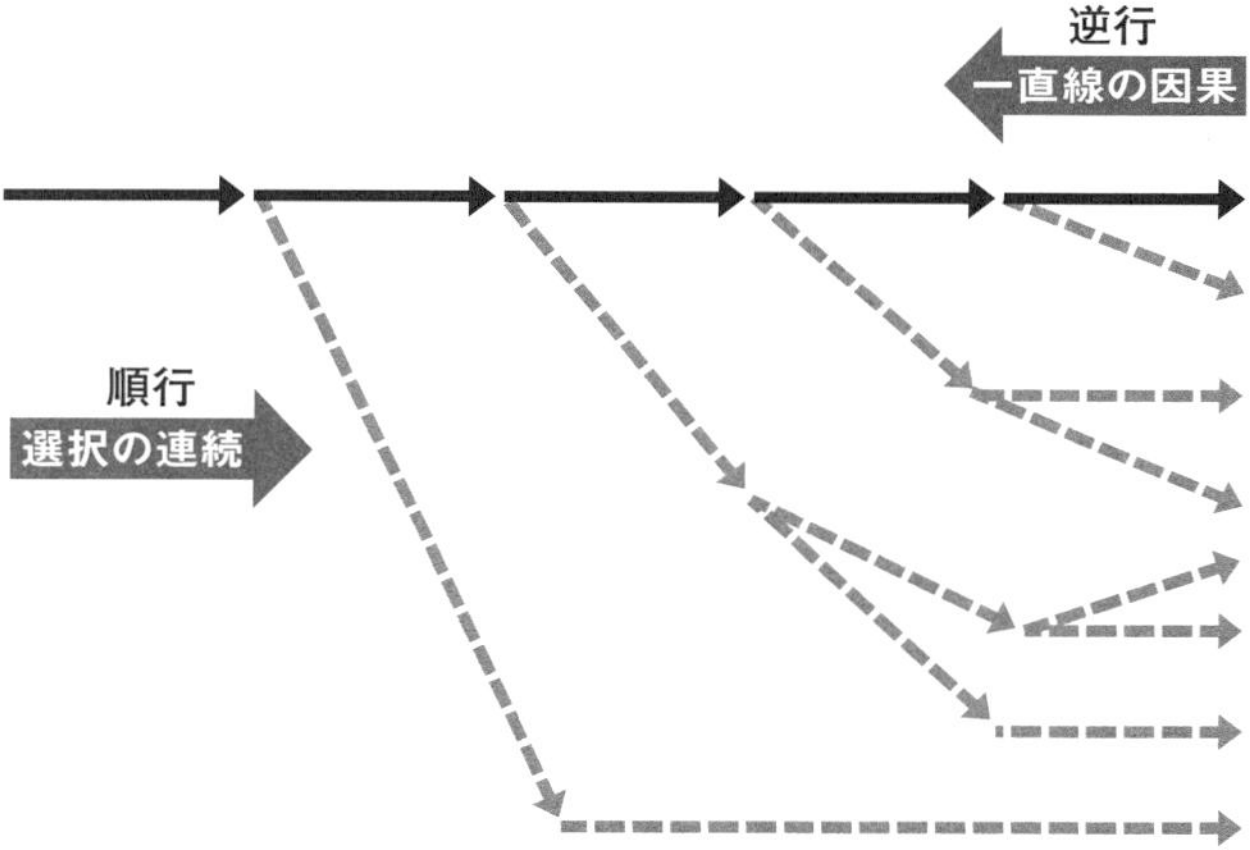


図３-８　選択の連続と一直線の因果

ターを各所に設置し、YouTubeはデート相手の検索サービスをやめて動画共有サービスに絞り込み、ジャパネットたかたはラジオ局から番組に出ないかと声をかけられて店舗だけでなく商品も紹介することに変更し、ネスレ日本はコーヒーマシンのセットがまったく売れずモニター募集に切り替え、ホームプロは知らぬ間に遠隔地のリフォーム市場を生み出していました。

ところが、結果ありきで過程は読み解かれ、うまくいった結果が当初からめざされてきたかのように説明されてしまいます。

インテルはマイクロプロセッサ企業を、アマゾンは巨大な物流網を、YouTubeは動画共有サイトを、ジャパネットたかたは商品の通信販売を、ネスレ日本はネスカフェ アンバサダーを、ホームプロは遠隔地のリフォーム市場を、最初からめざして実現したことにされるのです。

管理マーケティングでは、このように結果が明らかとなっている現在から過去を振り返って、その結果へと至る一直線だけに着目していることがほとんどです。

さらに管理マーケティングの問題点は、このように、過去のいくつもあり得た可能性を切り捨てて一直線にみてしまう、ということだけではありません。そもそも現実の世界のとらえ方からして違ってくるのです。

管理マーケティングでは、もっぱら外から眺める神の視点、すなわち第三者の視点に立って客観的に世界をとらえ、あらゆる情報源から得た情報をもとに事実を再構成したモデルにもとづいて語ります。

そこには、渦中を生きる人の視点、すなわち本人の視点に立って主観的に世界をとらえ、渦中で感じたとおりに記憶を再現した体験そのものの語りはありません。現場で実践するマーケターと顧客がまさにそうしているにもかかわらず……。

わたしたちは、過去について、つじつまの合った後講釈を信じ込む傾向があります。しかし実際は、ホームプロでも、一直線の展開などということは決してありませんでした。霧の中での試行錯誤の連続というのが実態です。

管理マーケティングの事例のとらえ方は、現場の実際とは異なります。現場の外からすべてお見通しの神の視点に立って、結果から時間を遡って逆行して見るのではなく、現場の内から限られた見通ししかない人の視点に立って、時間に沿って順行して見るようにすることが必要です。

映画を見た観客ではなく、映画の登場人物になりきらなくては、マーケティングの実践について理解することはできません。現場の渦中で実践するマーケターは、実際とは異なる管理マーケティングの現実の世界のとらえ方、事例についての記述に惑わされないようにしなくてはなりません。

## 埋め込まれた認知

こうした視点のおき方だけでなく、認知そのものの考え方についても見直さなくてはなりません。認知というのは、知覚・記憶・推論・問題解決など、人間の知的な活動全般のことをいいます。わたしたちは霧の中の現実を、一般に思われているように頭の中だけで認知しているわけではありません。霧の中という状況に埋め込まれた身体の活動を通じて、認知しているのです。

まず、認知は個人の頭の中だけで行われるものではありません。１９５６年に認知科学が誕生して以来、当然の前提とされてきたように、人間の認知はコンピュータのような計算や情報処理だけで成り立っているわけではなかったのです。認知は状況に埋め込まれており、外界との絶え間のないやりとりのなかで行われています。これは、１９８０年代半ばから登場した「状況的認知」「状況論」などと呼ばれる研究によって、明らかにされています。

さきのカヌーの例のように、行為は状況から独立してはありえず、状況に埋め込まれた行為は、その時とその場によりけりなのです。商品サービスについても、取り扱われる店、売り場、棚など、販売されている現場によって、売上が大きく左右されます。対象者の属性と商品サービスの購入意向を尋ねるだけのよくあるアンケート調査が、往々にして外れるわけです。

こうした状況については、次の第４章であらためてくわしくみていきます。

また、脳は身体の一部であって、認知は身体を通じて行動することに密接にかかわり、依存しています。身体があることでまわりの環境とやりとりすることができ、身体を通じて得られた情報や経験が、知の源泉となっているのです。これは、時を同じくして１９８０年代半ばから登場した「身体化された認知」「身体論」などと呼ばれる研究によって、明らかにされています。

のちほど第４章でみるように、わたしたちは、気がつかないうちに環境から身体への感覚的な刺激に多大な影響を受けています。日常生活では、指折り数え、文字を空に書きつけて思い出し、身振り手振りを交えて話しています。

ＩＤＥＯが、自社内の工房で手を動かしプロトタイプ（試作品）をつくりながら考えるプロトタイピングによって、革新的な商品サービスを生み出しているのも道理です。オフィスでパソコンに向かって、インターネットで情報を集めて分析し、パワーポイントで資料の作成ばかりしていては、ありきたりの計画しかできません。頭の中だけで考えるのではなく、顧客になる人たちと話し、実際の現場にも行ってみて、身体を動かし、状況を変えてみることが必要です。

脳は身体に、身体は状況に埋め込まれており、身体と状況も、わたしたちが心と呼ぶものの構成要素となっています。わたしたちは、身体と状況とのやりとりを通じて、経験を成り立たせているのです。

### データ分析と仮説検証

情報通信技術（ＩＣＴ）の飛躍的な発達を背景に、ビッグデータ（高頻度で生成更新される大容量で多様なデジタルデータの集まり）が、マーケティングでも活用されるようになっています。なかでもインターネット上では、行動の履歴が逐一データとして自動的に蓄積されるので活用が進んでいます。

大阪ガスでも、データ分析・活用の専門家からなる「ビジネスアナリシスセンター」を社内に設置し、現場に入り込んで成果をあげています。

明確な目的のもと、全顧客の購買データや閲覧履歴の分析によって精度の高い相関関係やパターンを見出し、個々の顧客の想定ニーズに合った商品サービスの広告を出したり推奨したりすることで威力を発揮します。

アマゾンのサイトが好例です。蓄積された大量の購買履歴をもとに、「この商品を買った人はこんな商品も買っています」などと自動的に表示されます。対象の顧客とその購買データ、対象以外の顧客とその購買データを用いて、対象の顧客の購買パターンと相関が強く似ている顧客を選び出し、その似ている顧客は購入しているけれど、対象の顧客は購入していない商品について、相関の強いものから提案する「協調フィルタリング」（図３‐９）とい

| | 商品1 | 商品2 | 商品3 | 商品4 | 商品5 | 商品6 | 商品7 | 商品8 | 商品9 | 商品10 | 顧客Xとの相関関係 |
|---|---|---|---|---|---|---|---|---|---|---|---|
| 顧客X | – | 1 | 0 | – | – | – | – | 0 | 0 | 1 | 1.000 |
| 顧客A | 1 | 1 | 1 | – | – | – | – | 0 | 0 | 0 | 0.167 |
| 顧客B | – | – | – | 0 | 0 | 0 | 1 | 1 | 1 | 0 | -1.000 |
| 顧客C | 0 | 1 | 0 | 0 | – | 1 | 1 | 0 | 0 | 1 | 1.000 |
| 顧客D | 0 | – | – | 0 | 1 | 1 | 0 | 0 | 1 | 1 | 0.500 |
| 顧客E | – | 1 | 0 | – | 1 | 0 | – | 0 | 0 | 0 | 0.612 |
| おすすめ度 | 0.00 | | | 0.00 | 1.00 | 0.67 | 0.50 | | | | |

図３－９　協調フィルタリング
出所：http://www.albert2005.co.jp/technology/marketing/c_filtering.html

われる手法が使われています。

トップページで表示される内容の半分以上が、そうしたおすすめ（レコメンド）によって個別に最適化されています。レコメンドによって、ついつい余計な買い物をしてしまった人も多いのではないでしょうか。わたしも、２０００年のオープン以来、アマゾンの売上増に貢献し続けているひとりです。

ネットばかりでなく、リアルの店舗でも、ポイントカードの顧客ＩＤとひもづけした販売（ＩＤ－ＰＯＳ）データを使って、顧客に応じた割引クーポンをレジで発行するといったことが行われています。

とはいえ、そもそも販売（ＰＯＳ）データになっていない内容は分析の対象外です。過去に売れた結果と売れなかった結果はわかっても、売りそびれた機会損失まではわかりません。店頭では、どのように陳列されていたのか、Ｐ

OP広告を出していたのかなどもわかりません。顧客とひもづけした販売（ID‐POS）データであれば、どのような顧客が購入しているのか、どれくらい繰り返し購入されているのかといった購買行動まではわかりますが、購買に至った行動やその理由はわかりません。

アマゾンでも、優先的に2日以内で配送する有料会員制の「Amazonプライム」を2005年に導入するにあたっては、購買行動にどのような影響がでるのかまったく予想することはできませんでした。しかし、いざふたを開けてみると、プライム会員になった人は買う金額が平均で約2倍となり、大成功でした。

セブン‐イレブンは、日本で最初にPOS（販売時点情報管理）システムを全店舗に本格的に導入する前から、今日に至るまで、店頭での仮説検証型の発注を徹底し続けています。事前に仮説を立てて発注し、販売データで検証することによってこそ、売れた理由を理解することができ、それがまた次の発注につながるからです。

30年以上、毎週（2006年からは隔週）全国から店舗経営指導員を招集し、全社一丸となって1週間（2006年からは2週間）単位で仮説検証サイクルを回し、ひたすら学び続けています。新人には、具体的な商品について仮説を立てて検証した内容を毎日報告させ、仮説検証を習慣として身につけさせています。こうした仮説検証の徹底が、他のコンビニエンスストアチェーン店と、平均日販で10万円以上もの大差がつく大きな要因となっています。

## 実験的試行と振り返り

わたしたちが未知の領域に突入し、そこから何かの意味ある事実を見出すためには、実験的な試行が不可欠です。本当のところは、やはり実際にやってみないことにはわからないものなのです。いくら畳の上で水泳を学んでみても、実際に水中で泳いでみなければ、泳ぐということを本当に理解することはできません。

ヤマト運輸の小倉昌男も、「やってみなければわからないんですね。やればわかる。やってみてわかったことを直す」と言っています。セブン‐イレブンの鈴木敏文も、「何だってうまくいくかなんて、やってみなければわかりませんよ。挑戦することが肝心なんです」と言っています。ホームプロでの経験からしても、そのとおりだと思います。

サントリーの「やってみなはれ」、リクルートの「フィジビリ」、アマゾンの「とにかくやってみよう賞」（賞品は使い古したナイキの運動靴の片方）などは、組織として実験的試行を奨励している好例です。ＧＥのトップ（ＣＥＯ）であったジャック・ウェルチやグーグルのトップ（ＣＥＯ）であったエリック・シュミットも、いかに数多く試行させるかに腐心していました。

さきに第2章でもみたように、すでにある商品サービスの延長線上で拡販する（1→n、連続的なイノベーション）ならアンケートやインタビューといった調査もそれなりに有効ですが、これまでなかった商品サービスを生み出す（0→1、不連続のイノベーション）には、コストを抑えながら高速で参入を繰り返す、探索的なマーケティングが有効です。売りながら調べ、調べながら売るのです。

インターネットをはじめとしてデジタル化の進んだ今日では、そういうサイクルにリアルタイムで対応できるようになってきているのですから、なおさらです。

起業でいえば、無駄なく俊敏に、実用最小限の商品で構築→計測→学習のサイクルを回し、必要に応じて方向転換（ピボット）する「リーン・スタートアップ」に該当します。

実践は、反復的な習慣的行動だけではなく、こうした探索的な日常的実験を伴うものなのです。

わたしが現在籍を置く、大阪ガスのエネルギー・文化研究所（ＣＥＬ）が発行している情報誌「ＣＥＬ」の１１３号（２０１６年7月刊）で、「学びを学ぶ（Learn to Learn）」という特集を企画し、担当した際にも、試行錯誤や失敗から学ぶことの重要性が浮き彫りとなりました。

たとえば、認知科学者の佐伯胖は、予定調和的にゴールをめざすのではなく、結果的に何かが生み出される経験を増やすことが、学びにとって非常に大切だと言います。文化人類学者の福島真人は、学習は目標に向けて直線的に進むものではなく、学習の実験的領域を確保しつつ、ダメージを回避しながら失敗から学べるようにしなければならないとします。リクルートの巻口隆憲は、失敗し修羅場を経験してこそ社員は成長すると言います。ＩＤＥＯの野々村健一は、デザイン思考では試作品を次々につくって手を動かしながら考え、失敗から学び、柔軟に方向転換すべきだとしています。脳研究者の池谷裕二は、多く失敗すればするほど速く成功にたどり着き、多様な失敗をすることでより良い学びが生まれることを、マウスの実験で明らかにしています。

バブル景気が崩壊した１９９０年代に、もっぱら業務の成果で個人を評価する、いわゆる成果主義が多くの日本企業で導入されました。人件費の削減を目的とし、短期的な結果の数字だけで評価するなど誤ったかたちで成果主義が運用されたため、社員は確実な得点が見込めないようなイノベーションにチャレンジしようとしなくなり、失敗から学ぶ機会も減ってしまったのではないでしょうか。

のちほど第4章でみるように、人には、もともと利得より損失を2倍大きく感じる損失回避性の心理がはたらきますが、それをさらに大きく助長してしまったのです。

専門や組織の枠を超えるような取り組みは避け、検討はしても時期尚早などとして先送りすることが多くなっていったのではないでしょうか。総じて、日本企業の成長が鈍化し業績が低迷していった要因として、第1章でみた短期的な利益第一主義とともに、社員に対する誤った成果主義の副作用が少なからず影響しているように思います。

一方で、リクルートの四半期ごとの目標数値達成への執念には並々ならぬものがあります。それだけだと、誤った短期的な成果主義に突き進みかねないようにも思えます。かつてホームプロの非常勤取締役でもあったリクルートホールディングス社長の峰岸真澄は、松岡正剛らの協力を得て、リクルートの企業文化を3つのキーワード「起業家精神」「圧倒的な当事者意識」「個の可能性に期待しあう場」にまとめました。このボトムアップの企業文化を徹底することによって、リクルートは成果主義の弊害を回避していることを実感しました。渋沢栄一の「論語と算盤」にならえば、「企業文化とコンピュータ」の両立とでもいえるでしょうか。学ぶべきモデルです。

現場で実際にやってみて、顧客の反応を見て、競合他社の動きも踏まえながら、計画を随時見直していかなくてはなりません。**試行錯誤によって数多くの小さな（致命傷にはならないようにリスクをコントロールした）失敗を積み重ねながら、成功を築き上げていくのです。まさに失敗は成功の母なのです。**これは組織的な学習であり、経験と知恵が見えざる資源としてつくりだされていきます。

こうした実践において大切なのが、省察《せいさつ》、すなわち振り返りです。失敗しても振り返らなければ、また同じ失敗を繰り返すだけです。振り返らなければ、いくら実践しても、そこから本当に学ぶことはできないのです。つねに実践と振り返りを、繰り返し循環させなければなりません。

あとから事例を分析する振り返りも大切ですが、その場で臨機応変、当意即妙に行うなかでの振り返りこそが実践の肝です。さきにみた神の視点ではない、人の視点にもとづく振り返りです。マーケターとしてのあるべき姿は、この実践の渦中でつねに振り返る、省察的実践家なのです。

## まとめ：マーケティングの対象

この第3章でみてきた内容を、マーケティングの対象として整理して、本章を終えることにします。

### 対象の3つの次元

マーケティングの対象は、

第1の次元：戦略と戦術
第2の次元：計画と実行
第3の次元：結果と過程

の3つの次元（レベル）からなる、全体としてとらえることができます（図3-10）。

これらの3つの次元は、第1、第2、第3の順に、より具体的なレベルの内容になってい

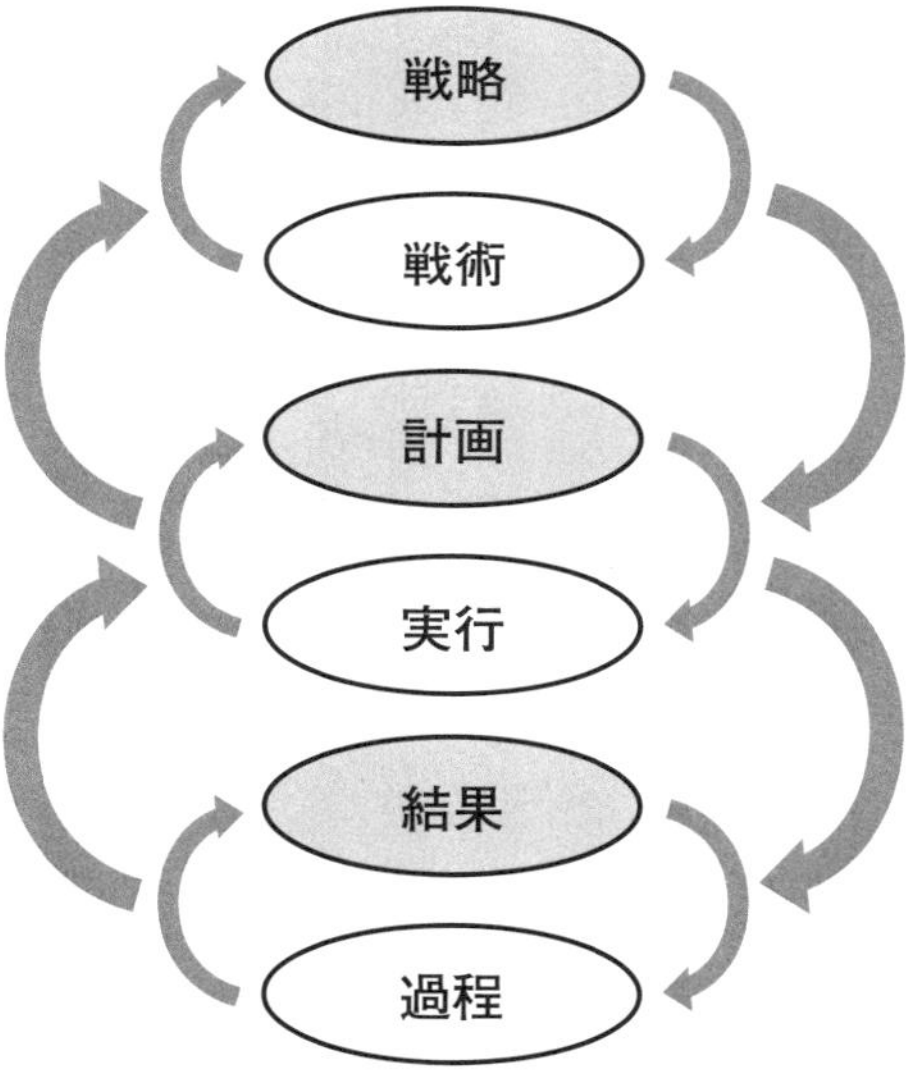


図３-10 マーケティングの対象

きます。

まず、成功パターンの仮説としての戦略と、その仮説を実現するための具体的な打ち手としての戦術があります。次に、戦略と戦術について、それぞれ具体的に展開していく計画と実行があります。最後に、計画と実行について、それぞれ結果と、そこに至る過程があります。

実行と実践は同じ意味で使われることもありますが、本書では、計画の遂行である実行に対して、具体的に手や足や口を動かす行動のレベルにまで踏み込んだのが実践だとして区別しています。

管理マーケティングは、これらの3つの次元において、もっぱら戦略・計画・結果を重視し、戦術・実行・過程を切り捨ててきました。マーケティングをマネジメントするには、戦略・計画・結果さえおさえればよい、しっかり戦略を立て、それをきちんと落とし込んで精緻な計画をつくれば、おのずと結果は出る、というものです。これこそ、トップやマネジャーが、マネジメントするのにふさわしい内容というわけです。

一方、戦術・実行・過程は、そもそも管理マーケティングがとりあげるには値しない、残りかすのような扱いです。現場の社員は、トップやマネジャーの方針に従っておればよい、後はよきにはからえ、というわけです。

## 真実の瞬間

しかし、最前線の現場こそが、マーケティングのターゲットである顧客との接点であり、「真実の瞬間」(Moment of Truth。決定的瞬間と訳すほうが本来の意味に近いのですが、慣用に従うことにします)を生み出しているのです。

真実の瞬間とは、もともとは闘牛士が牛にとどめを刺す命がけの瞬間を指すことばとして使われていたのを、スウェーデンでサービス・マネジメントのコンサルタントをしていたリチャード・ノーマンが、サービスの最前線で顧客と従業員が接する機会を表すことばとして、1978年に使い始めたものです。

赤字に苦しんでいたスカンジナビア航空（SAS）は、「ビジネス客のための世界最高の航空会社となる」とし、観光ツアー客は相手にせず、ビジネス客だけに絞り込んで、ノーマンの協力のもと、1回あたり15秒、年間5000万回に及ぶ真実の瞬間に着目した改革を断行し、わずか1年で立て直しに成功しました。

そのときのトップ（CEO）のヤン・カールソンが、1987年に自著（『真実の瞬間 SASのサービス戦略はなぜ成功したか』ダイヤモンド社、1990年）のタイトルに採用したことで、このことばは広く知られるようになりました（カールソンが真実の瞬間と命名した、という記述を見かけますが、誤りです）。

商品サービスの提供を受ける顧客にとっては、個別のそうした出会いこそがまさに真実の瞬間であり、それがすべてなのです。

2000年にはP&Gのトップ（CEO）になったラフリーが、米国では、店頭でブランドの選択の70%が行われ、商品の購買は3〜7秒で決定されており、店頭こそ広告よりも重要であることを強調しました。これを「第1の真実の瞬間」（First Moment of Truth）とし、継続して購入するかどうかが決定される家庭での使用を「第2の真実の瞬間」(Second Moment of Truth)としたのです。

さらに、2010年には、今度はグーグルが、店頭の前段階で行われるインターネットでの情報検索を「第0の真実の瞬間」(Zero Moment of Truth)と命名しました。2015年には、米国の消費者が商品を購入する際に、その半数近くがアマゾンの検索から始めていたそうですから(実際に購入したところはさまざまです)、適切な指摘です。

このように真実の瞬間は、従業員が介在しない場面にも拡大されるとともに、3つの段階へと分化してきています。

こうした真実の瞬間を生み出している現場における取り組みの中心は、管理マーケティングが切り捨ててきた戦術・実行・過程、すなわち戦術を実行する過程です。戦略・計画・結果とともに、戦術・実行・過程がそろって、はじめてマーケティングとして完結し、機能します。

このように、戦術・実行・過程を切り捨ててきたことが、管理マーケティングが現実と乖離し、現場の実践では役に立たない原因となっているのです。

## 二重の循環

マーケティングの対象の3つの次元である、戦略と戦術、計画と実行、結果と過程は、それぞれ循環する関係にあります（図3－10）。一方のみを重視する二項対立を超えて、全体としてとらえなければなりません。さらに、各次元の間も循環する関係にあります。マーケターは、これらの二重に循環する関係の動的なバランスをとりながら、実践していかねばなりません。

ところが管理マーケティングは、図3－10の網かけをした戦略・計画・結果だけをとりあげて、静的にしかとらえていなかったのです。

こうしてみてくると、管理マーケティングは、夜道での落とし物を、街灯の下だけ探すようなものではないでしょうか。

管理マーケティングは、戦略・計画・結果をもっぱら対象とし、科学としての厳密性・客観性を主張しています。結果論や後講釈は、現場の実態に踏み込まなくても、あるいは踏み込まないがゆえに、なんとでもいえます。

本書が提起する実践マーケティングでは、これまで暗闇の中にあった戦術・実行・過程にこそ光を当てます。日常の現場の現実を対象にしているのです。マーケティングは、オフィスや会議室ではなく、顧客と接する現場で起こっています。いまここで進行しつつある事態に対処するのに役立たなければなりません。それなくしてマーケティングは完結しないからです。

以上、第1章からこの第3章までで、マーケティングについての13の呪縛をひととおり解いてきました。ところが、これらのマーケティングについての呪縛を解いただけでは、まだマーケティングはうまくいかないことが多いのです。マーケティングが立脚している人間とそのコミュニケーションについての考え方にも、6つの呪縛がかかっているからです。次の第4章と第5章では、人間と、そのコミュニケーションの理論（モデル）の呪縛を解いていくことにします。

# 第4章　「人間についての呪縛」を解く　★★★上級

マーケティングは、売り手と買い手という人間どうしが、直接あるいは間接に行うコミュニケーション以外のなにものでもありません。ところが、これからみていくように、世間一般の常識とされ、管理マーケティングも疑うことなく立脚している人間とそのコミュニケーションについての考え方は、実は現実とは乖離してしまっているのです。

マーケティングを現場で実践して成果をあげるためには、人間とコミュニケーションについての呪縛も解いておかねばなりません。これからまとめる新しいモデルは、マーケティングをはじめとした経営での実践はもちろんのこと、わたしたちのあらゆる活動、仕事や勉学から私生活にいたるまで、有効に活用することができます。

コトラーの管理マーケティングの体系を超えることになるので、星3つ（★★★）の上級レベルの内容ということになります。

理論については最小限の説明にとどめ、さまざまな事例をとりあげることで、具体的に理解し実務にも応用しやすくしています。理論の詳細についても知りたい場合には、拙著『マーケティング戦略は、なぜ実行でつまずくのか　実践のための新しい理論とモデルの探究』（碩学舎、2016年）を参照してください。

まずこの第4章では人間についての呪縛を解き、引き続き第5章ではコミュニケーションについての呪縛を解いていくことにします。

第4章では、マーケティングの暗黙の前提とされてきた世間一般の常識が次々に覆るので、本書の胸突き八丁、正念場といえます。登山をしていて雲の中に入ってしまうようなところが出てくるかもしれませんが、道筋をおさえながら頂上をめざして読み進んでください。第5章に近づけば、雲上の晴天が開けてきます。

## 欠落している4つの要素

まずは、人間のとらえ方について全体の大枠をおさえておきましょう。そのうえで、4つの欠けてしまっている要素をひとつずつ順にみていくことにします。4つの要素それぞれについての指摘は、すでに数多くされているのですが、それらをひとつのモデルのかたちにまとめあげたものは、これまで見かけたことがありません。既存の知見を新たに結合してこれからまとめていくモデルによって、人間についての呪縛を解く万能カギとなる包括的な視点を得られることになります。

従来の管理マーケティングと新しい実践マーケティングにおける、人間についての考え方の全体像を対比すると、次のようになります。

まず、管理マーケティングでは、人間は、自覚して意図的にものごとに対応し、論理的に判断し、だれであっても認識する世界は同じで、それはいつでもどこでも変わりません。自然科学を模範とした理想的なあるべき人間の姿です。

このように、管理マーケティングでは、現実について理想と合致するところは説明できます。しかし、理想的なあるべき姿とするのに不都合なところを切り捨てて単純化しすぎたため、生身の人間の実態とはかけ離れているところが少なくありません。

一方、実践マーケティングでは、人間は、知らず知らずに自動的にも反応し、好き嫌いでも判断し、人によって認識する世界も異なり、それは時と所によって変わります。現実の人間の姿をありのままにとらえようとします。

このように、管理マーケティングでは、人間についてもっぱら意識と理性だけしか念頭にありません。図4-1の中心にある、網かけをした部分しか眼中にないのです。

人間について、管理マーケティングには欠けていて、実践マーケティングにとりいれるべき4つの要素、すなわち、図4-1の内から外へ向けて、①無意識、②感情、③(間)主観性・(間)身体性、④状況・文脈・環境について、順にみていくことにします。

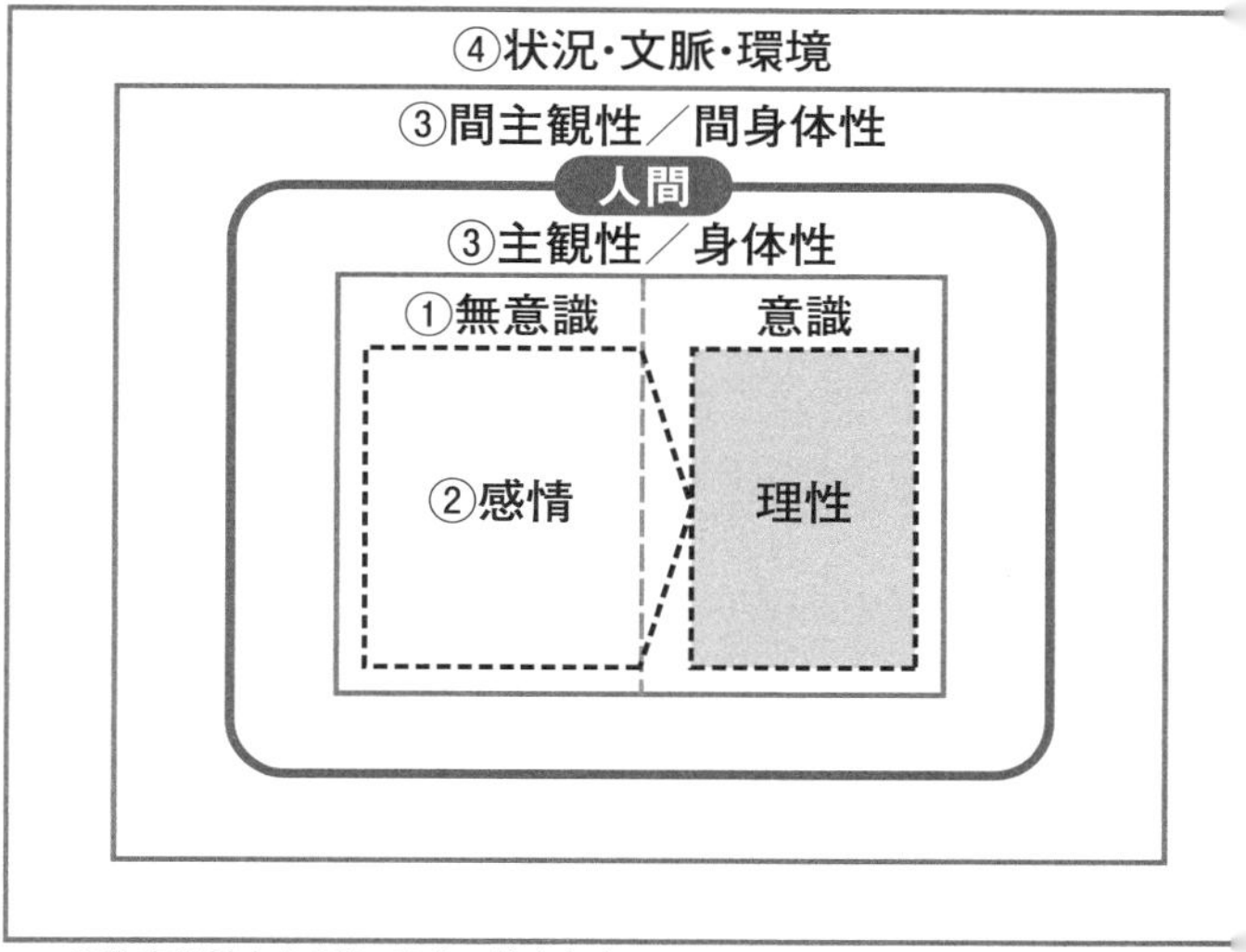


※数字は対応する第4章内の節を表す

図4-1 管理マーケティングの人間に欠ける4つの要素

## 4-1 「顧客はわかって買っている」とは限らない

### 無意識を追認するだけの意識

わたしたちは、睡眠中や気絶したときは別として、起きている間は、つねに意識的に行動していると思っているのではないでしょうか。自分のことは自分で判断している、すべてわかっていると思い込んでいます。

古代ギリシャの時代から、意識が人間の精神活動において中心的な役割を果たしている、と考えられてきました。管理マーケティングしかりです。

しかし、最近の脳神経科学や社会心理学の多くの研究によって、**実は無意識が大半の精神活動の役割を担っていることが明らかとなっています**。人は自分で思っているほど自分の心についてわかってはいないのです。意識にのぼらないからこそ無意識なわけですから、自身の無意識のはたらきがわからないのも無理はありません。

意識的にこうしようという意志にもとづいて行為していると考える常識は、脳神経科学の実験によって否定されています。

まず、無意識のもとで電気的な活動として脳から行為の指令が出され、その0・35秒後に行為しようとした意志が認識され、さらにその0・2秒後に実際の行為が行われる、ということがすでに実験で明らかになっているのです。行為の始まりは、意識ではなく無意識です。意識は、無意識が決定したことを傍観し、追認し時として拒否しているだけなのです。

このように無意識が行為の起点となっているというだけではありません。最近の脳神経科学によれば、人間の脳においてさまざまな感覚器官からもたらされる情報のほとんどは、無意識で処理されています。

その具体的な割合については諸説あります。95%といわれたり、99・9964%（1秒間に五感でとりいれる情報1100万ビットのうち、意識で処理できるのは最大でも40ビット）とされたりしています。７００万ドルをかけて、２０００人以上を対象に行われた脳波測定調査によれば、購買行動の85％をコントロールしているのが無意識だったという結果も出ています。

いずれにしても、０・０００３６％ないし５％、多くても15％の情報を処理するだけの意識ばかりをとりあげる管理マーケティングでじゅうぶんだ、とはもはやいえないでしょう。

無意識というのは、もともとは精神分析の創始者として有名なジークムント・フロイトがつくった概念です。しかし、無意識は精神的に抑圧されて神経症をもたらすものだとするフロイトのとらえ方は、現在では狭すぎることがわかっています。

実は無意識は、効率性という理由から、意識の外で起こる心の働きだと考えられています。無意識のうちに、環境を即座に評価し明確化し解釈し、行動を開始させるという能力が生存に有利なため、進化的な選択がなされたのです。つまり、天敵に襲われかけたとき、とっさに逃げれば助かりますが、「以前に襲われかけたのと同じ種類の動物のようなので、やっぱり逃げたほうがよさそうだ」などと意識して考えていては、天敵に食べられて一巻の終わりだということです。このことは、進化による環境への適応であることを強調して、「適応的無意識」と呼ばれることがあります。

本書での無意識は、フロイトの狭い無意識のことではなく、この広い適応的無意識のことをさしています。

### サブリミナル効果どころではない影響

無意識への働きかけの影響としては、「サブリミナル効果」が知られています。

サブリミナル効果というのは、意識されないレベルで示された刺激の知覚によって、生体になんらかの影響があることをいいます。

米国の映画館で、映画フィルムに「コカ・コーラを飲もう」「ポップコーンを食べよう」と記したメッセージを、意識にのぼらないほど短時間だけ紛れ込ませておいたところ、コカ・コーラとポップコーンの売上が通常よりも数十%増えたという実験について、どこかで見聞きしたことがあるかもしれません。この実験によって、サブリミナル効果が広く知られるようになりました。

サブリミナル効果は、実際に存在することは実証されているものの、つねに見られるというわけではありません。

テレビや映画などの連続した映像で、気がつかないほどの短時間だけ文字やイメージを示した場合、映画館での例のように空腹感や喉の渇きなどの感覚には効果が確認されていますが、広告された商品の選択行動についての効果はあまり見られません。ＮＨＫと民放連の放送基準では、サブリミナル的な手法は禁じられています。

印刷媒体などで、性や死に関わる文字やイメージを写真や絵の中に埋め込んだ場合、それを見た人が興奮するなど感覚には効果が確認されています。しかし、態度や購入意欲については、効果があったりなかったりして一貫せず、また、選択行動や記憶については効果が見られませんでした。

したがって、広告についていえば、ある商品サービスをサブリミナル広告で宣伝した場合、その商品サービスはよいものである、好きであると思わせることはできますが、それだけで実際に買わせることまでは難しいということになります。

「サブリミナル効果がこの程度なら、無意識の影響もたいしたことはない」と思われたかもしれません。しかし、無意識に受ける影響は、こうしたサブリミナル効果だけではありません。実は、周囲の環境からサブリミナル効果どころではない、多大な影響を受けているのです。わざわざこっそりと意識されないレベルで示されなくても、堂々と意識されるレベルで示されても、実際には気づくこともなく無意識のうちに大きな影響を受けています。

たとえば、わたしたちは、ただ単にくり返し見たり聞いたりして接するだけで、好ましさが増大することが心理学の実験で明らかとなっています（単純接触効果）。しかも、接していることに気づいているときよりも、気がついていないときのほうがよりいっそう好ましく感じるのです。映画やテレビ番組のなかで、商品をさりげなく小道具として使う「プロダクト・プレイスメント」が盛んに行われるようになっているわけです。

実際、広告や商品についてまったく覚えていなくても、無意識のうちに影響を受けて購入している場合が少なからずあることが調査でわかっています（『費用対効果が23％アップする 刺さる広告 コミュニケーション最適化のマーケティング戦略』ダイヤモンド社、2008年〈原著2006年〉）。

広告の効果測定として、計測が容易なことから、広告を想起できる人の割合である知名率を調べることがよく行われますが、実購買をねらいとするのであれば、適切な指標とはいえません。

のちほど「4-4『顧客はいつでもどこでも同じ』ではない」の環境のところで、さまざまな事例における広範な無意識への影響についてみていきます。

## 無意識のとらえ方

無意識は、当の本人が意識していないのですから、いくらアンケートやインタビューといった調査をして聴いてみたところで、わかるはずがありません。さきに第2章でもふれたように、行動を観察するのが手っ取り早くてよいでしょう。

小売りの店頭では、顧客の購買行動を観察します。広告であれば、広告の神様や父がそろって強調していたように、比較テストをしてみて、実際の購買行動にどれだけ結びつくのか観察します。サイトやパンフレットの改善、商品陳列の見直しなどには、顧客がどこを見ているのか視線の動きと注視する時間を計測する「アイトラッキング」が利用できます。わたしも使ってみたことがありますが、アンケートやインタビューではわからない気づきを得られました。サイト内でのマウス、クリック、スクロールなどの顧客の行動を、動画や分布図で可視化して観察できる分析ツールも使われるようになっています。

観察以外では、顧客が直接表現できないような無意識を探るための調査方法として、心理学で投影法と呼ばれるものがあります。あいまいな刺激素材に対して自由に反応してもらい、その結果を分析し解釈します。

最近では、消費者行動分析に特化したものとして、無意識での思考内容について写真や絵を選ばせることで、イメージやメタファー（たとえば「芸術は爆発だ」のように、「芸術は爆発のように固定観念を一瞬にして破壊するのだ」といったたとえの形式をとらない比喩、隠喩）を通じて意味のつながりを見極める「ザルトマン・メタファー誘引法（ＺＭＥＴ）」があります。

また、与えられたことばについて、あてはまる分類を想起するスピードを比較することによって、本人も意識していない態度を見極める「潜在連合テスト（ＩＡＴ）」も、心理学ではよく使われるようになっています。

しかし、いずれの手法も、専門知識や経験が必要で時間や手間もかかり、観察ほど容易ではありません。

最近では、脳研究の進展に伴って、「ニューロ（神経細胞）マーケティング」が注目されています。人体に放射性同位体を注入して測定する陽電子放出断層撮影法（ＰＥＴ）や、高周波磁場を使って測定する機能的磁気共鳴画像（ｆＭＲＩ）などの脳計測機器を使い、脳画像や生理学的指標によって、活発に働いている脳の領域を特定します。

これらは、脳の活動の状態から思考や感情を推論するものであり、それだけですべてが解明できるわけではありません。ただ、従来の調査ではとらえきれなかった本音（インサイト）について、たとえ本人が意識すらしていなくても、解明につながる手段となりえます。脳計測機器が高価で大きく、被験者が動けず、利用できる場面が制約されるといった難点が改善されていけば、実務でも本格的に利用されていくようになるでしょう。

このように、新しい実践マーケティングでは、意識だけでなく、意識に先行する無意識にも着目します。

## ４-２「顧客を説得すればよい」わけではない

### 邪魔者扱いされてきた感情

わたしたちは、激怒したり悲嘆に暮れたりしているようなときは別として、通常は感情によらず理性にしたがって、論理的にものごとを判断していると思っているのではないでしょうか。特にビジネスでは、ロジカルシンキング（論理的思考力）こそが万能であるかのように主張されることもあります。

実は、無意識の機能のうちでもっとも重要なのが、快不快や好き嫌いといった評価として

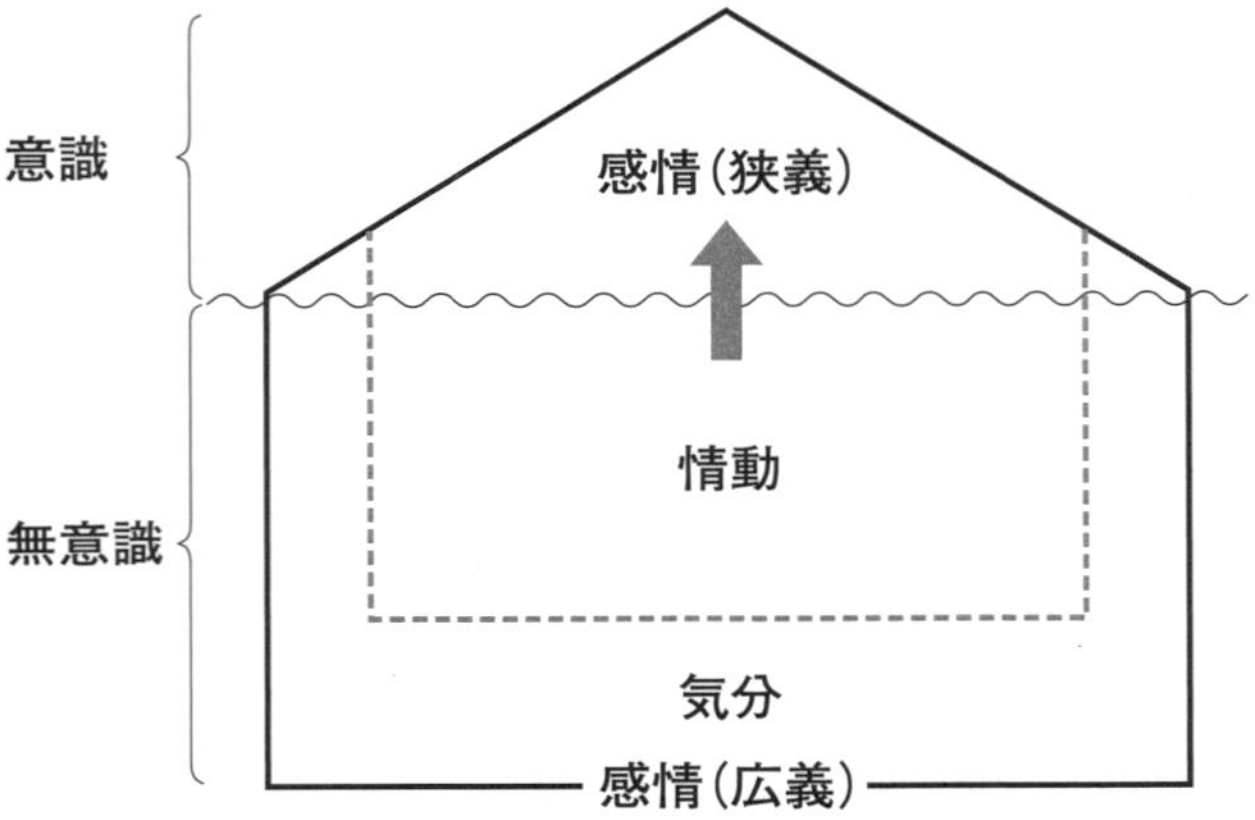


図4-2　感情の定義

の感情を生み出すことです。しかも、わたしたちは、**98%くらいを感情に流されて、感情に従って生きているのです。**夏目漱石が『草枕』の冒頭で書いているとおり、人は情に棹《さお》差し流される存在なのです。

　感情の定義はさまざまで、定説といえるものはありません。本書では、特に身体的な状態に着目して、広義の「感情（affect）」は次の3つからなるものとします（図4-2）。

　無意識のもとで、特に身体的状態の変化を伴い、比較的強力なのが「情動（emotion）」です。意識上でのそうした変化の主観的な経験が、狭義の「感情（feeling）」です。そして、情動に由来せず、拡散して比較的長く続くのが「気分（mood、背景的感情）」です。

たとえば、ニッコリ笑って喜ぶのが情動で、幸せな気持ちになるのが感情で、ルンルンと陽気でいるのが気分です。

情動は身体という劇場で演じられ、感情（狭義）は心という劇場で演じられる、ということになります。動物の進化において、まず情動が生まれ、情動を基盤として人間にはより高次の感情が生まれたことに沿ったとらえ方です。

古代ギリシャの時代から、感情は理性をかき乱す邪魔者として扱われてきました。哲学者のイマヌエル・カントなどは、感情は盲目的で意識の動揺であり、とうてい理性と比べられるようなものではない、と切って捨てています。感情は心理学の主たる研究対象からも長らく外されていました。

## 判断に不可欠な感情

ところが、現在では、実は感情は理性にとって不可欠であり、合理的で適応的な行動を高度に支えるものであることが明らかとなっています。理性は結論を導きますが、行動を導くのは感情なのです。

脳の前頭葉に損傷を受けた患者を研究するうちに、知能は健全でも、情動が働かなくなる

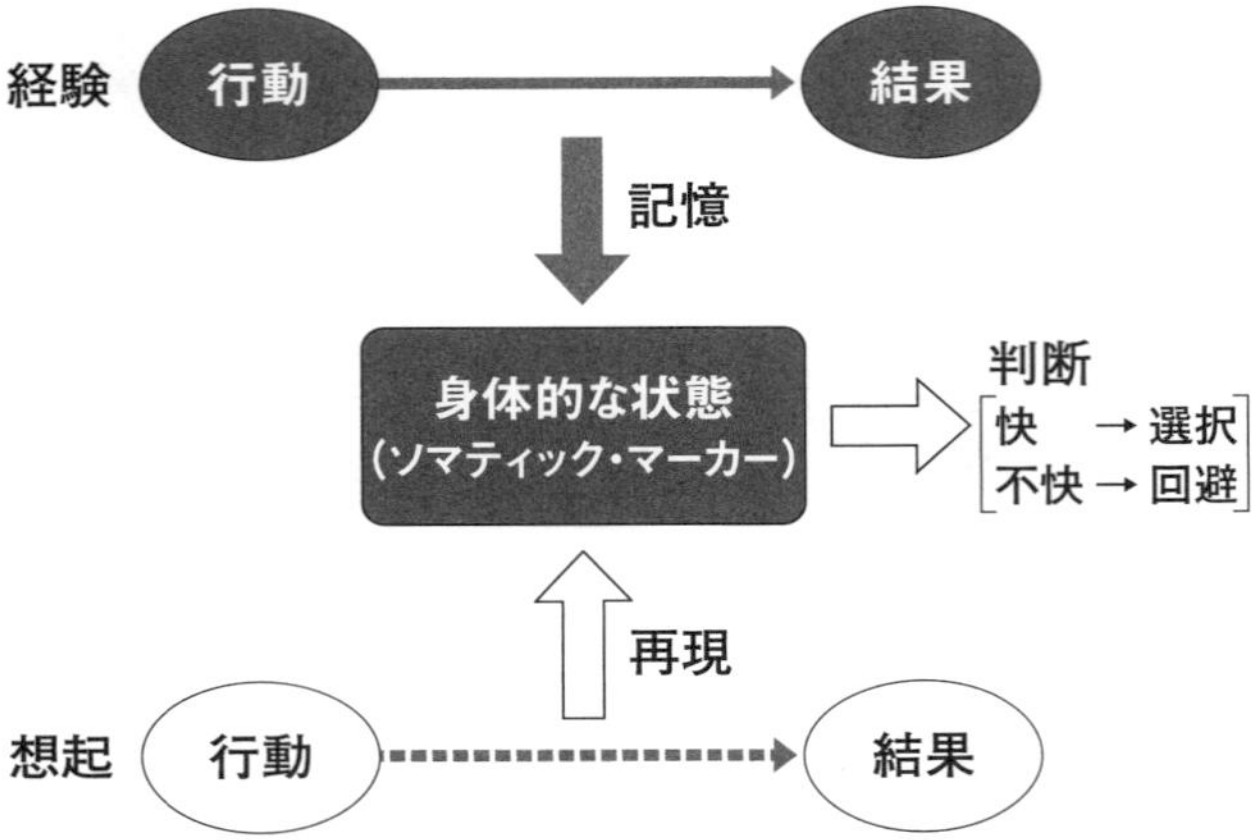


図4-3　ソマティック・マーカー仮説

と意思決定や行動に異常をきたすことがわかってきました。そこで考え出されたのが、情動は理性の回路の中に組み込まれており、また情動は、通常想定されているように推論の過程を必然的に邪魔するものではなく、むしろその過程を助けることができるという「ソマティック・マーカー仮説」です（図4-3）。

ある行動をとってある結果が生じ、ある身体的な状態（快不快など）となった場合、そうした経験的な結びつきが身体的な（ソマティック）印（マーカー）として刻印（記憶）され、その行動や結果を想起すると、身体的な状態が自動的に再現されるようになるのです。選択肢について身体がどう感じるかにもとづけば、いちいち時間をかけて熟考しなく

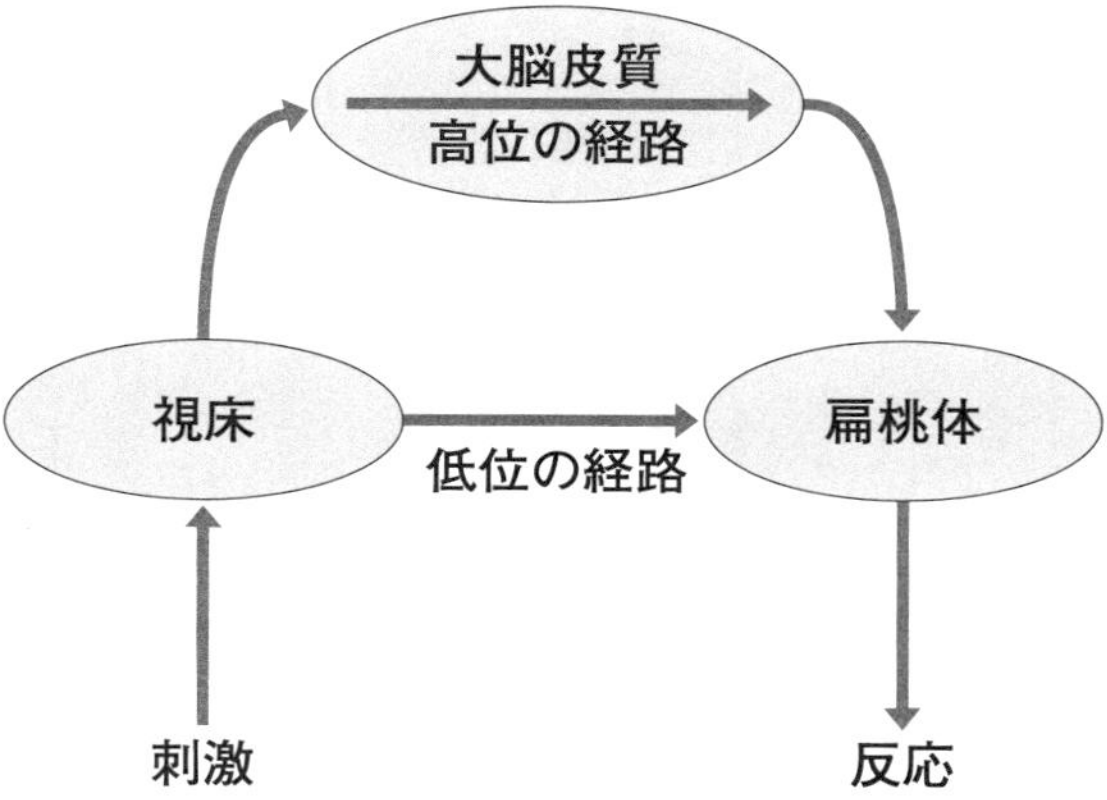


出所：J. ルドゥー『エモーショナル・ブレイン』東京大学出版会、2003年（一部改変）
図４-４　脳のふたつの経路

ても素早く選択することができます。よい感じなら選び、嫌な感じなら避けるわけです。ソマティック・マーカー仮説は、現在では広く受け入れられるようになっています。

それでは、認知と情動とでは、どちらが先行するのでしょうか。脳神経科学の研究によって、情動が意識的な認知に先行することが裏づけられています。脳には並列するふたつの経路が存在することが明らかにされたからです（図４-４）。

外界からの刺激に関する情報には、感覚を中継する視床から直接情動に関わる扁桃体へ行くもの（低位の経路）と、視床から高次の知的機能に関わる大脳皮質を経由してから扁桃体へ行くもの（高位の経路）のふたつがあります。

低位の経路は、高位の経路に比べて経路が短い分だけより速く伝達されます。しかし、低位の経路は大脳皮質を経由しないので、外界の大まかな像しか扁桃体に伝えることができません。低位の経路は、その刺激が何であるかを高位の経路を経由してじゅうぶんに知る前に、危険を示す刺激に対して反応することができるようになっているのです。

このようにして、わたしたちの脳は、それが何なのかを正確に知る前に、それが自分にとって良いものなのか悪いものなのかを判断することができるのです。

たとえば、森の小道で細くて曲がったものに気がついて飛びのいたところ、実はとぐろを巻いたヘビではなくただの曲がった棒切れだったという場合、本当は危険ではなかったわけです。しかし、こうした危険の可能性がある状況のもとで、いち早くそうした危険を回避して生命を守るためには、たいへん有用です。

こうした危険な状況に限らず、わたしたちがスーパーマーケットで買い物をするときに、80%は事前に予定していなかった商品を購入していることがわかっています。これは、快不快や好き嫌いで商品を瞬時に選んでいくことで、買い物にかける時間を節約し対応しているのです。

## マーケティングにおける感情

管理マーケティングでは、依然としてもっぱら理性へのはたらきかけが前提とされています。感情を正面から体系的にとりあげた研究は、それ自体が一種の感情といえる顧客満足に関するものを除けば、音楽や映画の鑑賞、スポーツ観戦、ファッションといった、消費すること自体が快楽である快楽的消費についての研究などわずかしかありませんでした。

それが２０００年頃から、購買後や消費している間に生まれる感情も含めた経験から得られる価値について注目されるようになり（経験価値マーケティング）、最近では、経営学者のなかからも、好き嫌いに目を向けなければ経営の本当の動因はつかめないとして、好き嫌いの復権が主張されるようになっ

図４-５　くまモンとアフラックダック

てきています。

全国的に人気のゆるキャラ「くまモン」（図4-5左）は、日本銀行熊本支店によれば、2012～2013年の2年間で1244億円の経済波及効果を熊本県にもたらしています。くまモンがついただけで、従来と同じ商品サービスでも売上がアップしています。

米国のアメリカンファミリー生命保険会社（アフラック）は、2000年にアヒルの「アフラックダック」（図4-5右）をキャラクターとし、2003年から「アフラック！」と叫ぶ広告キャンペーンを続けています。日本でも展開しているので、ご存知の方も多いでしょう。アフラックによれば、アフラックダックのおかげで、保険の売上が当初の7年間で44%増加しています。

くまモンもアフラックダックも、理性への合理的な説得ではなく、もっぱら感情への働きかけによって大きな成果をあげています。

実務の世界では、こうしたキャラクターに限らず、感情への働きかけを重視したマーケティングが提唱され、実績をあげてきています。古くは、「ステーキを売るにはシズル（ジュージューという音）を売れ」で有名なエルマー・ホイラーは、「人は感情で買っている」と1930年代から主張していました（『ステーキを売るな シズルを売れ！ ホイラーの公式』

パンローリング、２０１２年〈原著１９３７年〉）。
日本のダイレクトマーケターの草分けである深山一郎も、通信販売での実体験を踏まえて、１９６０年代に「人間はよく考えるというが、実生活ではよく感じる―感じで決心する―ものである」と指摘しています。

通信販売で屈指の実績をあげたマーケターであるジョセフ・シュガーマンも、「人は感覚で買い物をし、その買い物を理屈で納得するのだ」と言っています（『シュガーマンのマーケティング30の法則　お客がモノを買ってしまう心理的トリガーとは』フォレスト出版、２００６年〈原著１９９９年〉）。

２０００年代では、わたしが２００２年の〝伝説の軽井沢セミナー〟でマーケティングの戦術を学んで開眼し実践した、神田昌典の「エモーショナル・マーケティング」や、小阪裕司の「ワクワク系マーケティング」があります。

神田は、理屈が通れば顧客は購入してくれるという常識は嘘だと指摘します。まず欲しいという感情があって、その欲求を理屈で正当化するのであり、理屈というのはお金を使った後ろめたさを正当化する言い訳として使われるのです。したがって、商品説明は、欲しいという感情を持っている見込客に対してのみ、効果をあげることになります。まずは、見込客の感情的な反応を起こすことが極めて重要だとします。

　さきにみたように、情動は意識的な認知に先行することが脳研究で明らかとなっています。実は、神田や小阪の主張を実践してみて、そのとおりだと実感したものの、はたして理論的にも裏づけられるものなのかどうかずっと気になっていたのです。

　いまでは、後づけで選んだ理由をつくりだすことも、選択盲と呼ばれる実験で明らかとなっています。被験者に複数の対象の中からひとつ選ばせ、あとから被験者が選んだ対象として実際には選ばなかった対象にすり替えて見せても、その選ばなかった対象を選んだ理由を聞くと淀みなく説明してしまうのです。自分の信念を肯定する証拠を意図的に探す、確証バイアスもはたらくでしょう。つまり、購入後に理由を尋ねるというよくあるアンケート調査は、あまりあてにならないわけです。

　小阪は、そもそも人が消費するのはワクワクするためであり、ワクワクしたいというのは人の根源的欲求であると言います。ワクワクすることで自分の気づかなかった必要や願望を発見し、それをどうしてもみたしたい欲求に火がつき、行動を起こすのです。

　こうした、ワクワクしたいという人の根源的な欲求をカギとした商売繁盛のしくみを築くのが、「ワクワク系」です。ワクワク系では、来店するまでそうとは気づかなかったが、欲しかったものに出会えたという圧倒的なワクワクがあるので、たとえ購買動機がなくても、新たな発見への期待感ゆえに、来店動機が起きて実際に来店するとします。

脳神経科学からしても、顧客の獲得には、ワクワクする新しさ（新規性）の刺激・興奮型の快が有効です。覚醒を制御するドーパミン、衝動を制御するノルアドレナリンがはたらきます。

一方、顧客の維持には、ホッとする親しみやすさ（親近性）の癒し・鎮静型の快が有効です。ここでは不安を制御するセロトニンがはたらきます。顧客の維持には、売り込みをしないニュースレターの送付による顧客関係づくりが必須とされるゆえんです。

ホームプロでは、創業以来メールマガジンを発行し続けていますし、わたしが導入を手伝った関西ビジネスインフォメーションや名張近鉄ガス、熱心なガスショップでも、ニュースレターを発行し続けています。顧客との関係が強固になっていくことを実感しているからです。

この新規性と親近性は、必ずしも矛盾するものではありません。知覚される図とその背景となる地との関係と同じように、有名なルビンの壺の絵でいえば、図と地が反転して壺が見えたり顔が見えたりするように、互いに協調し合います。

このように、新しい実践マーケティングでは、理性だけでなく、理性に先行する感情にも着目します。

## 4-3 「顧客の真実はいつもひとつ」ではない

### 現象と志向性

わたしたちは、認識している対象は、客観的に唯一存在しているものだと思っているのではないでしょうか。有名なマンガの決めぜりふでいえば、「真実はいつもひとつ」ということです。

科学としての学問のあるべき姿も、主観的な価値にもとづいた判断をせずに、客観的な事実にもとづいた判断をするものだとされてきました。

しかし、よく考えてみると、認識している対象は、認識している人間の主観の外側に、それ自体が客観的に存在するというものではありません。**主観の内側で存在するものとして、確信されるものでしかありません**（図4-6）。主観によって認識することなしに、客観的

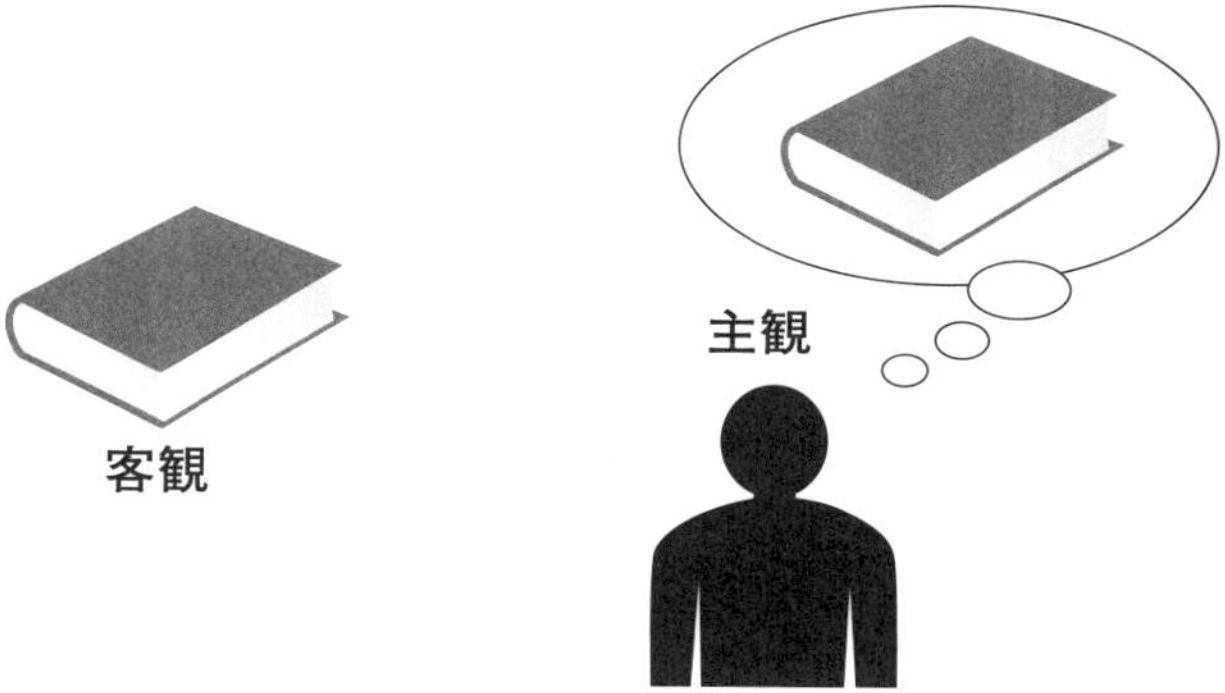


図４-６　主観と客観

に認識することはそもそも不可能です。

実際にはありえない対象それ自体の客観的な存在について考えるのではなく、主観的な経験である「現象」にこそまず着目しなくてはなりません。哲学者のエトムント・フッサールが創始した「現象学」です。主観の外側に対象が存在するかどうかという判断をひとまずカッコに入れて停止し、対象は主観的な経験のなかで成立するものとして、現象そのものに徹するのです。

その際、もっとも基本的である知覚の経験において、意識はつねに、「あるものについて」という「志向性」を持っています。図４-７の例でいえば、本が目に入ると、本について意識します。もちろん意識の志向する対

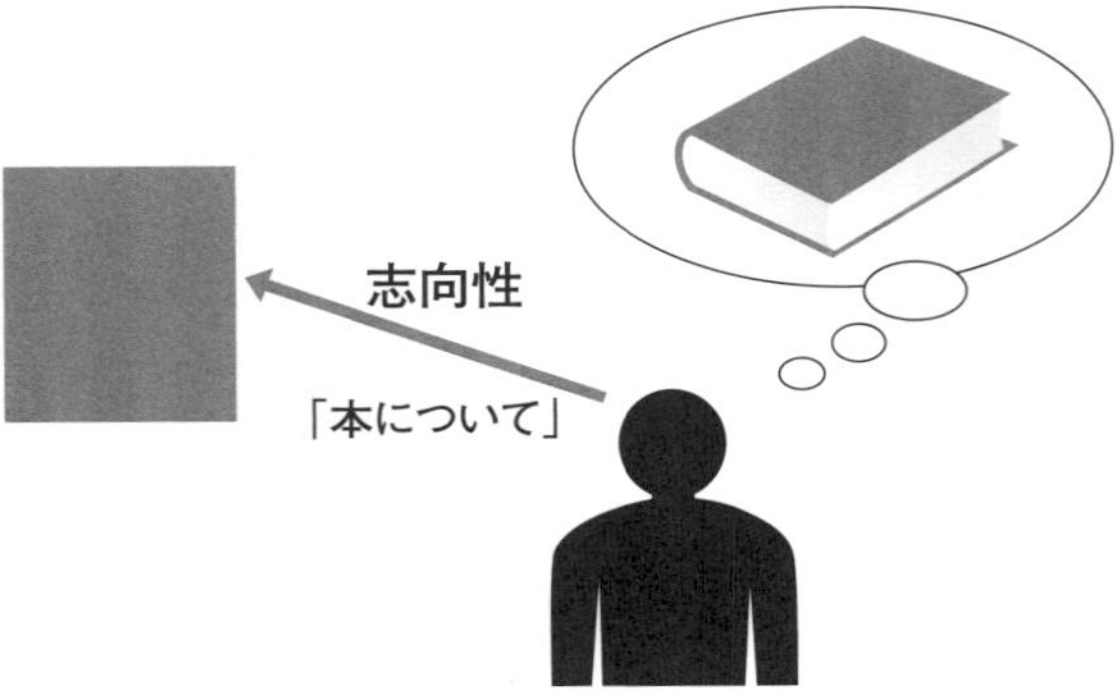


図4-7　意識の志向性

象は本から著者、類書、書棚、机などと、次々に入れ替わりますが、そもそも対象のない意識はないということです。意識は一時に、ひとつのことにしか集中できません。

さきにみた意識に先行する無意識のもとでの脳の電気的な活動こそ、そうした意識に先行して、意識を導く志向性をとらえたものだったのです。意識は、さまざまな現れ方をする対象に同一性を与えるはたらきをします。

たとえば、いま読んでいる本書について、真正面から表表紙を見た場合、あるいは真横から背を見た場合、見た目には長方形をした平面にしかすぎません。しかし、その時には見えていない裏表紙があり、天・小口・地の厚さもある直方体としての本を思い描くことができます。知覚とは、見えるままの対象を写真に撮るように受け取ることではなく、対象の全体像を思い描くはたらきなのです。わたしの見ているものを、あるものとみなすということです。

本書の例でいえば、本に共通するパターンを一瞬のうちにとらえて本にあてはめるというパターン認識を行い、本とみなすことで、不要になった多くの情報を圧縮しているのです。

## 生活世界と客観世界

こうした知覚は、対象だけが孤立して行われるのではなく、周囲の世界の中において行われます。知覚は世界を前提に行われるとともに、知覚することによって世界を書き換えていくのです。ここでいう世界とは、わたしたちが日常的に生きて直接経験する「生活世界」のことです。わたしたちの生きられた経験そのものです。

科学における「客観世界」は、この生活世界を基盤として、予測の必要から数学的法則を見出すことによってつくりだされた、理論的な構築物にすぎません。一般に考えられているように、まず客観世界があって、それをわたしたちが生活世界として認識しているのではありません。実際はその逆なのです。現実は発見されるというよりも、創造されるものなのです。

経営の実務では、現場・現物・現実が大切だとよくいわれます。ホンダが発祥の「三現主義」です。現場に足を運び、現物を手に取り、現実をこの目で見なくてはいけません。資料や伝聞で知った客観世界だけで判断しては誤る、自ら生活世界に入り込んで経験したうえで判断せよ、という戒めといえます。

## 認識をめぐる先陣争い

マーケティングも、客観世界での商品サービスの実体をめぐる争いではありません。生活世界での商品サービスの認識をめぐる争いです。客観的に優れた商品サービスであるからといって売れるわけではありません。

さきに第2章のポジショニングのところでみたように、その商品サービスの分野で顧客の心のなかに最初に入り込んで記憶されたものが元祖、オリジナルの優れた商品サービスである、優れた商品サービスだからこそ一番手になっているのだと認識され、売れるのです。本当はファーストではなくても、ファーストだと認識されればよいのです。

世界初の商用コンピュータを発売したのはＩＢＭだと一般に認識されていますが、実際は

１９５０年にUNIVAC Iを完成し、１９５１年に発売したレミントンランド（現ユニシス）です。ＩＢＭが商用コンピュータのＩＢＭ７０１を発売したのは、翌年の１９５２年のことですが、顧客にはコンピュータといえばＩＢＭ、コンピュータの一番手として認識され大成功しています。

日本初のコンビニエンスストアは、１９７４年のセブン‐イレブン（東京都江東区）だと一般に認識されていますが、実は１９７１年にココストア（春日井市）やセイコーマート（札幌市）が開店しています。

インターネットショッピングモール（仮想商店街、モール型ＥＣ）といえば、今日では多くの人が国内の一番手として思い浮かべるのは、楽天市場ではないでしょうか（自前の物流網を築きあげてきたアマゾンが急速に追い上げてきていますが）。実際には、三井物産のキユリオシティが、楽天より2年も早く１９９５年にサービスを開始していました。大日本印刷や凸版印刷も、顧客企業を集めたモールを開設していましたが、売上実績はほとんどあがっていませんでした。

１９９７年に専業として後発で参入した楽天（１９９９年まではエム・ディー・エム）は、当時としては破格の安値であった、月額５万円の出店料で中小企業を開拓するとともに、新聞や雑誌などへの広報（ＰＲ）に注力して、数多くの記事にとりあげられることにより、一番手としての認識を確立しました。

キュリオシティは、２０００年に三井物産から分離独立した会社となって楽天を追いかけますが、時すでに遅し。楽天との差は開くばかりで、２００５年にヤフー・ショッピングに吸収されてしまいました。

そのヤフーも、ポータルサイトとしては日本では一番手ですが、ショッピングモールでは楽天に水をあけられています。インターネットオークションでは、１９９９年に開始したヤフー・オークション（現ヤフオク！）が一番手の認識を得ると、２か月遅れで参入したＤｅＮＡのビッダーズ（現モバオク）はどうしても追いつけず、米国では一番手のイーベイ（eBay）も２０００年に参入したものの、わずか2年で日本から撤退しました。

当時、わたしはイーベイ以外の国内の4社ともに接点があり、こうした動向を間近でみていました。ホームプロは、インターネットでの住宅リフォーム仲介でなにがなんでも一番手、国内初にはなれたので、利用実績No.１の認識を確立することに徹底してこだわり、仲介実績の拡大と広報（ＰＲ）にひたすら注力したことは、さきに第2章のポジショニングのところでふれたとおりです。

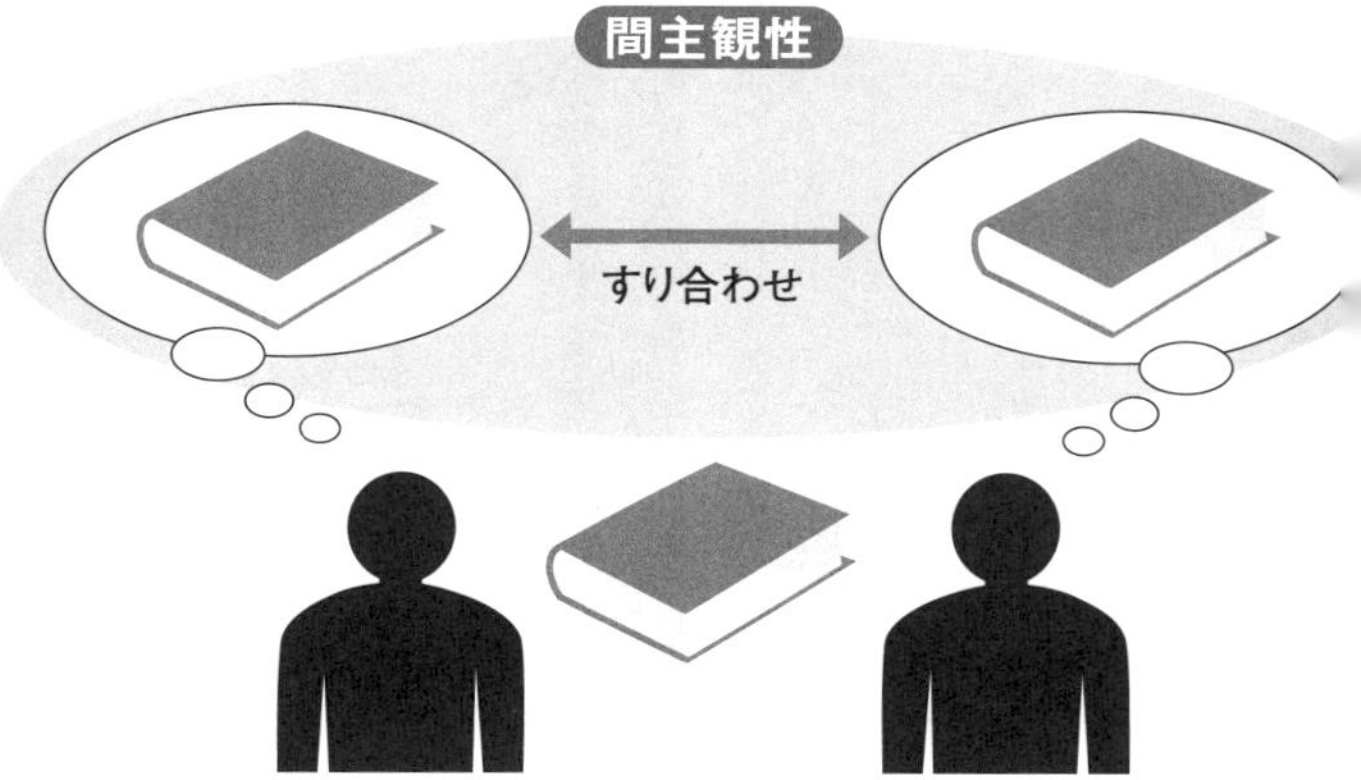


図４-８　間主観性

## 主観性と間主観性

生活世界についての認識は、人によって異なります。わたしについての「主観性」です。知覚心理学によれば、人によって、身体を介して環境にかかわってきた脳の来歴はおのずと異なり、その来歴にもとづく主観も違ってきます。しかし、まったく別々の世界というわけではなく、わたしたちは同じ世界に生きているとも認識しています。

わたしたちは、どうやって生活世界に含まれる他人と理解し合えるのでしょうか。

フッサールは、わたしたちはお互いにやりとりすることによって、お互いの生活世界の認識をすり合わせ、書き換え、共同で築き上げているからだとしました。わたしたちについての「間主観性」(相互主観性、共同主観性などともいわれます)です(図4-8)。

フッサールの現象学は、客観性を否定し、主観性にとどまるというわけではありません。主観性の構造を明らかにし、客観性にかわるものとして間主観性を打ち出しているのです。これまで客観性と信じられてきたものは、実は間主観性にほかならず、いわば疑似客観性にすぎなかったのです。結局のところ、客観的だと、主観的に思っているにすぎません。客観性のなかには主観性が入り込んでいるのです。

## 間身体性とミラーニューロン

フッサールを継承する哲学者のモーリス・メルロ=ポンティは、その後の発達心理学の研究を踏まえて、他人を含む世界との関わりを根底で支えているのは身体であり、幼児が人まねをするように、身体どうしの関わりである「間身体性」が間主観性を生み出している、と主張しました。まさに身をもって知るというわけです。思考の95%ないし99%を占める無意識は身体の行動に現れ、その行動を介してのみ、他者は他者を知ることができるわけですから、間身体性は間主観性に不可欠といえます。

1996年になって、自分がある行動をしても、他人がする同じ行動を見ただけでも、まったく同じように反応し、活性化する脳の神経細胞が発見されました。まるで鏡のように他人の行動を映すことから、「ミラーニューロン」と名づけられました。わたしたちは、他人のすることを無意識のうちに自動的にシミュレーションしているのです。視覚だけでなく、聴覚でも同じように反応することが明らかとなっています。思わずもらい泣きしたりもらい笑いしたりするわけです。他人の行動を観察することで共感できるわけです。

このミラーニューロンの存在は、間身体性と間主観性の考え方を神経生理学において裏づけたことになります。さきに第3章でみた、認知と身体は密接に関わっているという身体論を裏づけるあかしにもなっています。

## 生み出される市場

マーケティングのマーケット、制度としての市場をとりあげてみましょう。

管理マーケティングでは、市場は確固たる実在であるかのように実体視します。市場は調査をすれば客観的に発見できるものとされます。しかし、実際には、企業の従業員とそのマーケティング活動、顧客とその購買行動などが個々にあるだけです。市場そのものを実際に見た者はだれひとりとしていないでしょう。

いまや年中行事のひとつとなっているクリスマス・ケーキ市場は、明治時代に横浜の不二家が外国人向けに製造したのが始まりです。１９５０年代に各社の大量生産を契機に急速に普及し、手作りやカップル向けなども新聞や雑誌などで話題となり、「クリスマスにケーキ」が定着しました。さまざまな企業やメディアによる打ち手が連なることによって、重層的かつ動態的に構築されていったのです。

バレンタイン・チョコレート市場も同様です。大正時代に神戸のモロゾフが売り出したのが初めてです。１９５０年代から各社が次々に発売するようになり、１９７０年代になってようやくバレンタインデーの宣伝が功を奏して定着しました。チョコレート会社がおもに宣伝し、顧客に女性が多かったことから、女性から愛を告白し、チョコレートをプレゼントするという日本独特のコンセプトが固まり、浸透していったのです。

近年盛り上がりを見せているハロウィンの関連市場でもそうです。１９７０年代にキデイランドで関連商品の販売が始まりました。１９９０年代になって東京ディズニーランドの仮装イベント、川崎市の仮装パレードなどが実施されるようになりました。それらをきっかけに、ツイッターやフェイスブック、ＬＩＮＥといったＳＮＳの普及とともに、企業の販促やメディアの報道を巻き込んで構築されていきました。

ホームプロが参入した住宅リフォーム市場も同様です。現在6兆円とも7兆円ともいわれる巨大市場は、40年あまり前にはその概念自体がありませんでした。

当時は、リフォームといえば洋服の手直しのことで、住宅では増改築や営繕、修理、修繕、補修などと呼ばれ、ばらばらに分かれていました。その後、欧米のリノベーションやリモデリングにならって、リフォームという和製英語（英語の原義は改革です）が販促に使われ始めます。カタカナのイメージが好感をもたれ、増改築などと入れ替わって使われるようになるとともにひとつにまとまり、量的にも拡大していったのです。

そもそも、社会制度とは、経験的に実在するものではなく、理念的に構成されるものです。市場は、関係する人々のやりとりを通じて間主観的に構成ないしは社会的に構築されていくものです。パーソナルコンピュータの概念を考案したことで知られるアラン・ケイの名言「未来を予測する最善の方法は、それを発明することである」というのは、市場についてもあてはまります。

## 生み出されるブランドの価値

こうした市場におけるブランドの価値も、間主観的に構成ないしは社会的に構築されながら浸透していくものにほかなりません。

江戸時代後期の１８１１年に発売された薬に「ウルユス」があります（図４‐９）。大坂の健壽堂という、淀屋橋にある大阪ガスビルから南へ歩いて１、２分のところに本店があった薬屋が、日本で最初にカタカナの名前をつけて売り出した万能薬です。江戸・名古屋・京都にも出店しており、大阪くらしの今昔館には、当時の店舗が再現されています。

図４−９　ウルユスの看板
出所：大阪くらしの今昔館

薬の名前の由来は、下剤としての効能によって腸内を空にすることから、漢字の「空」をウ・ル・ユの３つに分解し、動詞のスを付けたという愉快なものです。

図４‐９は、今昔館が複製した看板ですが、「蘭方」「長崎」をうたい、横文字も表記しています。実はウルユスの主成分は漢方薬として使われる生薬の大黄なのですが、カタカナのオランダ語風のネーミングが珍しく、舶来のよく効きそうな薬だと多くの人たちに認識され、

爆発的に売れました。昭和初期まで100年以上も、ウルユスは売れ続けました。江戸時代でも、ブランドの価値をつくりだすことに注力し、見事に成功していたのです。

ウルユスと同じように、高級アイスクリームブランドとして大成功したのが「ハーゲンダッツ（Häagen-Dazs）」です。この名称には、欧米では乳製品が広く知られるデンマークのことばのような響きがあります。首都のコペンハーゲンとハーゲンの部分が同じだからです。ところが実際は、米国ニューヨークに住むポーランド系ユダヤ人の移民であるルーベン・マタスが、1961年に意図してつくった造語です。

そうとはつゆ知らず、舶来の本場のおいしそうなアイスクリームだと多くの人たちに認識され、安売りをせず売り続けたことにより、高級アイスクリームブランドとして生成されていきました。いまや日本でも、大人の高級アイスクリームのブランドとして定着し、圧倒的なシェアを誇っています。

ブランドの価値は、企業の手を離れ、顧客の頭の中で生成され記憶されていくので、自社の所有物のように思い通り変更することができなくなります。

1985年、コカ・コーラは、昔ながらのコカ・コーラの販売を中止し、19万人もの試飲テストでよりおいしいと評価された新しい味の「ニューコーク」（図4‐10）を発売しまし

図 4-10　ニューコーク

た（日本では発売されませんでした）。ところが、100年を超える歴史をもつコカ・コーラに愛着をもち郷愁を覚えていた顧客やメディアからの猛烈な非難の嵐にあい、3か月後には元の味のコカ・コーラを「コカ・コーラ・クラシック」として再発売することを余儀なくされました。

事の発端は、公開された目隠しの試飲テストで、過半数の人がコカ・コーラよりもペプシコーラのほうがおいしいと評価しているとして、ペプシコが10年前に始めた広告キャンペーンです。それ以来、ペプシコーラは快進撃を続け、コカ・コーラのシェアは低下の一途をたどり、逆転されかねないところまできていました。それに対し、コカ・コーラはついに伝統の味を変更して、ペプシコに対抗することにしたのです。

確かに、ブランドを隠した味覚テストでは、過半数の人がニューコークの味はペプシコーラの味よりもおいしいと評価しました。ところが、ブランドがわかるようなかたちで味覚テストをしてみると、非難の矛先が向けられたニューコークよりもペプシコーラのほうが圧倒的においしいと評価が逆転しました。そこで、やむなく元のコカ・コーラ・クラシックを再発売することにしたのです。

その後２００４年になって、機能的磁気共鳴画像（ｆＭＲＩ）を使って、２つのコーラの選好についての実験が行われました。ブランドがわからないと、コカ・コーラとペプシコーラはほぼ同じ比率で選ばれ、味覚の評価にかかわる前頭葉の腹内側前頭前野が同じように活動していました。ところが、ブランドがわかるようにすると、コカ・コーラがペプシコーラより著しく多く選ばれ、コカ・コーラを見たときにだけ、イメージの評価にかかわる脳の海馬と背外側前頭前皮質が活動していたのです。

ブランドによって、脳の反応が変わり、味覚にまで影響することが確認されたのです。

図4-11　Gapの新旧ロゴ

２０１０年には、米国最大の衣料小売チェーン店のＧａｐ（ギャップ）が、ロゴを変更しようとして撤回に追い込まれた事例があります（図４-11）。Ｇａｐが図の左の新しいブランドのロゴを公式サイトで発表したところ、図の右の従来のロゴに馴染んでいた顧客にはいたって不評でした。Ｇａｐの対応のまずさもあって猛反発を受け、わずか1週間で撤回せざるをえなくなりました。顧客との認識のギャップが大きかったわけです。

こうしたブランドの価値を生み出すしくみについては、次の第5章でみていきます。

このように、新しい実践マーケティングでは、科学にとらわれた客観世界としてではなく、間主観性、間身体性にもとづく、ありのままの生活世界として現実をとらえます。

## 4-4「顧客はいつでもどこでも同じ」ではない

### 状況・文脈・環境

顧客はいつでもどこでも同じで、マーケティングは同じようにあてはまるのでしょうか。マーケティングの成功事例や法則は、いつでもどこでもうまくいくのでしょうか。

実際にマーケティングが行われるのは、特定の時と所においてです。状況（シチュエーション）あるいは文脈（コンテクスト）といわれるものです。

本書では、「状況」はその時その所における物理的なものごとそのもののありさまをとら

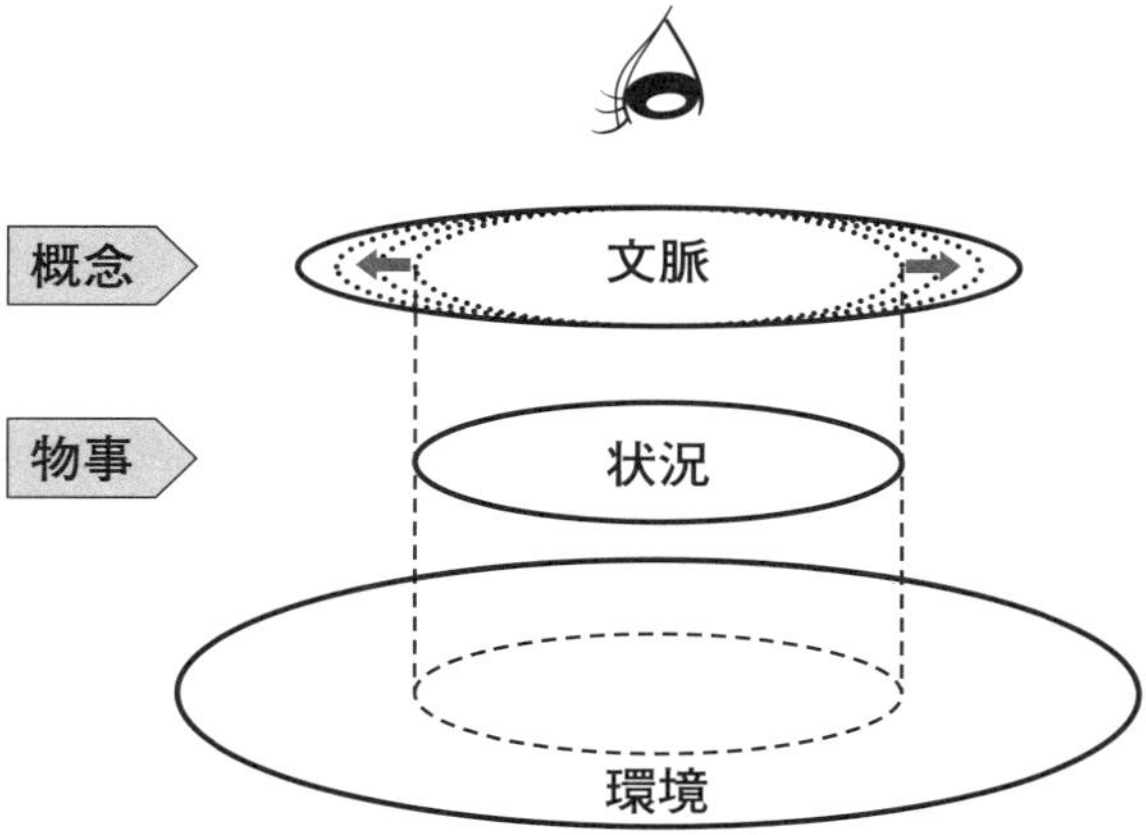


図4-12 状況・文脈・環境の関係

えたもの、「文脈」はさらにその状況についての言語的な概念のつながりぐあいをとらえたもの、ということにします。ものごとには人間も含まれ、人間はお互いにとっての状況となります。

また、「環境」は、その場その時にとどまらず、人間の関心の有無にかかわらず、物理的に周囲を取り巻く、生活世界そのもののことです。

状況、文脈、環境の関係を図示すると図4-12のようになります。状況や文脈は、人間の関心に応じて、環境から一部を切り出して参照しているものです。ですから、人によって状況や文脈の認識はまちまちで、完全に一致することはありません。なお、状況と文脈は、本書のように明確には区別されず、同義語のように使われることも少なくありません。

近代科学は、研究の対象を周囲の状況から切り離して考えます。従来の心理学は、人間の心にのみに着目し、人間のおかれた状況を無視してきました。科学的な実験では、つねに同じ状況のもとで検証し、個別の状況を捨象した理想状態における普遍的な法則の定立をめざします。状況による違い、さらには状況そのものを無視することになるわけです。

管理マーケティングでは、計画を立てるときには、経営環境として、政治（Politics）・経済（Economy）・社会（Society）・技術（Technology）の動向について考慮するようにしています。それぞれの頭文字をとって、「PEST分析」と呼ばれます。

しかし、マーケティングが実際に行われる具体的な状況については、実行（I）を軽視することとあいまって、総じて無頓着でした（思わしくない結果が出てから、言い訳として環境のせいにすることはよく行われますが）。管理マーケティングは、自然科学や伝統的な経済学を模範として、ひたすらいつでもどこでも成り立つ普遍的な法則の定立をめざしてきたからです。

現実のマーケティングは、隔離された実験室の中で行われるわけではありません。生活世界における日常の場面、すなわち特定の時と所である状況のもとで行われます。状況から逃れることはできません。人は状況にも流される存在なのです。さきに第3章でみたように、わたしたちは状況に埋め込まれているのです（状況論）。**個別の状況・文脈・環境を踏まえないような戦略や計画は机上の空論にすぎません。**

ＴＰＯ（時〈Time〉、所〈Place〉、場合〈Occasion〉）に応じて使い分けないといけないのは、服装だけではありません。あらゆる商品サービスのマーケティングは、ＴＰＯを踏まえたものでなければならないのです。

## 変わる見え方と意味

たとえ同じものごとであっても、取り囲む状況や文脈が異なると、わたしたちは違ったふうにとらえます。

同じ図形であっても、周囲に何があるかによって見え方が違ってきます。図４-13の錯視はその一例です。２本の線は同じ長さですが、その両端に、内向きの羽根が加わったほうは短く見え、外向きの羽根が加わったほうは長く見えます。

また、図４-14は、同じ文字なのに、周囲にある文字によって異なって見えます。アルファベットの並びにあるとＢに見え、数字の並びにあると13に見えます。

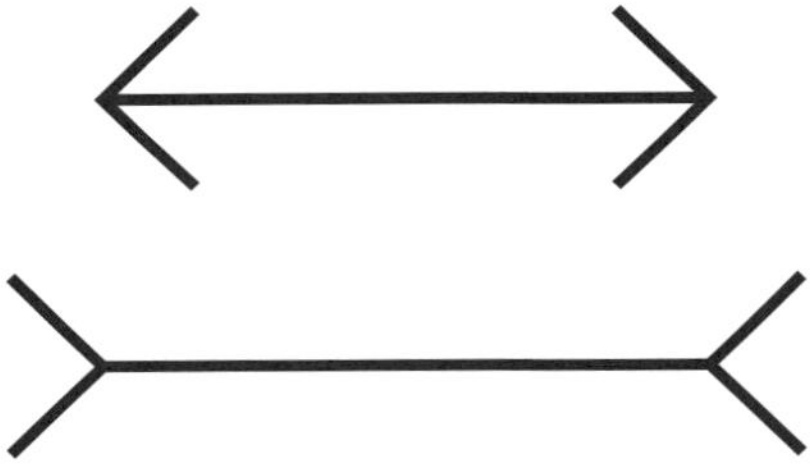

図 4-13　ミュラー＝リヤーの錯視

図 4-14　ブルーナーの文脈効果

視知覚は、カメラのように網膜像から得られた情報をたんに受動的に処理するのではなく、状況や文脈にもとづいて情報を能動的に解釈する、構築的な過程なのです。

ものの見え方ばかりではありません。同じことばであっても、どのような文脈にあるかによって意味が違ってきます。

たとえば、「すみません」といっても、文脈次第で、謝罪の意味にも、感謝の意味にもなります。文脈なしにはことばも行動もまったく意味を持ちえないとすらいえます。辞書にあるような表面的な文字どおりの意味だけではなく、文脈によって言外の意味を引き出すことで、真意を理解しなくてはなりません。

言語学では、純粋な理論文法こそが研究の主流だとして、実際の言語の使用に関する語用論は、長らくくずかご呼ばわりされてきました。ようやく近年になって、言語の使用は言語そのものの本質を理解するのにも不可欠であることが広く認識され、言語の使用者の視点から文脈について重視する語用論が定着するようになりました。

次の第5章で、あらためて具体例についてみていきます。

ところが、わたしたちは、いわば素朴な心理学として、他者の行動を解釈する際に、外部からの状況・文脈の影響を過小に評価し、個人の内面による影響を過大に評価する傾向があります。他人の行動は見えても、行動に影響を及ぼす状況・文脈は気がつきにくいことにもよるのでしょう。

状況・文脈は、絵画を囲む額縁のようです。実際は絵画を囲む額縁を含めて見ているのに、額縁内の絵画(個人の内面)だけを見るのに似ているのです。額縁である状況・文脈についても、つねに留意するようにしておかなくてはなりません。

## 環境から受ける多大な影響

さらに人間は、状況や文脈に対して関心を持たず無視することができても、周囲の環境と無縁でいることはできません。物理的な環境と人間のやりとりにおいても、人間が環境を変化させたり、環境によって人間の行動と経験が変化させられたりします。さきに第3章でみた、身体化された認知です。わたしたちは無意識のうちにも、感覚を通じて環境からの影響をずいぶんと受けているのです。さきにみたサブリミナル効果どころではありません。

環境的な要因が、消費者に無意識の影響を与えていることを裏づける多くの実験結果があります。たとえば、メニューに「しゃきしゃきのキュウリ」などのような修飾語を付けただけで、まったく同じ料理なのにおいしいと評価し、しかも食べた当人はそのことに気づきません。スーパーマーケットで遅いテンポのBGMを流すと、より長い時間店舗内にとどまり、売上が38％も上昇しました。レストランでは、遅いテンポのBGMにすると、食事に集中する時間が長くなり、14分長く席に滞在しました。スーパーマーケットのワイン売り場で、ドイツ音楽を流すと、売れたワイン全体の77％をドイツワインが占め、フランス音楽を流すと、73％をフランスワインが占め、買った当人は音楽に影響されたことにはほとんど気づきません。ストッキングの販売で、同じストッキングのなかで、ある香りを付けたものだけが突出して売れたのですが、香りがついていることに気づいていた人は250人中6人だけでした。

次のような内容も、研究によって明らかにされています。物理的な暖かさを感じると、気前が良くなります。スーパーマーケットでの試食などの際に、軽く腕に触れると、購入率がアップします。柔らかい椅子に座らせると、価格交渉で譲歩しやすくなります。食品を試食できない場合、選ぶ際にもっとも重視されるのが色であり、赤、オレンジ、黄の順に食欲をそそります。パンは、味や説明、値段には関係なく、色が濃いほど栄養価が高いように思われます。男性は赤に魅力を感じるので、商品の値段が黒ではなく赤で書いてあるほうが、割安に感じます。小売店では、外装には暖色を用いて誘導し、内装には寒色を用いて滞在させるようにするのが賢明です。店内に気持ちのいい香りがしていると、長時間店に滞在し、財布のヒモが緩み、商品に対する評価も好意的になります。

実験や研究だけでなく、実際に多大な成果をあげた事例についてもふれておきましょう。グーグルは、2012年に、リンクが設定された文字列であるテキストリンクについて、50種類以上の異なる青色を実際に表示させてみました。それによって、世界中でもっともクリック率の高い青色を特定して採用した結果、2013年には検索エンジンの利益を2億ドルも増やしたのです。当時グーグルで検索していたときには、こうした実験に協力させられているとはまったく気がつきませんでした。

## 状況・文脈・環境を踏まえない説明

こうした個別の状況・文脈・環境を考慮せずに、既存の理論や法則で一般的に説明できる割合は、実はせいぜい30〜40％しかありません。

経営学の世界でもっとも権威のある米国の学会誌は、「Academy of Management Journal」です。2008年に掲載された55本の論文について、経営学者の清水勝彦が調べたところ、そのうち21本の論文が、多変量解析を用いて理論や法則を導き出していました。

多変量解析で、1を最大として全変動のうちどれだけ説明できるかという決定係数をみたところ、最高で０・７８、最低で０・０２、単純平均すると０・３４でした。

論文で示された理論や法則によって説明できる割合は、最高でも78％、最低だと２％、単純に平均すれば34％、すなわち30～40％にすぎなかったのです。

研究としてはそれでもいいのでしょうが、実務では、理論や法則で一般的に説明のつかない残りの60～70％を占める個別の状況・文脈・環境にも着目し、手を打たないわけにはいきません。

## 状況・文脈・環境をつくりだすマーケティング

そもそも商品サービス中心ではなく顧客中心で発想するマーケティングは、顧客が商品サービスを買って利用する状況・文脈・環境をつくりだすことにほかなりません。顧客が商品サービスに魅力的な意味、購入する理由を見出せるようにするのです。

１本３００円は高いと文句を言われ、売れない缶ビールでも、山小屋に持って行けば６００円でも売れます。店舗の売上の70％は立地で決まるとされる一例でもあります。ホームセキュリティの営業は、平穏なときには予防策としてなかなか契約がとれませんが、近所で空き巣や強盗事件が発生した機会をとらえると、とたんに解決策となって契約がとれるようになります。アップルは、他社がスマートフォンの液晶の画素数、電池の寿命、防水機能などをアピールするのに対して（さすがに最近は減ってきましたが）、iPhoneのCMでは使われる状況・文脈をひたすらかっこよく楽しそうに描き続けています。

古典的な例としては、ネスレが発売したインスタントコーヒー（2013年から、微粉砕したコーヒー豆の粉も混ぜて、レギュラーソリュブルコーヒーと改名しています）のネスカフェがあります。

1950年代に初めて売り出されたのですが、思うように売上が伸びません。消費者に聴いてみると味と香りが悪いからという答えが多かったのですが、目隠しテストで飲み比べをしても、違いはわかりませんでした。実は、インスタントコーヒーをいれる主婦はものぐさで手抜きをしている怠け者、というイメージが毛嫌いされていたのです。

そこで、共働きの夫婦が朝食後にインスタントコーヒーをいれてさっさとでかける広告から、初老の夫婦がインスタントコーヒーをじっくり味わう広告に変更したところ、売れるようになりました。広告における状況・文脈を変えて、伝わる意味を変えたからです。

商品サービスそのものには一切手を加えなくても、商品サービスが埋め込まれる状況・文脈・環境を工夫することで、売れるようにすることができるわけです。

メーカーではない小売店が、品揃えや売り場を工夫し、ライフスタイルを提案するのは、まさに売れる状況・文脈・環境をつくりだそうとする取り組みにほかなりません。

スーパーマーケットの場合、来店してから店頭で購入を決める商品の割合が、購入商品全体の80％にもなるので、品揃えや売り場づくりに知恵を絞らないわけにはいきません。しかも、衝動買いにかけられる平均時間は数秒から10秒ほどにすぎません。

顧客が、商品に魅力的な意味、購入する理由をかんたんに見出せるように、棚割り（同じ棚段では左側よりも視線が向きやすい右側のほうがよく売れ、腰から胸くらいの高さにあるともっともよく売れる）、陳列（並べる商品の列の数を倍にすると売上が20％増える）、POP広告（「新製品」「広告の品」「店長のおすすめ」などと表示するだけで売上が10％増えるようなことも珍しくなく、手書きにするとさらに効果的）などを工夫しなくてはなりません。

コンビニエンスストアでは、よく売れるお茶などの飲み物、おにぎりや弁当を奥の壁面に分散して配置し、関連する商品も目に入るように陳列してついで買いや衝動買いを誘う、というのが定石となっています。

ジャパネットたかたは、商品の機能や性能ではなく、生活が楽しく豊かになり幸せになれる商品の使い方が伝わるよう具体的に表現し、売上を大きく伸ばしています。

たとえば、もっぱら会議の録音などに利用されていたＩＣレコーダー（ボイスレコーダー）を、物忘れをしがちなお年寄りにはメモ代わりになるとして、お母さんにはお子さんへ伝言を残せるとして、３か月で４万台も売っています。顧客によくある状況・文脈に応じた使い方を具体的に提案したからです。

また、テレビショッピングの生放送当日、放映地域の天気が快晴であれば、紹介する商品として布団乾燥機を予定していても売れないので、急きょデジタルカメラに差し替えて、公園にでもでかけて写真を撮るようすすめるようにしています。

これはセブン‐イレブンが、過去の経験や数字に頼るのではなく、店舗のある地域の20キロ四方の天気予報、お祭りや運動会など地元の催事情報に70〜80％のウェイトを置いて発注するよう指導しているのにも通じる話です。

セブン‐イレブンの鈴木敏文は、各店によってローカル性を40〜50％くらい出していかないと、その地域の顧客のニーズには沿えなくなってきていると言っています。生活必需品を扱うコンビニエンスストアでも、地域に応じて商品の品揃えを変えることが必要なのです。

それだけではありません。商品を置く棚を変えるだけでも、売上が大きく違ってくることが起こります。たとえば、魚肉ソーセージは、一般的には酒のつまみとして珍味・缶詰類の棚に陳列することになっていますが、料理の具材として使うことの多い長野県では、豆腐・納豆・練り物などの棚に移すことで、売上をそれまでの3倍以上に増やしています。まさに所変われば品変わるというとおりなのです。

## マーケティングにおける状況・文脈・環境の盛衰

実は、コトラーの『マーケティング・マネジメント　分析、計画と制御』が登場する10年前の1957年、初めてマーケティング・マネジメントということばを書名に冠した『経営者のためのマーケティング・マネジメント　分析と決定』が、ジョン・A・ハワードによって上梓されていました。

ハワードはその冒頭で、マーケティング・マネジメント（管理マーケティング）の本質は「変化する環境への企業の創造的適応」だとうたっていたのです。

創造的適応というのは、売れる状況・文脈・環境をつくりだしつつ、売れるようになった状況・文脈・環境に応じて自身も変えていく、ということです。状況・文脈・環境を変えれば、そのなかに含まれる自身も影響を受けないわけにはいきません。

リクルートのDNAともいえるかつての社訓「自ら機会を創り出し、機会によって自らを

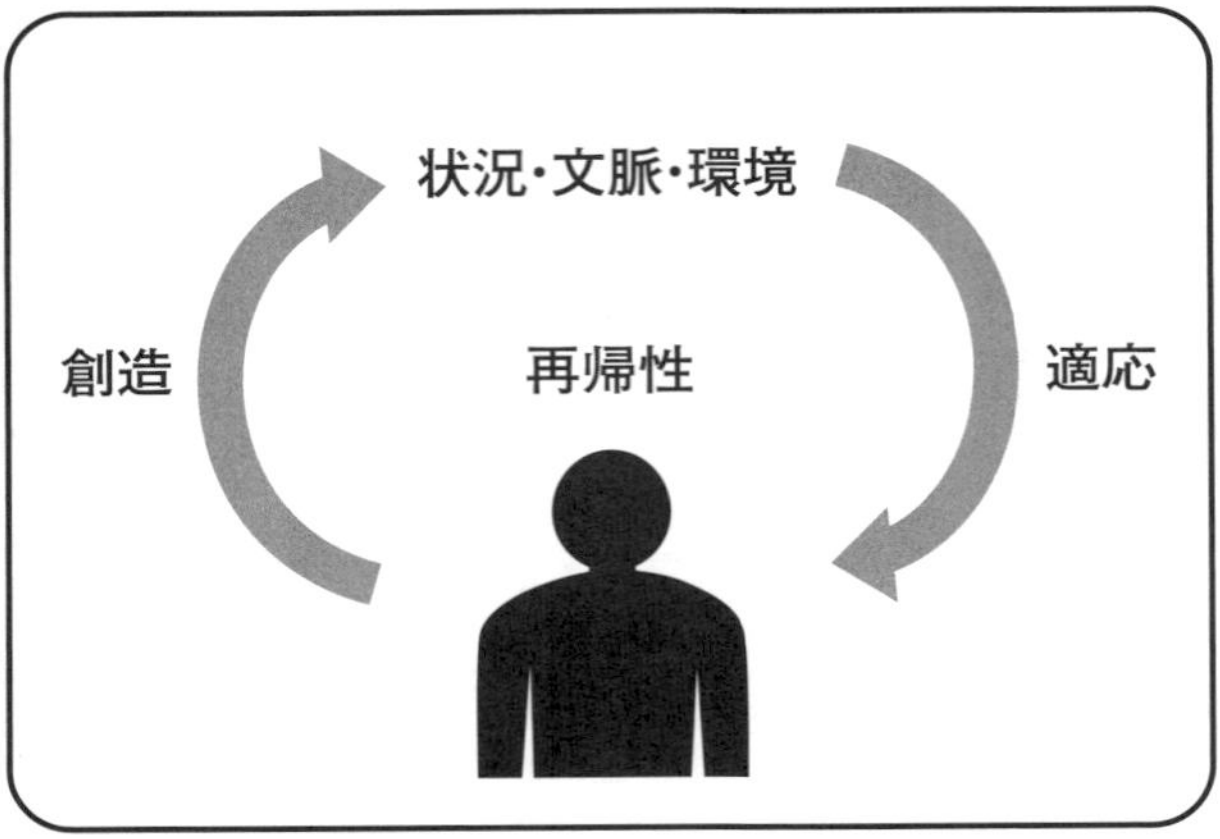


図4-15　創造的適応と再帰性

変えよ」というのも同じことで、このように互いに影響し合って循環する関係を、再帰性といいます。創造的適応というのは、マーケティングにおける再帰性のことです（図4-15）。

ところが、コトラー登場以降の管理マーケティングは、もっぱら普遍的な科学をめざして、こうした循環する再帰性ではなく、そこから原因と結果だけを取り出した、直線的な因果法則をひたすら追究するようになりました。その結果、状況・文脈・環境を無視するようになっていってしまったのです。

しかし、それではさきにみたように、業績全体の30～40％しかカバーできません。当然のことながら、実務では、残る60～70％を占める個別の状況・文脈・環境を抜きにしたままでよしとするわけにはいきません。

いまや顧客は一人十色で、状況・文脈・環境によってまるで別人のように行動するようになってきているのですから、顧客の状況・文脈・環境に着目しないわけにはいきません。まして や顧客の経験を重視するのであれば、顧客が商品サービスを経験する際の状況・文脈・環境を踏まえた対応は必須です。ようやく最近になって、経営やマーケティングでも、状況・文脈・環境を重視した研究が次々に現れてきていますが、当然です。

第1章でみたように、クリステンセンが、顧客の求める商品サービスを見つけるには「片づけるべき用事（jobs to be done）」に着目せよ、と主張するのも、商品サービスの特性や顧客の属性などよりも、用事を片づけるために商品サービスが使われる具体的な状況にこそ着目せよ、ということにほかなりません。

クリステンセンのチームが実際に着目した事例として、次のようなものがあります。

米国のマクドナルドのある店舗で、マックシェイクの売上の半分が早朝に集中し、主に男性のひとり客が買っていました。買ったシェイクが飲まれていた状況は、朝の通勤で車を長時間運転している間であり、片手で持てて退屈しのぎになり、あるていど腹持ちもするからというのが購入の理由でした。

こうした状況を知ることで、競合商品は、バーガーキングのシェイクだけではなく、バナナやドーナッツ、チョコバーなどであることがわかり、適切な手を打つことができるようになります。

米国最大手チョコレートメーカーのザ・ハーシー・カンパニー（ハーシーズ）が、チョコレート菓子の「リーセス ピーナッツバターカップ」を、これまでより小さなサイズにした「リーセス ピーナッツバターカップ ミニ」（図4－16）を2011年に発売したところ、最初の2年間で2億ドル以上を売り上げました。

図4－16　リーセス ピーナッツバターカップ ミニ

サイズを変更しただけなのに爆発的に売れたのは、車の運転中、混んだ地下鉄の車内、ゲームで遊んでいる時などでは、これまでのサイズでは大きすぎ、手も汚れてしまうという状況に着目したからです。また、従来スタイルの個別包装だと、両手で包みを開けるのが面倒で、さらに、食べた後に残る包み紙が罪悪感を呼び起こしました。そこで、包み紙をなくし、底が平らなチャック付のパッケージにして、片手でもかんたんに菓子を取り出せるようにして大ヒットさせたのです。立派なイノベーションといえるでしょう。

このように、新しい実践マーケティングでは、特定の時と所に固有の状況・文脈・環境を重視します。ところが、マーケティングでの利用が急増しているインターネットやメールでは、現実の世界とは違って状況・文脈・環境が欠落してしまいがちです。ですので、とりわけ状況・文脈・環境に留意しなくてはなりません。

## まとめ：実践マーケティングの「行動モデル」

従来の管理マーケティングに欠けていた、以上の4つの要素を踏まえて、新しい実践マーケティングにおける人間についての考え方を、ひとつのモデルとしてまとめあげることにしましょう。

ここでいう人間には、顧客はもちろんのこと、マーケター自身やマーケティングを研究する研究者もあてはまります。

個人どうしでのクチコミ（CtoC＝Consumer to Consumer）、個人向け（BtoC＝

Business to Consumer）のマーケティング、法人向け（BtoB＝Business to Business）のマーケティング、さらにはそれらを対象にしたマーケティングの研究まで、人間のかかわるすべての活動に、行動モデルを適用することができます。

ただし、CtoCやBtoCの顧客では、さきにみたとおり無意識の感情がはたらきやすいのに対して、社内の購買手続で論理的な理由づけが要求されるBtoBの顧客や外部から論理的に分析しようとする研究者では、無意識の感情がはたらく余地は相対的に小さくなるといった程度の違いはあります。

ひとつのモデルにまとめることで、こうした程度の違いも踏まえながら、抜け漏れなく人間についてとらえることができるレンズ、めがねとして、便利に使えるようになります。

## システム1とシステム2

新しい実践マーケティングにおける人間に4つの要素を組み込む前に、意識のもとでの理性についてもみておかなければなりません。従来の管理マーケティングが前提としてきた意識のもとでの理性が、もはや一枚岩ではなくなっているからです。

認知神経科学と認知心理学において、脳のはたらきは、ある程度異なるはたらきをし、長

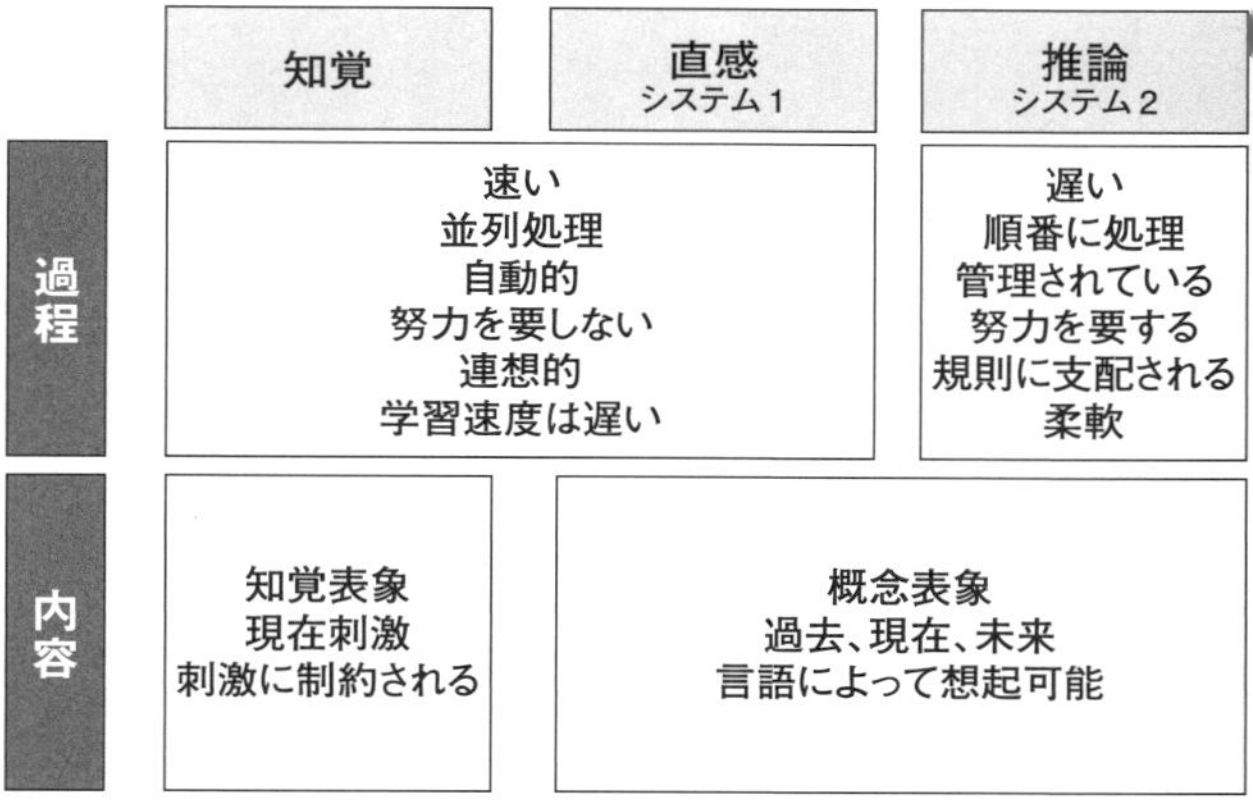

| | 知覚 | 直感<br>システム1 | 推論<br>システム2 |
|---|---|---|---|
| 過程 | 速い<br>並列処理<br>自動的<br>努力を要しない<br>連想的<br>学習速度は遅い | | 遅い<br>順番に処理<br>管理されている<br>努力を要する<br>規則に支配される<br>柔軟 |
| 内容 | 知覚表象<br>現在刺激<br>刺激に制約される | 概念表象<br>過去、現在、未来<br>言語によって想起可能 | |

出所：D. カーネマン『ダニエル・カーネマン心理と経済を語る』楽工社、2011年

図4-17　システム1（速い思考）とシステム2（遅い思考）

所と短所が対照的な、ふたつの認知タイプに分けられるのが一般的になっています。

すなわち、自動的で簡便な無意識的な過程と、統制的で入念な意識的な過程という、お互いに補い合う二重の過程からなるとするものです（認知機能の二重過程理論〈モデル〉）。

2002年にノーベル経済学賞を受賞した行動経済学者のダニエル・カーネマンも、社会的な推論に関して、直感（直観）的な「システム1（速い思考）」と熟慮的な「システム2（遅い思考）」という区分を採用し、今日では広く使われるようになっています（図4-17）。

彼の著書『ファスト&スロー　あなたの意思はどのように決まるか？（上・下）』（早川

書房、2014年〈原著2011年〉）のタイトルもここからきています。

本書でもこの区分を採用することにします。

システム1（速い思考）は自動的に高速ではたらき、努力はまったく不要か必要であってもわずかであるのに対して、システム2（遅い思考）は複雑な計算など、努力して頭を使わなければできない困難な知的活動に、しかるべき注意を割り当てます。システム1（速い思考）は常時モニターしており、対処できないときにだけシステム2（遅い思考）がはたらきます。気まぐれなシステム1（速い思考）と、怠け者のシステム2（遅い思考）のペアというわけです。

実際の消費者行動では、システム1（速い思考）によって購買していることが大半でしょう。もしそうでなければ、スーパーマーケットでの買い物など、いつまでたっても終わらなくなってしまいます。買い物する商品が少し増えるだけで、その組み合わせが爆発的に増えるからです。

たとえば、システム2（遅い思考）で、10個の商品について最適な組み合わせをすべて検討したうえで選ぶには、（本来は遅い思考ですが、超高速にして）1秒に1つずつ組み合わせを検討したとしても、17分かかってしまいます。これが20個の商品になると、なんと29

1時間もかかります。

限られたときにしかはたらかないシステム2（遅い思考）を前提とするのではなく、常時はたらいているシステム1（速い思考）を踏まえて対応することでこそ、現実に即したマーケティングを行うことができるようになるのです。

## ヒューリスティクスとバイアス

カーネマンが、ノーベル賞受賞記念論文「限定合理性の地図」に用いていたのが図4-17です。

動物にも共通する知覚から進化したのが、システム1（速い思考）である直感（直観）で、人間だけがもつ推論への前裁きをしている、という進化論的な考え方にもとづいています。

直感（直観）は、潜在的で意識的にコントロールすることが難しい点では、知覚と共通しますが、現在の刺激に束縛されるのではなく、ことばによって喚起された概念の影響を受ける点で、知覚とは異なります。

1978年にノーベル経済学賞を受賞した経済学者にして、経営学者・政治学者・認知心理学者・情報科学者などでもあり、人工知能の先駆者でもあるハーバート・A・サイモンは、

1950年代に「限定合理性」を主張しました。この「限定合理性」を具体的に解明していった「地図」の内容が、カーネマンらが提唱する「ヒューリスティクス」と「バイアス」です。

限定合理性というのは、伝統的な経済学のように、完全な情報にもとづいてすべての選択肢の中から最適な答えを合理的に見つけ出せる（完全合理的経済人）と仮定する理論は空虚であって、人間はつねに断片的な知識しか持たず、結果を完全に予測することは困難であり、可能な行動を想起しうる範囲も限られる（限定合理的経営人）、とするものです。

ヒューリスティクスというのは、システム1（速い思考）の直感（直観）的思考がとる、単純化された近道の判断や経験則のことをいいます。

また、バイアスというのは、ある特定の状況で繰り返し起きる系統的な認知の偏りや歪みのことをいいます。単なるでたらめというわけではなく、規則性、共通のパターン、くせがあるので、行動経済学者のダン・アリエリーの著書のタイトルにもなっているように、予想どおりに不合理なのです（『予想どおりに不合理　行動経済学が明かす「あなたがそれを選ぶわけ」』早川書房、2013年〈原著2007年〉）。

直感（直観）とひとくくりにしましたが、厳密には区別できます。無意識から一瞬で意識にのぼる判断が直感、もとになっている理由が自分でもよくわからない判断が直観です。直感はいわゆる思いつき、直観は全体と本質の直接的で瞬時の理解といえます。

実際には、直感と直観は同義語のように使われることも多く、本書では直感（直観）とひとまとめにしています。この直感（直観）を支えるしくみが、さきにみたソマティック・マーカーです。

ヒューリスティクスは、システム１（速い思考）において用いられます。わたしたちは、簡便な思考法を用いることによって、かける時間や金銭の負担を節約し、おおむね正しい判断をしています。急場をしのぐ手だてとしては、神の視点からすれば合理的ではなくても、人の視点からすればそれなりに合理的であるといえます。

しかし、時として大きく誤った判断をしてしまいます。不確実な事象に関する判断のすべてではなく、いくつかにおいてはヒューリスティクスが媒介として作用し、それによって予測可能なバイアスが、いつもではなく時には生じるということになります。

カーネマンらは、こうした神の視点からは合理的ではない例外的な事象（アノマリー）を、ヒューリスティクスが生み出すバイアスとしてとりあげて解明したのです。

同じシステム１（速い思考）の直感（直観）でも、専門的なスキルから導かれるものはヒューリスティクスではなく、長年にわたる訓練と実践の成果であるとして区別されます。

顧客ではなくマーケターの場合ということになりますが、熟達した起業家が実際に用いている論理であるエフェクチュエーション（実効論）は、そうした一例です（『エフェクチュエーション　市場創造の実効理論』碩学舎、２０１５年〈原著２００８年〉）。

エフェクチュエーションの具体的な内容としては、目的よりも手元の手段の有効利用を考え、将来の利益予想よりも耐えうる範囲内に投資を抑えようとし、必要な資源を探すのではなく協力者が提供する資源を組み合わせて価値を生み出し、偶然を避けるのではなくテコとして活用し、外的要因ではなく自己の才覚で生き残る、という5つの原則が実証的に明らかにされています。

ホームプロなどでの経験を振り返ってみると、確かに5つの原則に沿った対応をするようになっていきました。

## 実務で役立つ10の具体例

具体的なヒューリスティクスとバイアスとして、主なものを10あげておきましょう。カーネマンの共同研究者だったエイモス・トヴェルスキーも認めているように、現場の実務では経験的に知られていた内容も多く、それらが実験によって確かめられたわけです。ですので、安心してマーケティングに活用することができます。

①プライミング効果

先行する刺激（プライム）が、後続する刺激への反応に影響を与えることです。さきにみたように、わたしたちは、無意識のうちに周囲の環境から影響を受け、思考や行動を左右されているのです。本書を読んだこともプライムとなります。

高齢ということばを読んだり聞かされたりすると、意識していないにもかかわらず、実際に歩く速度が遅くなります。猫でなくても犬の写真を繰り返し見せられるだけで、ネコ科の大型動物であるプーマのブランドを認識しやすくなり、しかも好意的な印象を抱くようになります。

②認知容易性

繰り返しや見やすさが親しみと信頼を感じさせることです。単純に繰り返し接触するだけで、好感度がアップします（単純接触効果）。ですので、広告を何度も繰り返してブランドを売り込むわけです。やさしく覚えやすい文章を、読みやすく印刷すれば、内容が真実だと信じられやすくなります。発音しやすい社名や商品名にしたほうが、好感度が高く信用されやすくなります。

③ハロー効果

ハローというのは、挨拶ではなく光背や後光のことで、一面的な印象で、すべてを評価しようとすることです。

アップルのファンは、マックブックの問題点について鷹揚です。高額なギャラを支払ってでも、好感度の高い芸能人を広告宣伝に起用するのは、商品サービスに対する評価をよくするためです。商品サービスの特徴を描くときは、最初の印象が重みを増し、後のほうの情報はほとんど無視されることもあるので（初頭効果）、ことばを並べる順番が重要です。

④アンカリング（係留）効果

最初に示された無関係な事柄に引きずられて、じゅうぶんに調整できなくなってしまうことです。全く関係のない無意味な数字であっても、当人がそのことをわかっていても、アンカー（錨）になります（恣意の一貫性）。

アップルがiPhoneを６００ドルで発売し、すぐに４００ドルに値下げしたことで、１２０ドルの他の携帯電話と比べられることなく、30％安くなったと感じさせました。住宅を買うとき、最初の提示価格に影響され、同じ住宅でも低いときより高いときのほうが立派に見えてしまいます。標準モデルに高級モデルを追加すると、たとえ高級モデルそのものはあまり売れなくても、高級モデルがアンカーとなって、お買得に思えるようになった標準モデルの売上が増加します。

⑤利用可能性ヒューリスティック

すぐに手に入る手がかりを優先して判断することです。記憶や印象に残っていて頭に浮かぶ容易さで、事柄の頻度や確率を判断します。難しい質問を別の易しい質問にして答える置き換えの一種です。

自分が欲しいと思う商品は、みんなも欲しがっていると考えます。インターネットやテレビ、雑誌でよく見かける商品は、実際よりも売れているように思われます。

⑥代表性ヒューリスティック

限られた事例を典型的な代表として用いて、事柄の全体を推し量ることです。その事例が典型的だと思われるほど過大に評価します。

たまたま知っている出身者の特徴でもって、国民性や県民性を論じたり、妻や娘が好きだというだけで、女性全般が好むブランドだと考えたりしてしまいます。行列ができている店だから料理もおいしいはずだ、と思い込んで並んだりします。

⑦感情ヒューリスティック

好きか嫌いかという感情の反応が強いか弱いかにもとづいて、判断を下すことです。これも置き換えの一種です。

好きな商品のメリットは大きく、デメリットやリスクは小さく評価し、嫌いな商品ではその逆になります。パッケージが気に入った商品は、その中身までおいしそうだと思ってしまいます。

⑧フレーミング効果

同じ情報でも、示し方（フレーム）が違うだけで、考えや選好が異なることです。一種の思い込みです。

食品について、脂肪含有率10％と表示するよりも、90％無脂肪と表示したほうが、圧倒的に好まれます。

米国のスーパーマーケットで、店頭の価格の表示を税抜きから税込みに変えると、実際の支払金額は同じなのに、売上が8％下がりました。

たんに「金利・手数料無料」とするよりも、ジャパネットたかたのように「金利・手数料ジャパネット負担」としたほうが、借りを返そうとする心理的な傾向（返報性）とあいまって、より強く顧客の背中を押します。

イトーヨーカ堂では、1万8000円と5万8000円の羽毛布団を並べておいたところ、5万8000円の商品はあまり売れなかったのですが、あいだに3万8000円の商品を加えたところ、比較検討しやすくなり、5万8000円の商品がもっともよく売れるようになりました。

メール送付の許諾について、初期設定（デフォルト）として許諾することにし、不要な場合にチェックする、あるいはあらかじめ付けられているチェックを外す（オプト・アウトといいます）のを、必要な場合にチェックする（オプト・インといいます）ように変更すると、許諾数は激減します。

同じ品質の商品サービスであっても、ブランドによって知覚される価値が変わります。

⑨プロスペクト（期待）理論

状態（絶対量）よりも、参照点からの変化（得失）に敏感であることを明らかにした理論です。わたしたちは、利得よりも損失に強く反応するのです（損失回避）。利得に対してはリスクを回避し、損失に対してはリスクを追求します。

「1万円お得になります」と言うよりも、「1万円損しています」と言うほうがおおよそ2倍も大きく感じられ、より多くの反響を得られます。

パック料金や定額料金は、支払いという損失が一度にまとめて行われるので、何度も分けて行うよりも好ましく思われます。

小売りでは、得られるはずの利得である売りそびれた機会ロスよりも、実際に生じる損失である売れ残った廃棄ロスのほうに目が向いてしまいます。

自動車の販売などで、最初にすべてのオプションをつけておいて、顧客が不要なものを断るかたちにすると、結果的により多くのオプションをつけることができます。顧客にとって、不要なオプションを断ることは、オプションを加えるよりも損した気がするからです。

### ⑩ピーク・エンド効果

記憶にもとづく経験全体の評価が、ピーク時と終了時の苦痛や満足の平均でほとんど決まることです。クレームが発生しても、きちんと対処し最終的にきっちり満足してもらえれば、ファンになってもらえます。

仮にピーク時に同じハイライトの観光をしたとしても、３日間の旅行で有終の美を飾れば、７日間の旅行で尻すぼみに終わるよりも、楽しかったと記憶されます。終わりよければすべてよし、といわれるとおりなのです。

### 中心ルートと周辺ルート

実は、システム２（遅い思考）においてすら、人間がメッセージの内容を理解し、賛否の態度を決定するまでの過程について、長らく当然の前提とされてきたように合理的に判断するとは限りません。

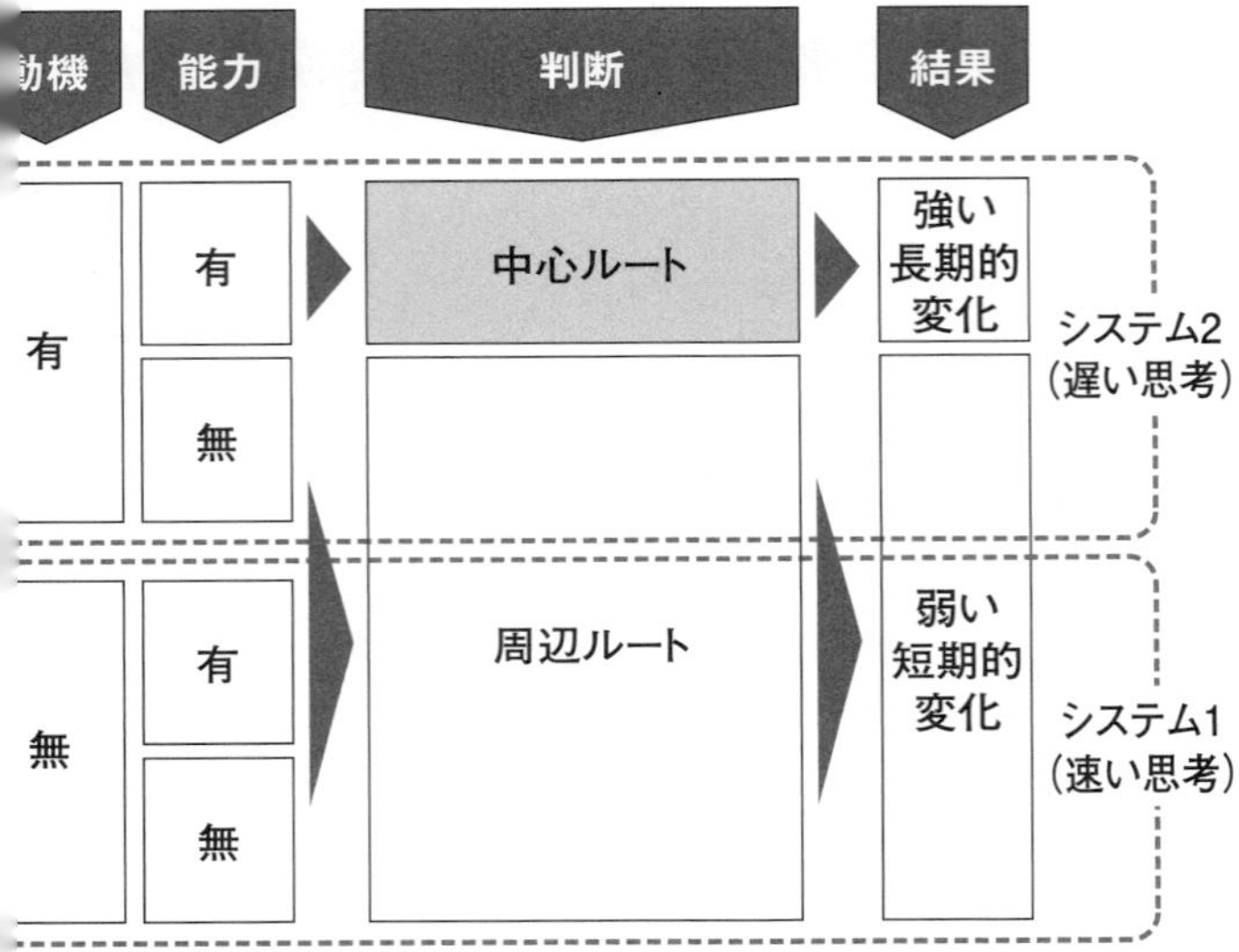


図4-18　精緻化見込みモデル

合理的な判断だけでなく、必ずしも合理的とはいえない判断も組み込んだ二重過程モデルが、1980年前後から社会心理学で提唱されるようになり、続いて消費者行動論でもとりいれられ、現在では広く認められています。

そのなかで、社会心理学者のリチャード・E・ペティとジョン・T・カシオッポによる「精緻化見込みモデル」(図4-18)が最初に提唱され、もっとも普及しています。

精緻化というのは、メッセージの内容を自分がすでにもっている知識と結びつけて精緻に検討することをいい、どこまで精緻に検討するのかという見込み度合いの高低に着目した理論です。

精緻化見込みモデルでは、メッセージによって商品を購入するなど態度を変える場合には、2種類の過程があるとします。

ひとつは、メッセージの内容そのものを慎重に検討し判断する、高い精緻化の「中心ルート」です。もうひとつは、メッセージの内容ではなく、その周辺の単純な手がかりをもとに判断する、低い精緻化の「周辺ルート」です。

単純な手がかりとしては、『影響力の武器［第三版］ なぜ、人は動かされるのか』（誠信書房、２０１４年〈原著２００９年〉）でよく知られている、返報性（借りは返さないと）・一貫性（いつもそうしている）・社会的証明（みんなそうしている）・好意（好きな人のいうことなら）・権威（専門家のいうことなら）・希少性（なくならないうちに）の6つがまさに該当します。

受け手が検討することを動機づけられており（話題が個人的に重要で関心があるなど）、かつ検討する能力がある場合には中心ルートがとられ、いずれかが欠ける場合（価格の安い日用品を買うときや、検討している時間がほとんどないテレビCMなど）には周辺ルートがとられます（図4 - 18の左側参照）。

中心ルートをとった場合は、変えた後の態度が継続しやすく、態度と一致した行動がとられやすい傾向があります。一方、周辺ルートをとった場合は、変えた後の態度が変化しやすく、態度と一致しない行動がとられやすい傾向があります。

ふたつのルートは独立しており、どちらか一方だけというわけではなく、ともに起こりえて優位な処理のほうが目立つとされます。

広告などで顧客を説得するときには、商品サービスに対して顧客がもつ動機と能力の有無に応じたルートに沿って行うのが基本となります。

たとえば、住宅や自動車であれば、中心ルートがとられやすいので、メリットをきっちり説明し、裏づけるデータを提示します。一方、菓子や飲料であれば、周辺ルートがとられやすいので、キャラクターを使いイメージに訴えかけます。

実際には、純粋に中心的であったり、純粋に周辺的であったりする説得のメッセージはほとんどありません。たいていは、両方のルートにねらいを定めた要素を持っています。

USPの提唱者であるリーブスも、50年あまり前に、広告では主張の哲学と感覚の哲学をかけ合わせるよう主張していました。中心ルートと周辺ルートのどちらか一方だけではなく、重点の違いはあるにしても、つねに両方のルートに対して手を打つようにしなくてはなりません。

ポジティブな（例：快い、楽しい、高揚した）感情の時は、周辺ルートでメッセージ以外の手がかりでの簡便な検討が、ネガティブな（例：不快な、悲しい、憂鬱な）感情の時は、中心ルートでメッセージそのものの慎重な検討がとられやすいとされています。

ポジティブな感情は、ものごとがうまくいっていることを示唆するので簡便な検討ですまし、ネガティブな感情はものごとがうまくいっていないことを示唆するので慎重に検討しようとするわけです。ネガティブな感情にある者は説得しにくいような印象がありますが、実際には説得されやすいということになります。

管理マーケティングは、意識のもとでの理性について、もっぱら中心ルートを前提としてきました。図４‐18の網かけの部分です。しかし、現実には周辺ルートが多くとられていることは、スーパーマーケットでの買い物を考えてみれば明らかです。

食品を買うときに、同種の食品すべてについて、味・成分・価格などを比較検討して購入するかどうか、いちいち考えたうえで決めているでしょうか。いつも買っているから、テレビやネットで紹介されていたから、パッケージの写真がおいしそうだから、知人がすすめていたから、などの理由で買っていることがほとんどでしょう。

情報が氾濫し多忙を極める今日では、周辺ルートが占める割合がますます高まってきているといえます。インターネットの比較サイトやレビューサイトの登場により、商品サービスを比較して選びやすくなってきてはいますが、その場合でも、さきほどの6つの「影響力の武器」のうち、社会的証明（みんなそうしている）や権威（専門家のいうことなら）による周辺ルートでの判断が、依然として多くを占めているといえるでしょう。

## 全知全能モデルと行動モデル

システム1（速い思考）・システム2（遅い思考）と中心ルート・周辺ルートの関係について、あらためて整理しましょう。

受け手が動機づけられている場合（図4-18の上半分）は、熟慮的なシステム2（遅い思考）がはたらきますが、動機づけられていない場合（図4-18の下半分）には、直感（直観）的なシステム1（速い思考）がはたらくと考えられます。

これをふたつのルートのほうからみれば、中心ルートではすべてシステム2（遅い思考）がはたらきますが、周辺ルートではシステム2（遅い思考）がはたらく場合とシステム1（速い思考）がはたらく場合があるということになります。

そこで、それぞれ蓄積されてきた知見が最大限活用できるように組み合わせると、システム１（速い思考）では、ヒューリスティクスとバイアスがはたらき、受け手が動機づけられているシステム２（遅い思考）では、中心ルートと周辺ルートがはたらく、ということになります。

こうして、意識のもとでの理性について、二重過程モデルを二重に組み合わせて採用し、さらに欠けている４つの要素を加えてひとつにまとめた人間のモデルが、本書の「行動モデル」です（図４‐19）。

モデルの名前の「行動」というのは、行動経済学や行動意思決定論でいうところの行動と同じです。意識的な行為だけでなく、無意識的な行動も含むことを表しています。つまり、生身の人間が、実際にどう行動するかをとらえるモデルということになります。

神のような「全知全能モデル」に対して、人間らしい「行動モデル」です。このモデルでは、限定合理性の中身を具体化し、システム１（速い思考）ではヒューリスティクスとバイアス、システム２（遅い思考）では精緻化見込みモデルの中心ルートと周辺ルートをとりいれています。

人間は自覚して意図的に対応し（意識）、論理的に判断し（理性）、だれであっても認識す

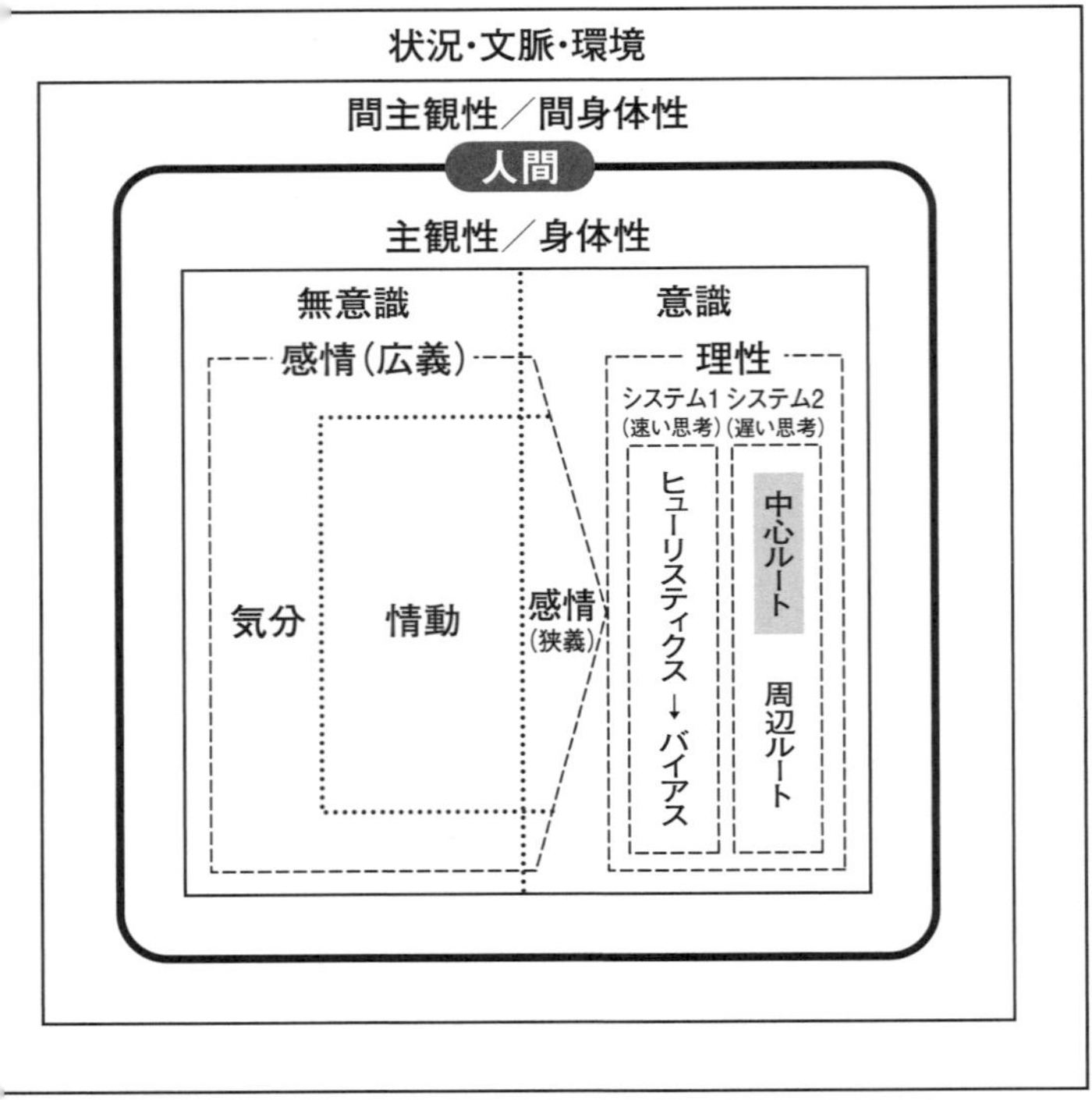
状況・文脈・環境
間主観性／間身体性
人間
主観性／身体性
無意識
意識
感情（広義）
理性
システム1（速い思考）
システム2（遅い思考）
気分
情動
感情（狭義）
ヒューリスティクス→バイアス
中心ルート
周辺ルート

図 4 -19　行動モデル

る世界は同じで（客観性）、それはいつでもどこでも変わらない（普遍性）、というわけではありません。

人間は知らず知らずに自動的にも反応し（無意識）、好き嫌いでも判断し（感情）、人によって認識する世界も異なり（〈間〉主観性・〈間〉身体性）、それは時と所によっても変わるのです（状況・文脈・環境）。

管理マーケティングは、「全知全能モデル」として、もっぱら図４‐19の網かけをした部分、すなわち意識のもとでの理性において、内容そのものを慎重に判断するシステム２（遅い思考）の中心ルートばかりみていた、ということになります。

法人向け（ＢｔｏＢ）のマーケティングではまだしも、個人向け（ＢｔｏＣ）のマーケティングでは、意識下の理性にもとづき、もっぱら論理的に判断するものとするマーケターと、自然体で無意識下の感情にもとづき、もっぱら直感（直観）的に判断する生活者が、時と所の違いも踏まえずに対応すれば、ミスマッチが起こるのも当然です。

ＳＮＳの普及とともに影響力が増大している個人どうし（ＣｔｏＣ）のクチコミについても、マーケターは誤った判断をしてしまいます。管理マーケティングが現場の実践、現実と乖離して役に立たないことになるわけです。

消費者行動論でも、合理的に意思決定する「全知全能モデル」を前提とするのが、これまで一般的でした（消費者情報処理理論）。ところが、ようやく最近になって、世界的に著名な教科書（『ソロモン消費者行動論』丸善出版、2015年〈原著2013年〉）でも、「多くの購買決定を正確に描写していない」と正面から指摘するようになってきています。

続いて、次の第5章では、こうした人間の間で行われるやりとりであるコミュニケーションについて残る2つの呪縛を解いていくことにします。

# 第5章　「コミュニケーションについての呪縛」を解く　★★★上級

## 5-1「顧客とことばのキャッチボールをしている」のではない

### マーケティングにおけるコミュニケーション

マーケティングは、売り手と買い手という人間どうしの間で、直接的あるいは間接的なコミュニケーションを通じて行われます。コミュニケーションについてのモデルを、レンズ、めがねにして見ていくと、あらゆる場面について統一的にとらえることができるので便利です。

マーケティングをコミュニケーションとしてとらえる際に注意しなくてはならないのは、4Pのうちのひとつである販促(Promotion)、4Cでいえばコミュニケーション(Communication)だけが、コミュニケーションというわけではないことです。

加えて、販促以外もコミュニケーションとしてとらえるといっても、縦割り組織に分散する情報発信を統合し、メッセージを一貫させて効果を最大化させるよう主張する統合マーケティング・コミュニケーション(IMC=Integrated Marketing Communication)にとどまるものではありません。

のちほどみるように、意図的な情報発信だけでなく、なにもしないことや、伝えないでおこうとすることまで含め、マーケティングに関わるすべての活動、することもしないこともコミュニケーションなのです。人間どうしで直接するだけでなく、商品や店舗をはじめとした人工物も情報を媒介するメディアとしてコミュニケーションが行われます。

コミュニケーションの考え方について、管理マーケティングが立脚する「通信モデル」、実践マーケティングが採用する「対話＝学習モデル」の順にみていくことにします。

## 通信モデルの限界

コミュニケーションは、ことばのキャッチボールによくたとえられます。キャッチボールであれば、子供でも容易にできるはずです。ところが、大人になっても日々コミュニケーションで苦労しているというのが実感でしょう。実は、コミュニケーションは、ことばだけでされるものではなく、キャッチボールのように交互にやりとりされるものでもないからです。

ことばのキャッチボールのたとえにも、理論的な裏づけがあります。

米国電信電話会社（ＡＴ＆Ｔ）のベル研究所の通信工学者であったクロード・シャノンと

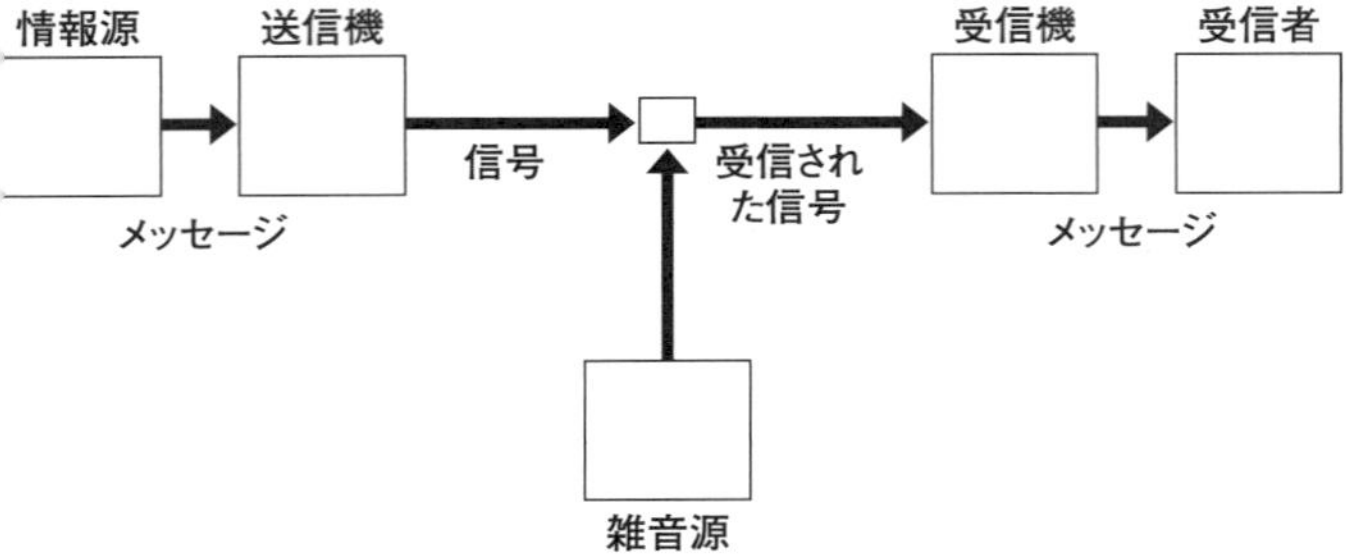


出所：C. シャノン、W. ウィーバー『通信の数学的理論』筑摩書房、2009年
図5-1　通信モデル

ワレン・ウィーバーによって、1940年代に打ち出された「通信モデル」です（図5-1）。

　これは、送信者が話した音声を電気的な信号に変換し、雑音（ノイズ）の影響を防いで効率よく伝達し、届いた信号を音声に復元して受信者が聞く、というものです。雑音は排除すべき邪魔者という扱いです。

　その後、コミュニケーション論や社会学などでも、この「通信モデル」や、これを簡略化したモデルが多用されています。意味がそのまま伝えられるとすることから、「導管モデル」や「伝達モデル」などといわれることもあります。

　かのコトラーも、当然のように「通信モデ

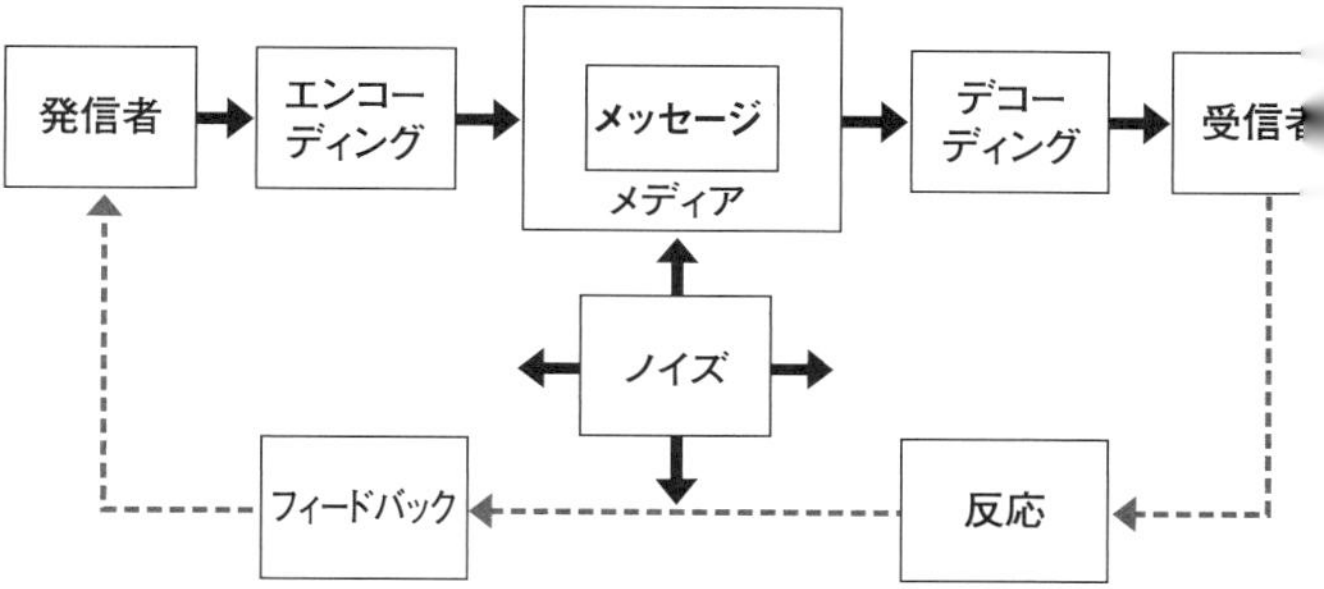


出所：P. コトラー、K. ケラー
『コトラー&ケラーのマーケティング・マネジメント 第12版』丸善出版、2014年

図５-２ コトラーのコミュニケーション・モデル

ル」を採用し、受信者から発信者へ、反応とフィードバックのループを点線で付け加えて微修正しています（図５-２）。

家庭や学校、会社などの日常生活でも、「通信モデル」を暗黙の前提としていることがほとんどでしょう。ことばのキャッチボールのたとえが広く定着しているわけです。コミュニケーションについて、「通信モデル」の呪縛を受けてしまっているのです。

そもそも「通信モデル」は、記号を電気的な信号パターンに変換し、雑音の影響を受けないようにして、効率よく伝達するために考案されたテレコミュニケーション、すなわち電気通信の理論です。それを、人間が情報の意味内容をやりとりするコミュニケーションにまで拡大して適用するのは、行きすぎです。

実は、発案者であるシャノンとウィーバーも、「情報を意味と混同してはならない」「通信の意味的側面は工学的側面とは関連がない」と何度も注意していたのです。しかし、情報通信分野での目覚ましい成果に惑わされて、人間のコミュニケーション全般にまで過度に一般化して適用され、呪縛がかかってしまいました。

「通信モデル」は、人間にとって、情報の意味内容を扱うのには向いていません。これからみていくように、意味は、電気の信号やボールのように、そのままでやりとりされるようなものではありません。**人間のコミュニケーションは、ことばのキャッチボールにたとえられるような通信とは違うのです。**

「通信モデル」であるコトラーのコミュニケーション・モデルは、かつての主流であった、マーケティングは交換（取引）であり、生産者がつくりだし製品に内在した価値が顧客へ移転される（交換価値）という伝統的な経済学から借用した考え方、あるいは、一方的に発信し、一律に対応するマスマーケティングには向いています。

しかし、サービス化の進展、インターネットやスマートフォンの社会への浸透もあって、今や主流となっている、マーケティングは関係（相互作用）であり、顧客にとっての価値は顧客のもとでつくりだされる（利用価値）という考え方や、双方向でリアルタイムにやりとりしながら個別に対応するマーケティングには、それにふさわしい新しいモデルが必要です。

### 相互作用の視点

それでは、人間のコミュニケーションは、どのように考えればよいのでしょうか。

人間のコミュニケーションにふさわしいモデルを、双方向でやりとりされることを重視して「対話＝学習モデル」と呼ぶことにします。「対話モデル」ではなく「対話＝学習モデル」としている理由はのちほど明らかにします。

「対話＝学習モデル」は、20世紀最大の思想家ともいわれる、グレゴリー・ベイトソンのコミュニケーションと行動に関する理論にもとづいています（『精神の生態学』新思索社、２０００年〈原著１９７２年〉）。この理論は、人間のみならず、イルカやカワウソのコミュニケーションについても、文化人類学で実践されてきた現場での観察を重ねるなかから見出されました。

そして、この理論を実践的に発展させることで、家族療法（ファミリーセラピー）や短期療法（ブリーフセラピー）と呼ばれる心理療法が誕生しました。家族療法や短期療法は、フロイトの精神分析のように、個人の精神内部に疾患の原因を求めるのではなく、人間関係を成り立たせているコミュニケーションを変化させることによって、目覚ましい治療効果をあげています。

わたしも、家族療法や短期療法のワークショップに何度も参加し、門外漢として冷や汗をかきながらロールプレイングをし、身をもって有効であることを実感しました。「対話＝学習モデル」は、こうした臨床の現場から生まれ活用されている、実践的なコミュニケーションと行動に関する理論（モデル）なのです。

「対話＝学習モデル」では、コミュニケーションを相互作用、すなわち双方向で循環する情報のやりとりとしてとらえます。「通信モデル」のように、一方向で直線的に流れるものとは考えません。しかも、キャッチボールのように交互にやりとりされるのではなく、同時多発的に起こるものとしてとらえます。

コミュニケーションは、送り手と受け手、それぞれ個人を単位とするのではなく、両者でやりとりして循環する関係をひとつの単位として考えます。受け手がいなければ、送り手がいくら発信しても、コミュニケーションは成り立ちません。送り手からのメッセージは、やりとりするなかで受け手が解釈することによって、意味が生み出されます。誤解されやすいのですが、送り手と受け手をペアとして単位とするということではありません。送り手と受け手との間の関係、相互作用そのものをコミュニケーションの単位とするのです。

こうした相互作用の視点に立った上で、「対話＝学習モデル」では、以下の3つの特徴があるものとしてコミュニケーションをとらえます。

**勝手に次々と伝わる**

第1に、人間はコミュニケーションしないではいられません。オリジナルの英語で、One cannot NOT communicate. と、二重否定で強調されているとおりです。人間のすべての活動や人工物はコミュニケーションなのです。

ことばを発する必要すらありません。送り手が意図しなくても、勝手に次々と受け手に伝わってしまうからです。何も伝えないように一所懸命努力しても伝わってしまいます。

試しに、ふたりで無表情かつ無言で向かい合ってみれば、それでもいろいろと伝わってしまうことがわかるでしょう。対面していなくても、届いたメールやLINEに返事を出さず放置するだけで、不在・多忙・失念・怠惰・無視・拒絶などが、状況・文脈に応じて伝わります。不満の指摘があったときには、相手に顧客の軽視などと伝わらないうちに、迅速に対応することが大切なわけです。

コミュニケーションは、送り手や受け手の意図を超えて循環する相互作用です。広告宣伝（AD）や広報（PR）はもちろんのこと、商品サービスの提供など人間が活動することや活動しないこと、商品をはじめとした人工物などのすべてが、マーケティングのコミュニケーションなのです。

## 内容よりも関係重視

第2に、コミュニケーションには、内容と関係のふたつのレベルがあります。

まず、内容そのものを伝える、通常考えられているコミュニケーションがあります。それに加えて、関係を伝えて行動を限定し拘束するメタ・コミュニケーションがセットになっているのです。

メタというのは、「超えた」「高次の」「一段上の」という意味です。メタ・コミュニケーションは、コミュニケーションの一段上のコミュニケーション、コミュニケーションについてのコミュニケーションということです。

実は、わたしたちは、内容そのものよりも、それより高次にある関係に、より一層注意を払っています。コミュニケーションがおもにことばで行われるのに対して、メタ・コミュニケーションは、表情・口調・姿勢など、非言語行動で多く行われます。目は口ほどに物を言うのです。

メタ・コミュニケーションは無意識に行われることが多く、感情を理解する手がかりとなります。ことばでは語られない本音が現れます。最近では、こうした「正直シグナル」のデータをセンサー機器で取得し、統計分析する取り組みも行われています。たとえば、経営者は、ビジネスプランの内容そのものよりも、提案者の自信や決意を示すシグナルに、より大きな影響を受けることなどが確認されています。

このように、行動に影響を与える関係のメタ・コミュニケーションにこそ着目しなくてはなりません。もっぱら内容を重視して、それ以外は雑音として切り捨てる「通信モデル」とは逆に、「対話＝学習モデル」では関係を伝える雑音こそが、コミュニケーションにとって内容以上に重要なのです。

たとえば、上司が「忌憚のない意見を聞かせてほしい」などと口では言っても、しかめ面で腕組みしていては、部下は誰も本音を話そうとはしません。同じ「バカ」と言うのでも、上司が部下を叱責する場合と、彼氏が彼女に囁く場合とでは、受け取られ方が違います。

銀行の窓口では、立っている顧客に対して座ったままの行員が対応するのが通例ですが、行員も立って対応するように改めた銀行は、それだけで少なからぬ効果が出ているはずです。都合の悪い事実を隠ぺいしていたことが露見した会社が、広告宣伝で自社の商品サービスのすばらしさをアピールしてみても、額面通りには受け取ってもらえません。

メールは文字だけなので関係を伝えるすべが限られます。メールの絵文字や顔文字は、文字の内容に関係を加えて伝えるための工夫です。

人は内容だけでなく、関係も同時に伝え受け取っています。このふたつは切り離すことができません。内容を伝えることばだけに限らず、関係を伝え、行動の拘束をもたらすものすべてを、広くコミュニケーションとしてとらえなくてはなりません。マーケティングでも、コミュニケーションの内容だけでなく、こうした関係のメタ・コミュニケーションについても考えなくてはならないのです。

## 句読点の打ち方次第

第3に、関係がどういう性質をもつかは、コミュニケーションに参加する人の句読点の打ち方（パンクチュエーション）によって決まります。

電話が普及する以前のことですが、「カネオクレタノム」との電報を、「金送れ、頼む」のつもりで送ったところ、「金をくれた、飲む」と読まれてしまった、という笑い話がありま す。第1でみたように、コミュニケーションは絶え間なく勝手にやりとりされるので、この電報の文章と同じように、句読点の打たれる場所によって意味が違ってくるのです。

たとえば、妻は、夫の帰宅が遅い↓妻が怒る↓夫の帰宅が遅い↓妻が怒る↓……と区切り、夫は、妻が怒る↓夫の帰宅が遅い↓妻が怒る↓夫の帰宅が遅い↓……と区切ります。

実験者は、ネズミに食べ物を出す刺激を与えてボタンを押す反応を得たととらえ、ネズミは、実験者にボタンを押す刺激を与えて食べ物を出す反応を得たととらえます。

騒がしいから大きな声を出すのか、大きな声を出すから騒がしくなるのか。行列ができるから商品が品切れになるのか、商品が品切れになるから行列ができるのか。広告を出したからこの時期に売れるのか、この時期に売れるから広告を出すのか。いずれでもありえます。

句読点の打たれ方が変わるだけで、別の新しい現実をつくりだします。人がからんでくる場合には、立場によって因果関係のとらえ方が異なり、唯一絶対の因果関係が客観的に実在するというわけではないのです。マーケティングにおいてもしかり。句読点の打ち方が変わりうる顧客の視点が強調されるゆえんです。

## 市場やブランドの価値の生成のしくみ

このように、**活動することもしないことも、あらゆることがコミュニケーションとして勝手に次々と循環し、それは内容と関係というふたつのレベルから成り立っていて、その関係は当事者の句読点の打ち方によって決まるのです。**

市場やブランドの価値も、このようなミクロのしくみが積み重なることによって、わたしたちが相互のやりとりを通じて間主観的につくりだし続けているのです。

そのことを表す概念が「共創《きようそう》（co-creation）」です。大阪ガスがいちはやく1992年に「2001年プラン」で社内外へ打ち出し、その後2000年代に入り、世界的にもひろく使われるようになりました。

コミュニケーションは、同時多発的に次々と入れ替わる送り手と受け手による共創です。さきに第4章でみた、市場やブランドの価値を生み出す基本的なしくみこそ、コミュニケーションによる共創なのです。顧客とのあらゆるコミュニケーションが、ブランディングです。

## 違いを生む違い

コミュニケーションで伝わる内容としての情報は、ベイトソンによれば、「違いを生む違い」です。違いを生まない違い、すなわちどっちだっていいようなただの違いではなく、違っていることに違いがある違いです。

たとえば、花の種類についていえば、桜の花といっても厳密には一輪一輪違いますが、植物学者でもない一般の人には、それは違いを生まないただの違いです。桜の花と梅の花の違いこそが、花の種類としての違いを生む違い、すなわち情報です。

テレビのリモコンのチャンネルや音量は、だれにとっても違いを生む違いとしての情報ですが、使うこともない機能は、メーカーの技術者にとっては違いを生む違いであっても、一般の生活者にとっては違いを生まないただの違いにすぎません。

顧客にとって違いを生む違いである情報を伝えることができて、はじめて競合他社と差別化できることになるのです。

コミュニケーションしないということは、コミュニケーションすることと違いを生む違いをもち、沈黙することやメール・LINEのメッセージに回答せずに放置しておくことも情報になるのです。

心理学者が行った鶏の学習実験が、違いを生む違いという情報の定義を裏づけています。

薄い灰色の標識のある餌を食べ、濃い灰色の標識の餌を食べないように、鶏に数百回の強化訓練を行いました。

その後、濃い灰色の標識を取り除き、薄い灰色よりもさらに薄い灰色の標識に置き換えたところ、かなりの頻度でこちらを食べるようになりました。

次に、当初の濃い灰色の標識とさらに濃い灰色の標識に入れ替えたところ、今度は濃い灰色の標識の餌を食べる頻度が多くなりました。鶏も、違いを生む違いとして情報を認識しているのです。

ＩＤＥＯが、プロダクトデザイナーだけでなく、ビジネス、文化人類学、心理学、言語学、コンピュータサイエンス、建築、報道、編集など多彩な分野の出身者を採用し、さまざまな国の出身者でプロジェクトを組むのも（ＩＤＥＯの東京オフィスを訪ねたことがありますが、日本人は少数派で共通語は英語でした）、違いを生む違いである情報をチームで見出す工夫といえます。

同じような経験しかない社内のメンバーばかりで会議をしても、いつもありきたりな話にしかならないのは、違いを生む違いである情報が枯渇するからです。異質な経験がないと、比べることができず、違いを見出せません。自身（自社）を知るためにも他者（他社）を知らなければなりません。

わたしの経験でも、大阪ガスからNTT西日本・NTT東日本と合弁で設立したホームプロで働くようになり、その後リクルートグループに入り、日本郵政へも事業開発部のアドバイザーとして週1日勤務するようになるに従い、それまで当たり前として見過ごしてきたことの違いに気がつくようになり、情報を見出せるようになりました。

## 意味の意味

こうした情報のやりとりだけでは、実はまだ空疎で無意味です。情報の受け手が送り手とやりとりするなかで、その意味を生み出していくことが必要です。人間は意味を求める存在であり、自分自身がはりめぐらした意味の網の中にかかっている動物です。コミュニケーションは、意味の追求のためのいとなみなのです。

意味の意味については、主な定義だけでも16通り、細かくみれば23通りあるなどとされていて、定説といえるものがありません。いわば最大公約数としては、意味とは表現によって表され理解される内容のことといえるでしょう。

では、その内容というのはいったい何なのでしょうか。

さきに意識の志向性のところでみたように、実はわたしたちはひとつのまとまりとしてのパターンを認識することによって、意味をとらえているのです。たとえば、本書の一部分を見ただけでひとまとまりのパターンとしての本を思い描き、本という意味を見出しているのです。意味とはパターンであるということができます。パターンである意味によって、対象は志向されるのです。

伝統的な言語学では、もっぱら論理学にもとづいて、意味を人間との関わりを排除した客観世界に求めてきました。意味を言語の裏側にある本質ないし実在として実体化する、わたしたちの傾向に沿った考え方です。

しかし2000年代以降、人間の経験を中心に据えて、意味を概念化という主体的な心理的いとなみに求める認知言語学が、もっとも有力となっています。

実際にやりとりされる情報の意味は、さきほどみたように、受け手の置かれた状況や文脈に応じて、送り手とやりとりするなかで受け手が生み出すことになります（語用論）。

たとえば、「お上手ですね」と言われても、本当にすばらしいという称賛なのか、実はたいしたことはないという皮肉なのか、状況や文脈によってその意味は正反対となります。異性にウィンクされても、バーでひとり飲んでいるときと屋外で砂埃が舞っているときでは、その意味が違ってきます。試食のケーキを配って売上を大きく伸ばしている菓子チェーン店がありますが、通常なら喜ばれるのに、ダイエット中だとにらまれるでしょう。

意味は、ものごとに内在している何かを見出すのではなく、ものごとに関わる関係から生み出されるものなのです。

価値というのも、このように、置かれた状況や文脈に応じて、情報をやりとりする関係のなかで生み出される、望ましい、あるいは望ましくない意味としてとらえることができます。

商品サービスを差別化すべく、顧客にとって違いを生む違いである情報を伝える際には、さきに第４章でもふれたように、状況・文脈を踏まえて、あるいはつくりだして、顧客に伝えたい意味や価値を生み出してもらえるようにしなくてはならないのです。

## 対話＝学習モデル

以上の、コミュニケーションの３つの特徴をはじめとした内容をひとつのモデルにしたのが「対話＝学習モデル」です（図５‐３）。

「対話モデル」ではなく「対話＝学習モデル」としているのは、これからみていくように、コミュニケーションは学習の過程でもある点を強調するためです。

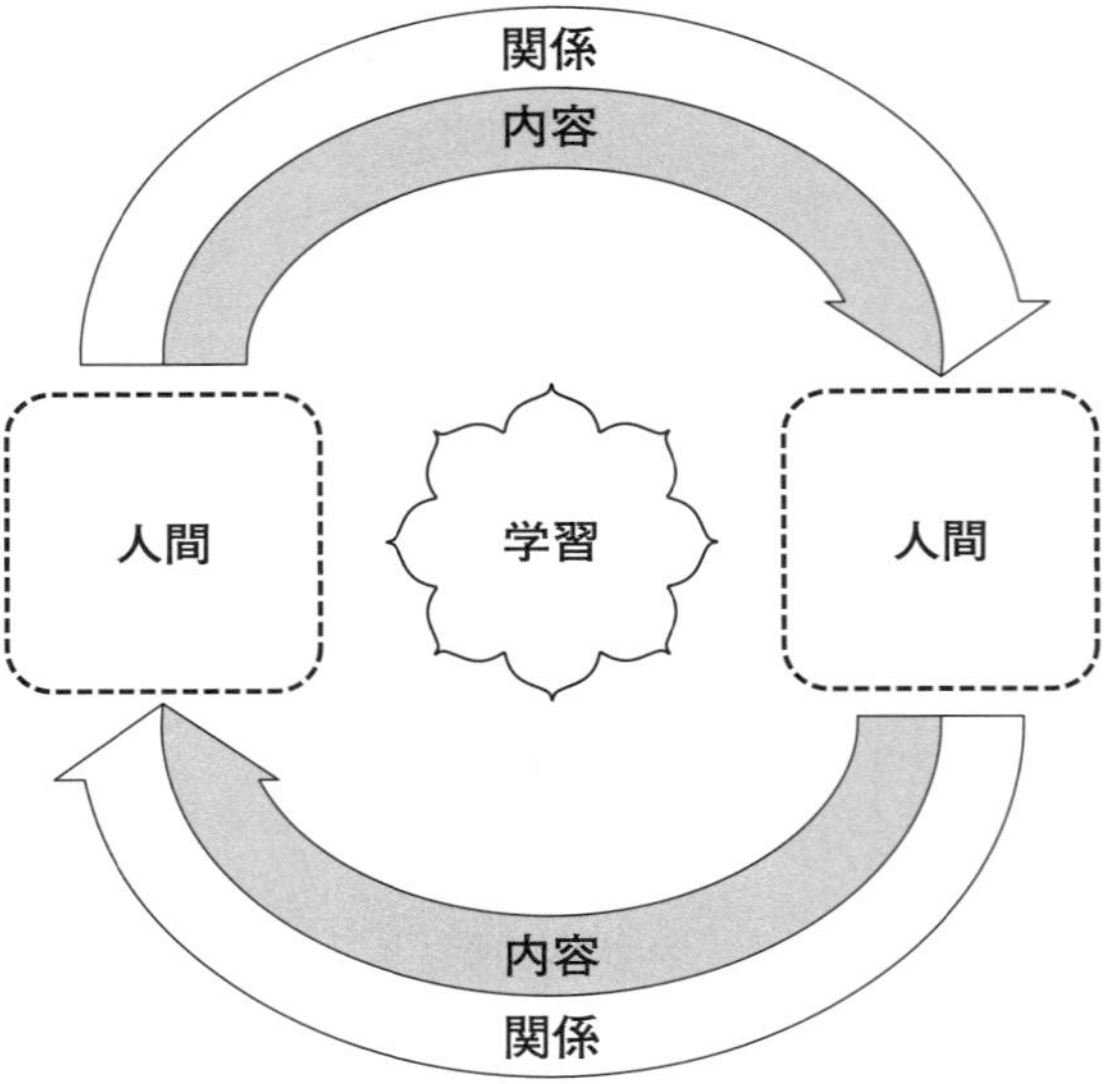

図5-3　対話＝学習モデル

実際のマーケティングでは、特定の2者間のコミュニケーションだけにとどまることは珍しいでしょう。さまざまな人間の間のコミュニケーションが交錯するのがふつうです。わたしたちは、こうしたコミュニケーションを通じて、お互いの行動に影響し合いながら、現実というパターンを構成しているのです。

管理マーケティングは、図5-3の網かけした部分である、内容のやりとりをもっぱら前提としているので、現場の現実から乖離してしまうわけです。

コミュニケーションにおいて、実際に状況や文脈がどこまで当事者どうしで共有できているかは、定かでありません。状況や文脈は、人の関心に応じてつくりだされるものだからです。しかも、コミュニケーションのたびに、それぞれの状況や文脈は上書きされ、変化していきます。さらに、状況や文脈そのものの認識ばかりでなく、理解の基盤となる状況や文脈についてのイメージ、体系的な知識や個別の知識についても人それぞれです。

たとえば、仕事といっても、苦痛に思う人もいれば、快楽を感じる人もいます。完全に同じ内容を共有していることはありえません。

理解自体も、意識のもとでの理性だけでなく、無意識や感情によって左右されることは、さきに「行動モデル」としてみたとおりです。情報の意味は、他者との相互作用によって恣意的に変化していきます。完璧な理解などそもそもありえません。

コミュニケーションは、いわば有益な誤解をし合いながら理解し合うという、複雑で微妙な行為なのです。さらに、こうしたコミュニケーション以前に、わたしたちの知覚する対象、認識する世界が、全く同じであるということからしてありえませんから、コミュニケーションにおいても不一致や食い違い、ずれやゆらぎが生じないほうが不思議です。

このようにコミュニケーションは、理解するための試行錯誤の繰り返しです。コミュニケーション自体が、他でもありうる可能性（偶有性）をつねにはらんでいるのです。個々の人間に還元されない特性が創発します。

マーケティングもコミュニケーションなので、試行錯誤が繰り返されることになります。行為の意図せざる結果が生まれるわけです。こうした偶有性を必然的に伴うコミュニケーションのなかで、繰り返しうまくいく具体的な打ち手のパターンを試行錯誤しながら生み出していくのが、マーケティングの実践なのです。

## 5-2 「顧客は対象そのものだけを学んでいる」わけではない

### 5段階ある学習

学びとは勉強することであり、学校でしてきたように、意識して学ぼう、勉強しようとしている対象だけを学んでいるのでしょうか。

わたしたちの脳は、新しい経験をするたびに神経（シナプス）の回路の接続が変化します（脳の可塑《かそ》性）。コンピュータのファイルにたとえると、つねに上書きされ、書き換えられ続けているのです。

コミュニケーションは、そうした経験の大きな部分を占めており、コミュニケーションのたびに脳は変化し、二度と元に戻ることはありません。学ぼうと思っていようがいまいが、コミュニケーションは学習する過程にほかならないのです。「対話モデル」ではなく、「対話＝学習モデル」としたゆえんです。

このように、コミュニケーションを通じてつねに行われている学びは、対象となるものごとそのものについて学ぶだけなのでしょうか。

学習の対象は、ベイトソンによれば、選択肢と、選択肢を含む集合の関係でとらえることができます。選択肢とその集合といっても、唯一絶対なものではなく、相対的なものです。ある集合も、その上位の集合からすれば、選択肢のひとつとなります。

集合と選択肢をどの段階でとらえるのかに応じて、ロシアのマトリョーシカ人形のような入れ子になった構造として階層的にみることができるわけです。**学習が行われる段階としては、５つに区分することができます**（図５‐４）。

ベイトソン本人から直接学んだことのある文化人類学者の野村直樹（『みんなのベイトソン』金剛出版、２０１２年）から、わたしが直接学んだ内容も踏まえながら、学習の５つの段階について、順にみていきましょう。

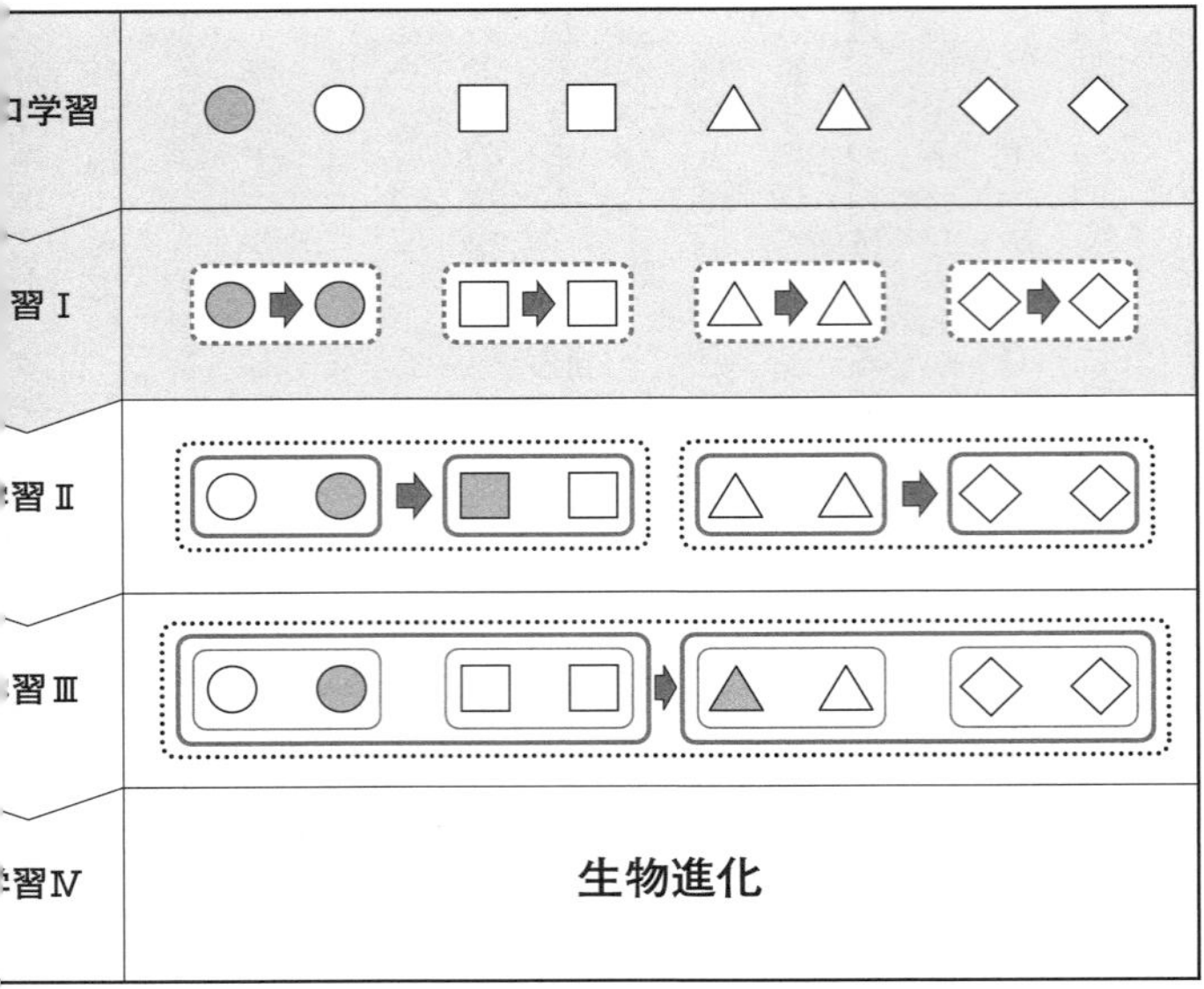


図5-4　5段階の学習イメージ

## ゼロ学習

まず、ある刺激に対してつねに一定の反応を示すだけで変化しない、そもそも選択をしない、あるいはいつも同じ選択肢を選ぶ過程が「ゼロ学習」です。実質的に学習は行われておらず、学習ならざる学習なのでゼロ学習です。

試行錯誤されることもなく、変化はありません。選択肢の集合をたばねるコンテクスト（ベイトソンが、「次に選ぶ選択肢の集合がどれであるかを告げる出来事すべてに対する総称」と定義している文脈のことで、そのことがはっきりするように、以下ではコンテクストと表記することにします）は関係ありません。

身につけてしまった習慣はゼロ学習です。これからみていく上位の学習をしていたとしても、変化（向上）がなくなれば、ゼロ学習に舞い戻ります。

恒例となった販売イベントを、前年と同じ品揃えなどのままで開催する場合や、定番となった商品サービスを迷わずに買う場合は、ゼロ学習です。

## 学習Ⅰ

次に、同じ集合のなかで選ぶ選択肢を変える過程が「学習Ⅰ」です。ゼロ学習に対しても う一段上の学習です。

ある選択肢の集合の枠のなかで、最適な選択肢を選んでいくように変化します。選択肢の集合をたばねるコンテクストは、同じままです。ブザーを鳴らすとよだれを流すようになるパブロフの犬など、心理学の実験で行われる古典的条件づけをはじめとして、ものごとに習熟するのは学習Ⅰです。

商品サービスの選択肢の集合である、市場という枠組みのなかで行われている管理マーケティングや、それが前提としている購買活動は基本的に学習Ⅰです。

異なる市場の商品サービスについて、マーケティングや購買が行われるだけであれば（たとえば、データマイニングの事例として有名な、紙おむつとビールを売ったり買ったりするなど）、ある学習Ⅰから別の学習Ⅰへの同じ段階での移行であり、学習Ⅰが並列するだけです。

## 学習Ⅱ

さらに、選択肢の集合自体を変える過程が「学習Ⅱ」です。学習Ⅰに対してもう一段上の学習です。ある選択肢の集合の枠を超えて、集合の枠そのものを選ぶように変化します。学習Ⅰのコンテクストが変化し、それを学びます。学習することを学習するのです。

さきほどみた句読点の打ち方を変えるというのは、まさにこれにあたります。

コンテクストを同じまま固定する実験室ではない、人間の世界には、学習Ⅱが満ちあふれています。新たな習慣を形成するのは学習Ⅱです。

しかし学習Ⅱは、いったんなされると、その句読点の打ち方、前提の確認の積み重ねがコンテクストになっていくので、変わりにくくなっていきます。再び変わるためには、これまでのコンテクストの囚われから自由になること（脱学習）が、必要になります。

新たな選択肢の集合をつくりだす市場の生成や、同じ商品サービスであっても異なるコンテクストに位置づけて新たな価値を生み出すイノベーションは、まさしく学習Ⅱです。

携帯電話とコンピュータが融合したスマートフォンは学習Ⅱの例です。さきにみた住宅リフォーム市場の生成も学習Ⅱの事例です。第3章でふれた情報誌「CEL」の特集「学びを学ぶ」も、まさに学習Ⅱをとりあげたものです。

本書も、マーケティングについて学習Ⅱをしようとするものです。

**学習Ⅲ、学習Ⅳ**

そして、選択肢の集合からなるさらに上位の集合であるシステムを変える過程が「学習Ⅲ」です。学習Ⅱに対してもう一段上の学習です。

学習Ⅰのコンテクストのそのまた上のコンテクストが変化し、それを学びます。染みついた前提を引き出して問い直し、変革を迫るのが学習Ⅲです。

観劇は、芝居そのもののコンテクストに、それを観劇しているというコンテクストが被さっているので学習Ⅲとなりえますが、現実には学習Ⅲは滅多にありません。

悟りや、現象学で主観の外側に対象が存在するかどうかの判断をひとまず停止するというのは、学習Ⅲです。市場経済が計画経済や贈与経済、ボランタリー経済に変わるのであれば学習Ⅲです。

最後に、「学習Ⅳ」です。学習Ⅲに対してもう一段上の学習です。このレベルの学習は、通常ではありえないとされています。生物の系統発生上の進化は学習Ⅳです。

## マーケティングへのあてはめ

この5段階、通常は3段階の学習を、マーケティングあるいは消費者行動にあてはめてみます。それは、対象となる商品サービスという選択肢と、それが含まれる市場という集合を、どの段階でとらえるかによって階層的にみることができます。

すなわち、個々の商品サービス、その商品サービスからなる市場、その市場からなるさらに上位の市場という3段階のうち、どの段階でマーケティングが行われ、購買されているかによって、3つに区分することができます（図5－5）。

たとえば、家庭用ゲームの場合、任天堂のWiiを買い続けるのか（ゼロ学習）、家庭用ゲーム機市場のなかで、WiiからソニーのPlayStationへ買い替えるのか（学習Ⅰ）、さらに

| | マーケティングの段階の例 | 顧客の購買行動の例 |
|---|---|---|
| ゼロ学習<br>（同じ選択肢を選ぶ） | ①家庭用ゲーム機 | ①Wiiを買い続ける |
| | ②住宅リフォーム工事 | ②同じ会社に依頼し続け |
| 学習Ⅰ<br>（同じ集合の中で、選択肢を変える） | ①家庭用ゲーム機市場 | ①WiiをPlayStationに買い替える |
| | ②住宅リフォーム工事市場 | ②他の会社に依頼する |
| 学習Ⅱ<br>（集合の枠を超え、集合自体を変える） | ①家庭用ゲーム市場 | ①家庭用ゲーム機からゲームアプリへ乗り換え |
| | ②住宅リフォーム市場 | ②紹介サービスを利用す |

図５-５　マーケティングにおける学習の例

上位の家庭用ゲーム市場のなかで、家庭用ゲーム機からスマートフォンのゲームアプリへ乗り換えるのか（学習Ⅱ）、という違いになります。

住宅リフォームの場合だと、リフォーム工事を同じ会社に依頼し続けるのか（ゼロ学習）、住宅リフォーム工事市場のなかで、他の会社へ依頼するのか（学習Ⅰ）、さらに上位の住宅リフォーム市場のなかで、リフォーム会社紹介サービスのホームプロを利用するのか（学習Ⅱ）、という違いとなります。

そして、マーケターのマーケティングでの対話＝学習の段階と、顧客の消費者行動での対話＝学習の段階が同じになっていないと、マーケティングはうまくいかないことになります。

ホームプロの場合、事業を始めた2001年頃はネットでの紹介サービスがまだほとんどなく、ホームプロとしてはリフォーム会社紹介サービスという学習Ⅱをはたらきかけているのに、顧客はリフォーム会社への工事依頼という学習Ⅰをしてしまうことがしばしば起こり、苦労しました。

今日では、いろいろな分野で紹介サービスが次々と登場してきているので、顧客にとって学習Ⅱをするのも、ごく普通のことになってきています。

## 焦点となる学習Ⅱとプラットフォームビジネス

管理マーケティングが対応しているのは、ゼロ学習と学習Ⅰです（図5－4と図5－5の網かけの部分）。選択肢の集合としての市場を所与の前提とし、もっぱら選択肢である商品サービスについて考えているからです。

実践マーケティングは、「対話＝学習モデル」で明らかなように、学習Ⅱや学習Ⅲにも対応します。

ふたつのマーケティングの大きな違いは、実際の生活世界でよくみられ、今後ますます増えていく学習Ⅱ、すなわちコンテクストが学習されることになる紹介サービスといった市場の生成やイノベーションにも対応しうるか否か、にあるといえます。

　さきの例でいえば、家庭用ゲーム機からスマートフォンのゲームアプリへの乗り換えや、リフォーム会社への工事依頼からリフォーム会社紹介サービスの利用への移行にも、対応しうるかどうかということです。

　最近注目を集めているプラットフォームビジネスも、導入する時や初めて利用される時は学習Ⅱです。

　プラットフォームビジネスというのは、ビジネスを行う場としてのプラットフォームを、とりわけインターネットをはじめとする情報通信技術（ＩＣＴ）を活用することで、提供するビジネスのことです。アマゾンのマーケットプレイスが代表例です。楽天やホームプロは日本における、そのはしりです。

　その後、遊休資産を有効活用するプラットフォームビジネスとして、２００８年には民泊の紹介サービスであるエアビーアンドビー（Airbnb）、２０１０年には自動車の配車サービスのウーバー（Uber）、２０１５年にはエンジニアをはじめとした業務の外注紹介（クラウドソーシング）サービスのアップワーク（Upwork。前身のオーデスク〈oDesk〉は２００

図5－6　シェアリング・エコノミーを台頭させたプラットフォームビジネス

5年）などが次々と登場し、既存の業界秩序を破壊しています。

これらは、シェアリング・エコノミー（共有経済）の台頭などともいわれる、新しい動きです（図5-6）。

こうしたプラットフォームビジネスは、管理マーケティングでは想定外の展開ということになりますが、実践マーケティングでは学習Ⅱとして想定の範囲内です。

## ラテラル・マーケティングの採用で窮地に

管理マーケティングのコトラーも、フェルナンド・トリアス・デ・ベスとの共著『コトラーのマーケティング思考法』（東洋経済新報社、2004年〈原著2003年〉）で、市場の枠に囚われず異なる製品コンセプトやアイデアを結びつけて、新しい提供物を生み出すラテラル（水平）・マーケティングによって、R→STPという流れに沿って市場を深掘りする、従来のバーティカル（垂直）・マーケティングを補完することを推奨するようになりました。

サイバーカフェ＝喫茶店＋インターネット、シリアルバー＝シリアル＋軽食、ソニーのウオークマン＝オーディオ＋携帯用などが、ふたつの製品コンセプトやアイデアを結びつけて新しい提供物を生み出した、新製品アイデアの成功例とされています。ラテラル・マーケティングを別途追加することで、管理マーケティングもようやく学習Ⅱにも対応できるようにしたというわけです。

ところが、その後２００６年に改訂された『コトラー＆ケラーのマーケティング・マネジメント 第12版』（丸善出版、２０１４年〈原著２００６年〉）では、ラテラル・マーケティングは９６７ページもあるなかで、新製品の開発に関する１ページ、それもさきの成功例の例示を含めて、８行言及されているだけです。

２０１５年に出版された第15版（ピアソン、英語版、翻訳なし）では、さらに削られてわずか３行だけになっています。

共著者に乗せられて、「ラテラル・マーケティングはバーティカル・マーケティングに代わるものではない」「断じてバーティカル・マーケティングよりもラテラル・マーケティングのほうが優れているといいたいわけではない」「従来の思考法を捨てよといっているわけではない」などと強調した上で出版してはみたものの、ラテラル・マーケティングを大きくとりあげると、みずからのバーティカル・マーケティングの屋台骨を揺るがしかねないことを危惧したからではないでしょうか。

ラテラル・マーケティングは、たんに市場の細分化の行きすぎを打破するだけでなく、管理マーケティングの体系そのものを、打破することにもつながりかねないからです。だからこそ、共著でわざわざ何度も言い訳をしなければならなかったのです。

## 継続的な学習の過程としてのマーケティング

日本の総人口は減少に転じました。これからは年に数十万人規模で人口が減っていきます。国内市場では顧客の維持に、より一層注力しなくてはなりません。

一方、インターネットやスマートフォンの普及によって、企業は個々の顧客と直接つながるようになってきています。マーケティングも、これまで以上に、顧客とコミュニケーションを通じて長期的な信頼関係を強固にし、上位の商品サービスを販売（アップセル）したり、関連する商品サービスを販売（クロスセル）したりしていかなくてはなりません。

そのためには、新商品の開発だけにラテラル・マーケティングを別途補足してよしとするのではなく、継続的な学習の過程として、マーケティングそのものをとらえ直すのが有効です。

その際、3段階の学習を踏まえ、選択肢としての商品サービス、その集合である市場、さらにまたその集合である上位の市場という階層と、時間の広がりのなかでの立体的な展開としてマーケティングをとらえることで、プラットフォームビジネスをはじめとした市場の創造や、イノベーションのための打ち手も見出しやすくなります。

## まとめ：実践マーケティングの「統合モデル」

### 統合モデル

コミュニケーションの「対話＝学習モデル」（図5‐3）に、さきに第4章でまとめた人間の「行動モデル」（図4‐19）を組み込んだのが、実践マーケティングの「統合モデル」です（図5‐7）。

マーケティングにおける現場の現実、真実の瞬間である戦術・実行・過程の実例を、この「統合モデル」をレンズ、めがねにして、見ていくことにします。

戦術・実行・過程は、これまで管理マーケティングが切り捨ててきた対象ということもあり、わたしが実際に現場で経験し実践してきた、ホームプロの実例を10とりあげます。

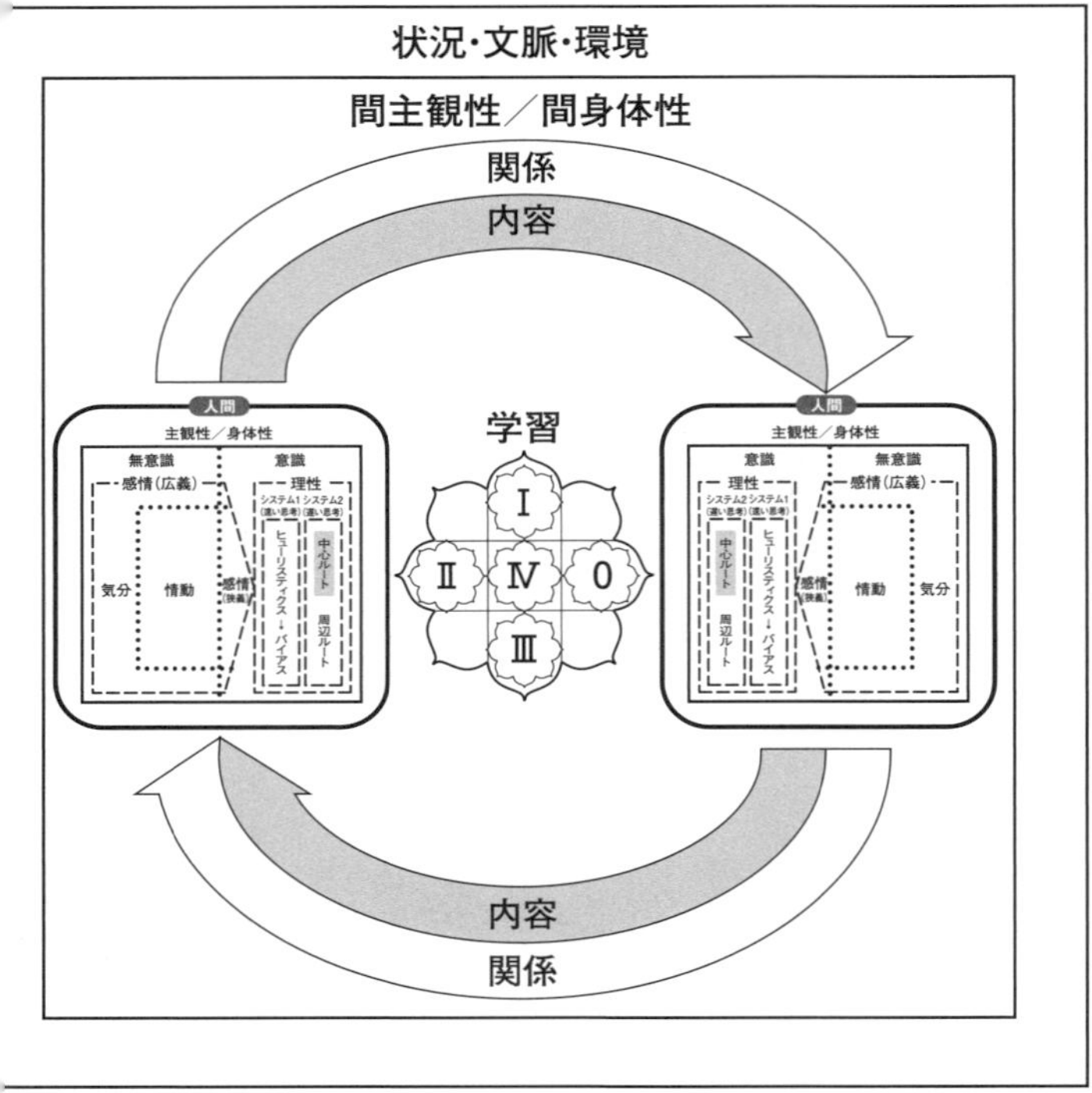
状況・文脈・環境
間主観性／間身体性
関係
内容
学習
I
II
IV
0
III
人間
主観性／身体性
無意識
意識
感情(広義)
理性
システム1
システム2
気分
情動
感情
ヒューリスティクス→バイアス
中心ルート
周辺ルート
人間
主観性／身体性
意識
無意識
理性
感情(広義)
システム2
システム1
中心ルート
周辺ルート
ヒューリスティクス→バイアス
感情
情動
気分
内容
関係

図5-7　統合モデル

### 事例①：ブランド

ホームプロというブランドは、無形のサービスで、しかもそれまでなかったインターネットによる仲介なので、ことのほか力を入れて検討しました。

住宅リフォームで失敗しないために、優良な住まいのプロを選べることを表し、覚えやすく短い２音節の単語で、響きがよく耳に残って明るいイメージのあるパ行の破裂音を入れるようにしようなどと、半年近くあれこれ考えて決めました。

もちろん、ホームページのドメイン名（ＵＲＬ）も空いていることを確認しており、決定と同時に取得しました。

図５－８　ホームプロのロゴマーク

ブランドのロゴマークは、アンケート調査で決めることにしました。

主要顧客と想定される30～50歳代の主婦30名に、ロゴマークの形と色のそれぞれ３パターンを組み合わせた、合計９パターンの中から気に入ったものを順に３つ選んでもらい、その理由も聞きました。

家を擬人化した黄色の現在のロゴマーク（図5－8）が、2位のロゴマークに倍以上の大差をつけ、圧倒的に好まれることがわかりました。風水では黄色はお金持ちになる色なので、商売が繁盛していいですよ、というアドバイスまでもらいました。

実は、個人的には別の形と色のロゴマークのほうが好みだったのですが、顧客の好みを優先して、現在のロゴマークを採用しました。

ノベルティとして、ロゴマークをあしらったビニールマグネットなどを制作したこともありますが、追加の希望をもらうなど、いたって好評でした。時として顧客から聞くロゴマークの評判からも、ホームプロのサービスそのものへも、好感をもってもらえているようでした（感情ヒューリスティック）。そこで、ロゴマークに手足を付けて、キャラクターに仕立てて登場させたりもしました。

ロゴマークのデザインなどブランディングでも、顧客の感情に配慮することは必須です。

事例②：市場調査

ホームプロを立ち上げた当初、せっかく会員登録をしてもらっても、なかなかリフォーム会社の紹介申し込みをしてもらえませんでした。そこで、会員へアンケート調査を実施することにしました。もちろん、なぜ申し込まないのか、理由を聴くのが調査の目的です。

アンケートでは、ホームプロの利用メリットである、利用は無料であること・匿名で商談できること・加盟を厳選していること・独自の保証が付いていること、といった各項目の認知と評価について聴くことにしました。

通常はまずそれだけでしょう。しかし、せっかくの機会だからと、申し込みを促進することも目的にしました。聴くこと自体が予見を与えてしまうのなら、積極的に予見を与えようというわけです。それゆえ各メリットの記述は、かなりくわしく書きました。

さらに、会員の意見を聞いてサービスを改善していく企業姿勢について周知することも、目的としました。アンケートの前文は、そうしたニュアンスで書きました。

アンケートを実施してみると、ねらいどおり、アンケート回答者から申し込みを得られるようになったので、これを定番化することにしました。

ひとつの調査において、表（理由の聴取）と裏（メリットの周知）のふたつの内容のコミュニケーションと、関係のメタ・コミュニケーション（教えを乞う）を意識し、企業姿勢（サービス改善）についての状況や文脈も交えて（学習Ⅱ）、重層的に行ったのです。

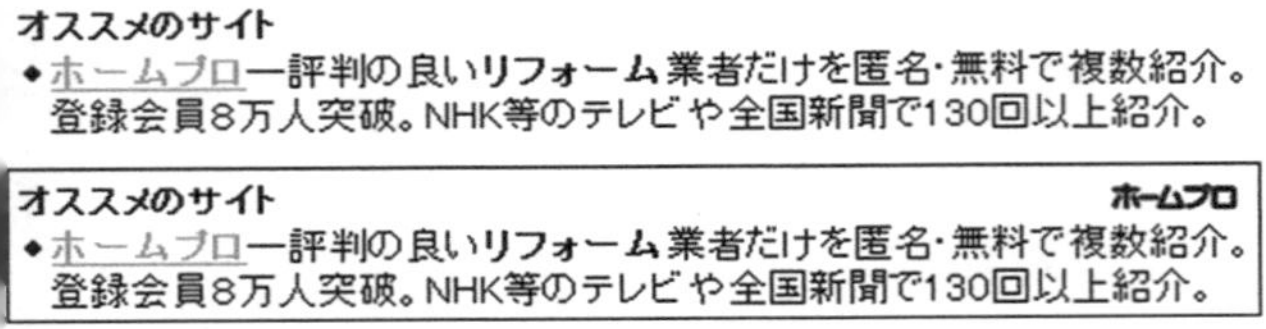
オススメのサイト
◆ホームプロ一評判の良いリフォーム業者だけを匿名・無料で複数紹介。
登録会員8万人突破。NHK等のテレビや全国新聞で130回以上紹介。
オススメのサイト
ホームプロ
◆ホームプロ一評判の良いリフォーム業者だけを匿名・無料で複数紹介。
登録会員8万人突破。NHK等のテレビや全国新聞で130回以上紹介。

図５－９　ホームプロのバナー広告

## 事例③：バナー広告

旗（バナー）のような四角形をした画像の広告であるバナー広告が、まだインターネット広告の主流だった２００２年頃、当時の平均の２、３倍にあたる５％台のクリック率をあげていました。ヤフーのサイトで、あたかもヤフー自体の「オススメのサイト」のコンテンツであるかのように、白地に文字だけで、コンテンツの表記そっくりのバナー広告を出していたのです（図５－９上）。インターネットでの記事風広告の極めつけです。

米国広告界の伝説的人物であるデイヴィッド・オグルヴィが、平均的な記事は平均的な広告の６倍読まれると喝破していたことに乗じようとしたものです。

その後、ヤフーの広告規制が強化されて、そうした紛らわしいバナー広告は出せなくなりました。そこで、バナー広告の文面や活字はそのままで、ごく細い線の外枠で囲み、小さなロゴを隅に入れるなど、規制をクリアするのに最低限必要な表記を追加して出稿したところ（図５－９

下）、クリック率は2～3％に半減してしまいました。

内容（広告の文面そのもの）のコミュニケーションはまったく同じでも、関係（広告の枠線やロゴ）のメタ・コミュニケーションが違うと、大きく反響が変わってきます。

## 事例④：リスティング広告

インターネットで検索したキーワードに応じて検索結果とともに表示されるリスティング広告（検索連動型広告）が、２００２年に登場し、その後バナー広告と入れ替わってインターネット広告の主流となり、現在にいたっています。

複数の広告文面を事前に登録しておけば、広告をかわるがわるローテーションで自動表示させることができます。リアルタイムで広告の比較テストが手軽にできるので、テストマーケティングに利用しない手はありません。

日々テストを続けていると、いろいろとわかってきます。

たとえば、内容としては同じ意味の「成功するリフォーム」と「失敗しないリフォーム」という見出しで出稿してみると、クリック率は「失敗しないリフォーム」が「成功するリフォーム」をつねに上回ります（図5－10）。さきにみたプロスペクト理論で明らかにされた

失敗しないリフォーム
広告 www.homepro.jp/
20万人が登録・利用のホームプロ。テレビ新聞紹介300回以上!無料簡単比較

成功するリフォーム
広告 www.homepro.jp/
20万人が登録・利用のホームプロ。テレビ新聞紹介300回以上!無料簡単比較

図5-10　ホームプロのリスティング広告

損失回避です。

また、数字を文面に入れると、クリック率がアップします。「20万人が登録・利用。テレビ新聞紹介３００回以上」などのように、数字を２か所に入れると、１か所のときよりもさらにアップしました。アラビア数字が、数字を意味あるものとさせる特別な直感（数覚）を刺激し、具体的な数字によって実績が裏づけられ、信憑性も感じられたのでしょう。

広告出稿では、システム２（遅い思考）で論理的に説得する内容についてだけでなく、システム１（速い思考）、無意識や感情についても考慮しないわけにはいきません。

### 事例⑤：紙媒体広告

インターネット広告だけでなく、新聞・ミニコミ誌・雑誌などの紙媒体にも、何百回と広告を出しました（図５-11）。それによって、いろいろなことがわかってきました。

同じ新聞に、まったく同じ内容と大きさの広告を出しても、掲載され

た紙面（一面、政治面、経済面、文化面、地方面、社会面など）と位置（見開きの左右の紙面、紙面のなかでの上下左右など）、同時に掲載された他の広告、記事の内容によって、反響がまったく違ってきます。

図5-11　ホームプロの紙媒体広告

たとえば、社会面の記事下に出す広告は、他の面に比べて総じて反響がよく、そのぶん出稿単価も高いのですが、当日に大きな社会事件があったりすると、その記事のせいで反響が大幅に落ちてしまいます。

新聞の記事5段分に相当するので全5段とよばれる大きな広告が、1面すべてが広告で埋まった中央の部分に掲載されてしまったところ、通常2桁から3桁はある申し込みがまったくなく、落ち込んでしばらく広告を出す気になれなかったことがあります。

朝刊か夕刊か、何曜日か、連休前か、何月かなどによっても、反響が違ってきます。

リフォームは、ゴールデンウィークとお盆と年末

図5-12　ホームプロの記事

年始には、申し込みが大きく落ち込みますが、新築は逆に増えるようです。平年気温を上回る猛暑の夏は、盆明けの紹介申し込みの立ち上がり時期が例年よりも遅れ、8月中に広告を出しても反響はよくありません。

状況・文脈・環境を考慮しない広告の出稿はありえません。

事例⑥：広報（PR）

ホームプロは、インターネットでのリフォーム仲介という新しいサービスなので、広報（PR）を広告以上に重視し、パブリシティ、ブランディングにもっとも注力しました。

起業してから6年間で300回以上、さまざまなメディアで紹介してもらうことができました。テレビはＮＨＫ・日本テレビ・テレビ朝日・ＴＢＳ・テレビ東京・フジテレビなど、新聞は読売新聞・朝日新聞・毎日新聞・産経新聞・日本経済新聞など、雑誌は週刊ダイヤモンド・週刊東洋経済・週刊朝日・月刊現代・日経トレンディ・ＤＩＭＥ・クロワッサン・ｓａｉｔａなどです（図５－12）。

当初は、手を変え品を変え、毎月のようにプレスリリースを書いては、メディアへファクスやメールで送りつけたりしていました。そうして何度か紹介されメディアに露出するようになると、それを見た別の記者から取材の申し込みが来るようになります。記者は競合紙の記事をよく読んでいるようです。ある新聞に大きな記事が出て、しばらくすると競合紙から取材の話があり、記者にどこで知ったのか尋ねてみると、案の定その記事だったということが再三ありました。

こうして、好循環が起こり出します。記事になるから有名になり、有名になるからまた記事になります。さらに、ホームプロが記事になったことを、ホームプロでも記事としてサイトやメールマガジンで紹介します。こうして記事が次々に蓄積されてくると、記者も安心して記事にすることができ、顧客も安心して申し込めるようになります。

循環するコミュニケーション、記事の連鎖によって、国内初・利用実績№１のリフォーム仲介サイトであるという状況や文脈をつくりだし、ホームプロのブランドが間主観的に生成されていきました。

## 事例⑦：出版

ホームプロを始めた当初は、インターネットを利用するシニアはまだまだ少数でした。新聞や雑誌で紹介されるたびに、「インターネットを使えないが、業者選びを助けてほしい」という声が寄せられました。

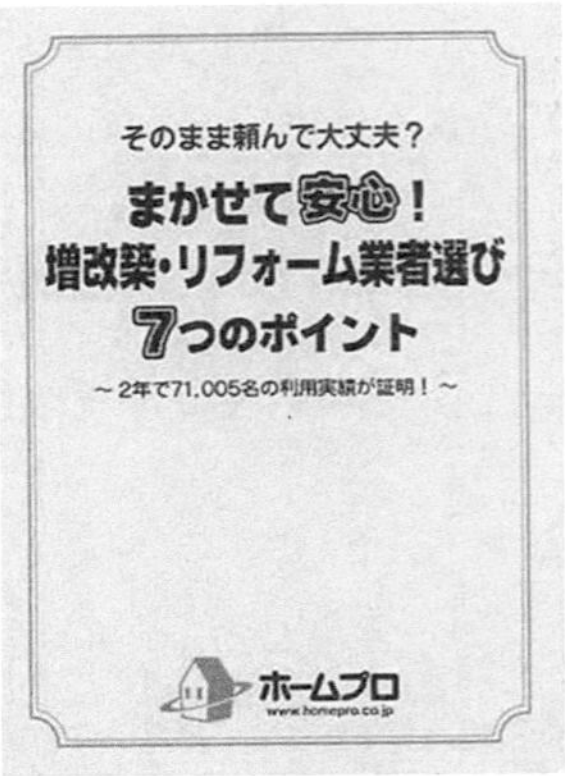


図5-13　ホームプロの小冊子

そこで、『まかせて安心！増改築・リフォーム業者選び7つのポイント』と名づけた小冊子（A5判、50ページ。図5-13）を2003年に書き下ろし、希望者に無料で進呈することにしました。

読者から礼状が何通も届くなど好評だったので、以前に取材を受けた記者に話したところ、小冊子のことが「リフォームのノウハウぎっしり」との見出しの新聞記事になりました。記事の載った新聞が配達され始めると、会社の電話が鳴り止まなくなりました。2日間で35

０件以上の購入申し込みがありました。記事には購入問い合わせ先としてホームプロの電話番号が書かれていたのです。

無料だとひとりで何冊も請求されるかもしれません。それもどうかと思って、税込定価５００円と裏表紙に書いていたので、小冊子を販売していることになったのです。それからは発送作業や入金処理でてんやわんや、本来業務にも支障が出かねません。

そこで、書店で販売してもらうことにしました。旭屋書店・紀伊國屋書店・ジュンク堂書店へ得意の飛び込み営業をかけ、大阪と東京の主要店舗に置いてもらうと、各店で月に数冊ずつ安定的に売れました。以前の記者にその話をしたら、今度は書店に取材して「リフォーム冊子売れてます」という見出しの記事になりました。

こうした取り組みを知人に話したところ、つてがあるからと紹介してもらったのが光文社だったのです。すでに実績のある小冊子の内容を大幅に充実させて、２００４年に出版したのが、光文社新書の『リフォームを真剣に考える　失敗しない業者選びとプランニング』です。おかげさまで電子書籍になって、いまだに売れ続けています。

出版につながる状況や文脈を、思わぬ偶然も取り込みながらつくりだすことによって（学習Ⅱ）、読者市場が間主観的に生み出されていったのです。

## 事例⑧：サービス評価

ホームプロでは、創業以来、利用されたすべての顧客にサービス評価をお願いしています。顧客の声として、2017年6月時点で4万8000件がホームページに匿名のかたちで公開されています。

サービス開始当初は件数も少なく、すべての声を何度も読みかえしていました。そこで見えてきたのが、リフォーム会社を選んだ決め手の理由です。複数のリフォーム会社を紹介するサービスですから、見積価格が大半を占めそうなものですが、実際は全体の3分の1くらいでした。実は決め手として、担当者をあげる声が多かったのです。「見積価格はいちばん安くはなかったけれど、○○さんならまかせられると思って決めたところ、結果は大正解でした」といった感想がよく見られました。

リフォームの工事内容や価格という中心ルートではなく、担当者の人柄（好意）などという周辺ルートで決断されることが多かったわけです。

リフォームは総じて高額な買い物なので、動機づけは高いはずですが、建築について評価する能力がじゅうぶんにはなく、周辺ルートが選ばれたのです。優良な会社だけから選べるホームプロであれば、それでも問題ないでしょう。

## 事例⑨：不満への対応

ホームプロでは、紹介するリフォーム会社を厳選しています。独自の７つの加盟基準にもとづき、書類審査はもちろんのこと、担当者が会社を訪問し、利用者にも聞き取り調査をして加盟の可否を判断しています。

合格率10％ほどの難関を突破して加盟した会社であっても、顧客から不満の指摘をいただくことがあります。そのほとんどは、顧客専用のマイページからサービス評価として入力されてくるものです。対面や電話の場合と違って、あるのは文字だけです。その文面から、内容だけでなく、関係（姿勢や感情など）についても読み込みます。

加盟会社へも、指摘の状況や文脈について確認します。その上で、顧客が不満に思っている状況や文脈を理解し、解決に向けて最優先で対応していることが伝わるように返事を出します。

事務的で無機質な文章ではなく、個人として気遣う文章とし、送られてきた文章よりも長文にします。本気で思っているかどうかは、それとなく表現に表れ伝わります。テクニックだけに走らないよう注意しなくてはなりません。そうした初動と返事は、迅速にすることが必要です。長時間返事をせずにいると、顧客やその指摘を軽視しているといったメッセージとして伝わってしまいます。

これらの点に留意し、1年365日、いつでも24時間以内には回答するようにすることで、その後のやりとりも円滑に進み、最終的に満足いただきやすくなりました。

関係が伝わりにくいインターネットでのコミュニケーションだからこそ、内容だけでなく、関係についてもより一層配慮しなくてはなりません。

## 事例⑩：市場の発見

ホームプロを始めて1年以上たった2002年になって、さきにふれたように、現住所とは異なる遠隔地でのリフォームが、成約全体の10％以上も占めていることが判明しました。案件管理システムで、過去の成約案件の情報を次々に見ているうちに、はたと気がついたのです。

起業前の市場調査では、そのようなニーズがあることはまったくわかりませんでした。遠隔地のリフォームを考えている利用者が、優良リフォーム会社のインターネットでの仲介に新たな価値を見出し、ホームプロを利用することで、遠隔地のリフォームという新たな市場をつくりだしていったのです。

ホームプロは、インターネットで優良リフォーム会社を選べるサービスであるという内容を利用者に伝えただけでした。遠隔地のリフォームを考えていた利用者は、それを知って、遠くまでわざわざ出かけて行かなくてもすむ、よく知らない土地でも安心して頼める会社を選べるなどと考え、サービスを利用することによって、ホームプロに市場の生成を伝えていたのです。

市場は外部に確固として実在しており、調査によって発見できる、というわけではありません。さきほどもみたように、新しい市場は、コミュニケーションを通じて、新しい状況や文脈として間主観的につくりだされていくものです（学習Ⅱ）。インテルやアマゾンなどもそうであったように、市場がつくりだされてから、あとになって気がつくことも少なくないのです。

## 統合モデルの使い方

わたし自身が、実際に現場で実践し経験してきたホームプロの10の実例についてみてきました。教科書やビジネス書などでとりあげられる、華々しい戦略の成功事例などに比べると、なんとも地味で泥臭いものばかりです。しかし、実際にはこうした地道な活動を、試行錯誤しながら思わぬ偶然もとりこんで、ひとつひとつ積み重ねていくことで、初めて戦略が現実のものとなるのです。

「ホームプロ以外ではどうなの」と思われたかもしれません。ホームプロの10の事例は、どこにでもあるような身近な取り組みばかりです。ここまで読み進んでいただいたのであれば、さらなる事例をみるよりも、これまでの活動を見直したり、これからの活動を進めたりするなかで、実践マーケティングの「統合モデル」(「行動モデル」を組み込んだ「対話＝学習モデル」)をレンズ、めがねとして、実戦で活用していっていただければと思います。ここまでくれば、もう習うより慣れろです。

現場での戦術・実行・過程には、管理マーケティングは役に立ちません。そもそも対象から外れてしまっており、立脚している人間もそのコミュニケーションも、現実とは乖離してしまっているからです。

実践マーケティングの「統合モデル」を念頭に、いわばチェックリストとして行動したり分析したりすれば、これまでは見落としていたところも、抜け漏れなくおさえられるようになります。

「統合モデル」の図５‐７を頭の中で思い浮かべながら、無意識ではどうなっているのか、感情ではどのように感じているのか、（間）主観的にはどのようにとらえられるようになっているのか、状況・文脈・環境はどうなっているのか、伝わっている関係はどうか、句読点はどこに打たれているのか、学習はどの段階なのか、などと各項目を確認するのです。

これまで思いつかなかった打ち手をとることもできるようになります。ばらばらだった戦術、実務ノウハウも、体系的に活用できるようになります。共通の基盤ができるので、組織での学習も進みます。マーケティングや経営の実践はもちろん、あらゆる活動で役立ちます。ぜひ活用してください。

## マーケティング3・0、4・0への対応

コトラーは、２０１０年の共著（『コトラーのマーケティング３・０　ソーシャル・メディア時代の新法則』朝日新聞出版、２０１０年〈原著２０１０年〉）で、ソーシャル・メディア時代の企業は自らを変革し、１対多数の取引において製品が中心だった「マーケティング１・０」や、１対１の関係において受動的な消費者を志向する「マーケティング２・０」

から、多数対多数の協働において、マインド・ハート・精神をもつ全人的な存在である人間にとっての価値に主導される「マーケティング3・0」へと、できるだけ速やかに移行しなければならない、と打ち出しました。

未来のマーケティング・コンセプトは、製品については4Pから共創へ、顧客についてはSTPからコミュニティ化へ、ブランドについてはブランド構築からキャラクター（個性）の構築へと移行するといいます。方向性としてはそのとおりでしょう。

ちなみに別の本で、残念なことに日本企業のほとんどはマーケティング2・0で止まっており、とりわけ海外の新興国向けなどはいまだに1・0で止まっている、とコトラーに指摘されています（『マーケティングのすゝめ　21世紀のマーケティングとイノベーション』中央公論新社、2016年）。

ところが、その後2015年に出版されたコトラーの最新版の教科書『マーケティング・マネジメント　第15版』（ピアソン、英語版、翻訳なし）では、本文が692ページもあるのに、半ページにも満たない囲み記事でマーケティング3・0を紹介しているだけです。

製品中心や消費者中心の過去のモデルを超えた、全人的な価値主導のマーケティング3・0では、増大した消費者参加と協働マーケティング、グローバル化、創造的な社会の登場という3つの中心的な傾向があり、未来のマーケティングは水平なCtoCとなっていくと考えられている、とまるで他人事のように書かれています。

従来のマーケティング2・0からマーケティング3・0へ、できるだけ速く移行するよう促す、共著のような記述はありません。

もともとマーケティング3・0の基本コンセプトは、共著者であるヘルマワン・カルタジャヤとイワン・セティアワンによって生み出されたものです。みずからの教科書でもマーケティング3・0をくわしくとりあげ、強く推してしまうと、マーケティング2・0の主流であった管理マーケティングの「R→STP→MM（4P）→I→C」では対応できないことが完全に露呈してしまうのを危惧したからではないでしょうか。

これからのマーケティング3・0にふさわしいのは、全人的な存在である人間をありのままにとらえる、実践マーケティングの「統合モデル」なのです（図5‐14）。

2014年9月に東京で開催されたワールド・マーケティング・サミット・ジャパンで、コトラーは、自己実現の欲求を満たす「マーケティング4・0」を新たに追加しました。

さらに、2017年の新著（マーケティング3・0と同じ3人の共著『コトラーのマーケティング4・0 スマートフォン時代の究極法則』朝日新聞出版、2017年〈原著201

| | 特徴 | ふさわしい理論（モデル） |
|---|---|---|
| ケティング 1.0 | 製品中心<br>1対多数の取引 | 管理マーケティング<br>(R→STP→MM〈4P〉→I→C) |
| ケティング 2.0 | 消費者志向<br>1対1の関係 | |
| ケティング 3.0 | 価値主導（全人的存在）<br>多数対多数の協働 | 実践マーケティング<br>（統合モデル） |
| ケティング 4.0 | 自己実現（デジタル革命）<br>ネットワークの組み合わせ | |

図5-14　マーケティング1.0〜4.0の特徴とふさわしい理論（モデル）

6年〉、単著『コトラー　マーケティングの未来と日本』KADOKAWA、2017年）では、マーケティング4・0は、ひとことでいえばマーケティング1・0〜3・0とは違う「デジタル革命時代のマーケティングアプローチ」であり、オンラインとオフラインの相互作用の組み合わせや、機械のネットワーク（IoT＝Internet of Things、モノのインターネット）と人のネットワークの組み合わせがその本質だとし、デジタルマーケティングを前面に（軌道修正して）打ち出しています。

　マーケティング4・0では、顧客の推奨を得ることを究極の目的として、従来のマーケティングとも共存するとします。方向性としてはそのとおりでしょう。

ネスレ日本のネスカフェ アンバサダーは、コーヒーマシンと職場の世話役を核としたネットワークによって、職場のコミュニケーションを活性化させるものであり、マーケティング4・0にふさわしい実践事例だとコトラーも指摘しています。

こうしたインターネットとも組み合わさったネットワークで結ばれた現場での、幅広くきめ細かいコミュニケーションにまで踏み込むマーケティング4・0にふさわしいのも、やはり実践マーケティングの「統合モデル」にほかなりません（図5‐14）。

# おわりに——一生役立つ実践マーケティング

**デュアル・マーケティング**

「マーケティングを学ぶのは大変なことなのだろうか?
これについては、良い知らせと悪い知らせがある。
良い知らせは、1日あれば学べるということ。
悪い知らせは、使いこなすには一生かかるということだ。」

**管理マーケティング**（**マーケティング・マネジメント**）を代表するコトラーのことばです（『コトラーのマーケティング・コンセプト』東洋経済新報社、2003年〈原著2003年〉）。

幸いなことに、本書を読まれたあなたは、読むのには1日以上かかったかもしれませんが、

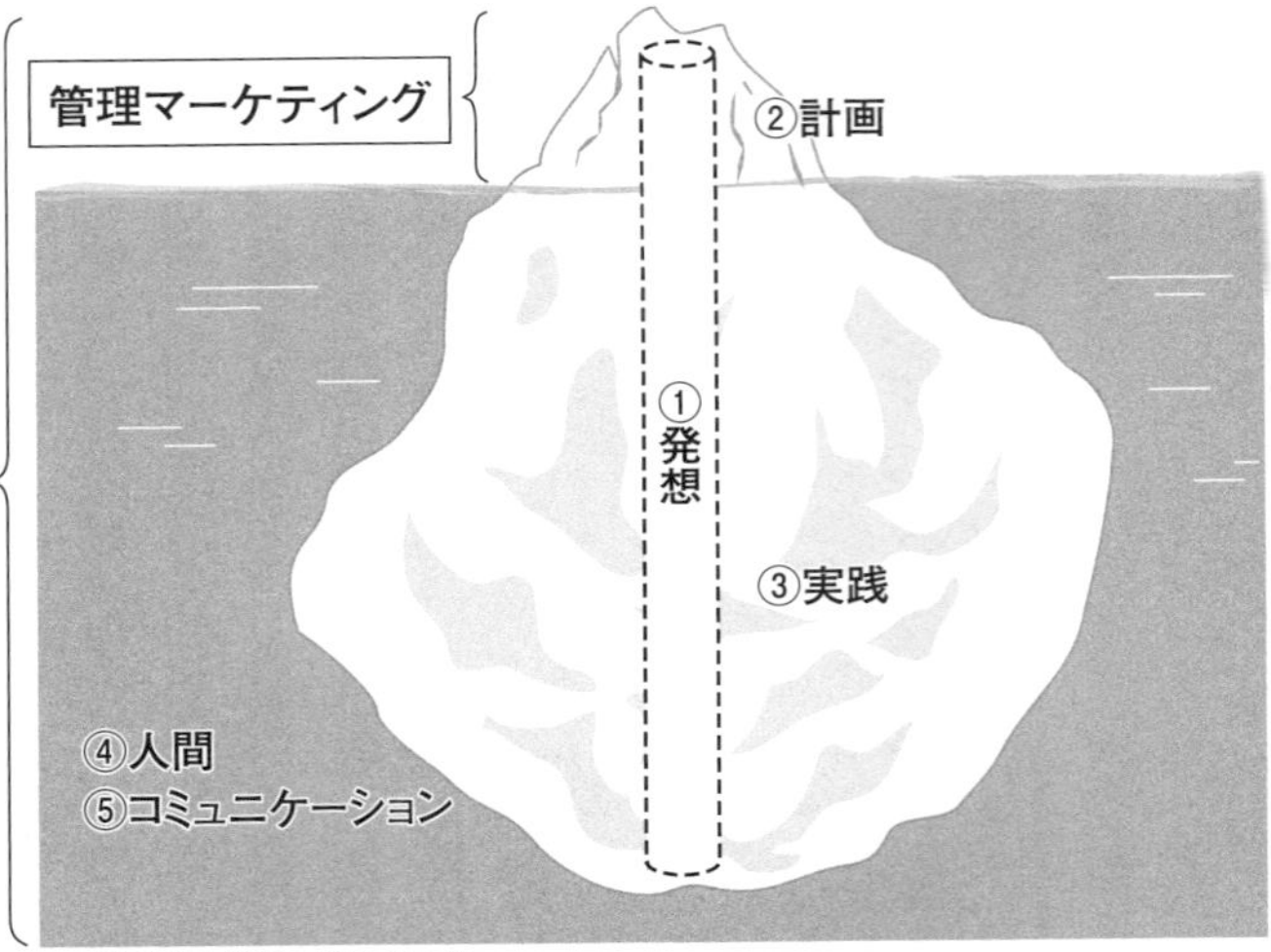


※数字は対応する章を表す

図6-1　マーケティングの氷山

一生かからなくてもマーケティングを身につけられるようになります。

マーケティングを海上に浮かぶ氷山に見立てて（図6-1）、本書の内容を振り返り、その理由をおさらいしておきましょう。

海上に浮かぶ氷山の一角、すなわちマーケティングの一部にすぎない計画だけを取り出して、おおまかに「こうあるべきである」とし、計画の結果については後知恵の結果論で語るのが管理マーケティングです。これなら1日でも学べるわけです。

しかし、氷山には、思わぬところに深い割れ目であるクレバスが隠れています。根幹となる「発想」や「計画」のあちこちに、誤った常識による呪縛が隠れていますﾞ(第1章、第2章)。

しかも、水面下には、海上に浮かぶ氷山の一角をはるかにしのぐ巨大な氷塊が潜んでいます。海上に出ている部分は全体の10％ほどにすぎないので、水中ではどのようなかたちになっているのか推測することも困難です。タイタニック号が沈没したのも、水面下の氷塊に衝突してしまったからです。現場の「実践」が氷塊ですが、管理マーケティングの呪縛によって見逃されてきました(第3章)。

さらに、当たり前のこととして見落としがちですが、海水が氷塊を取り囲み、支えています。マーケティングが立脚している「人間」とその「コミュニケーション」の考え方が海水です。海中に潜ってみると、管理マーケティングが立脚している理論(モデル)についても呪縛がかかっていました(第4章、第5章)。

このように水面下の氷塊と海水が、管理マーケティングからはすっぽり抜け落ちているのに、まるまる見逃してしまう呪縛がかけられていたのです。呪縛をかけた管理マーケティング側としては、関知しない暗部なので、使いこなすには一生かかる、といって逃げてしまったというわけです。

こうした呪縛を解いて、管理マーケティングが切り捨てていた暗部にまで踏み込み、海水も踏まえながら、水面下に潜む氷塊の実態について「こうなっている」とつぶさにとらえる**実践マーケティング（マーケティング・プラクティス）**が必要だったのです。

本書を読まれたあなたは、実践マーケティングを知ったので、一生かからなくてもマーケティングを身につけられるようになったわけです。

実践マーケティングは、次のような知の系譜からしても、必然的に登場したものといえます。

現代のマーケティングは、経済学を母体として20世紀半ばに確立しました。伝統的な経済学の流れをくむのが管理マーケティングです（コトラーも伝統的経済学の出身です）。その後、20世紀後半になって生まれ、今や主流となりつつある行動経済学（アメリカの経済学分野における最古かつ最重要の学術組織とされるアメリカ経済学会では、２０１５年の会長はリチャード・セイラー、２０１６年の会長はロバート・シラーと、２代続けて行動経済学が専門です）に対応するのが、本書の実践マーケティングです。

科学の客観世界において「こうあるべきである」とする規範的な伝統的経済学が前提とし

ている人間が、完全合理的経済人です。完全な情報にもとづき、すべての選択肢の中から効用や利得を最大にすることを基準に選択し、行動するものとします。神の視点に立つ全知全能モデルです。

一方、現実の生活世界において「こうなっている」とする記述的な行動経済学が前提としている人間が、限定合理的経営人です。不完全な情報のもとで、限られた選択肢の中からほどほどに満足できることを基準に選択し、行動するものとします。人の視点に立つ「行動モデル」であり、それを「対話＝学習モデル」へと組み込んだのが「統合モデル」です。

マーケティングや経営の実践はもちろんのこと、社会生活全般において役に立つモデルであり、実践のためのツールです。

実はこれらのふたつの考え方の背景には、自然やものごとを機械になぞらえて理解する機械論と生命になぞらえて理解する生命論というより根源的な考え方の、２５００年の長きにわたる対立の歴史があります。いままさに４００年ぶりに機械論から生命論への大転換が起こっており、生命論の流れに沿うものとして、生まれるべくして生まれてきたのが行動経済学であり、実践マーケティングなのです。

紙幅の都合上、くわしい内容については、実践の理論に関する研究書である拙著『マーケティング戦略は、なぜ実行でつまずくのか　実践のための新しい理論とモデルの探究』（碩学舎、２０１６年）に譲ります。

実は、そうした理論的な背景、科学的なものの見方にも、さらなる呪縛が潜んでいるのですが、研究ではない実務では、そこまで見極めなくてもよいでしょう。興味のある方は、拙著の第2章を参照してください。

ふたつのマーケティングが出揃ったことで、これまでの管理マーケティング一本槍の「シングル・マーケティング」から、実践マーケティングとともに使い分ける二刀流の「**デュアル・マーケティング**」へと進化します。同じようなものが並列するというダブルではなく、異なるものが二重になっているというデュアルであるところがミソです。

実践マーケティングこそが、わたしたちのマーケティングの世界、すなわち生活世界の現実をありのままにとらえるものです。しかし、現実をありのままにはとらえていなくても、科学の客観世界という虚構のもとで、じゅうぶん近似的に有効に使えるのであれば、管理マーケティングを代わりに用いてもよいでしょう。

伝統的経済学の模範となった科学の女王たる物理学の世界においても、実は同じことが行われています。量子力学や相対性理論こそが正しいことが、20世紀初めに明らかになっていますが、日常的な人間のスケールのマクロの世界、光の速度に比べて遅い運動という範囲内では、近似的にじゅうぶん有効なニュートンの古典力学のほうが、使い勝手がよいので21世紀になっても使われ続けています。

実践マーケティングが量子力学や相対性理論に、管理マーケティングが古典力学にあてはまるわけです。

より一般的な理論がつねによいというわけではなく、ある範囲に限定し特化した理論のほうが、その範囲内では便利に使われることが自然科学の世界でもあるのです。

理系の方にはじゅうぶんご理解いただけたと思いますが、文系の方はまだ腑に落ちないかもしれません。そこで、理論物理学者の湯川秀樹も別格と評価していた弘法大師空海をとりあげましょう。

今から1200年前の平安時代初期に、唐から帰朝した空海が、みずからの真言密教以外の仏教（顕教）は、その一部をなすものにすぎないと宣言したのと同じ考え方といえば、納得していただけるでしょうか。

顕教では、表面的な浅い理解を説教から得るのに対して、密教では、本質的な深い理解を

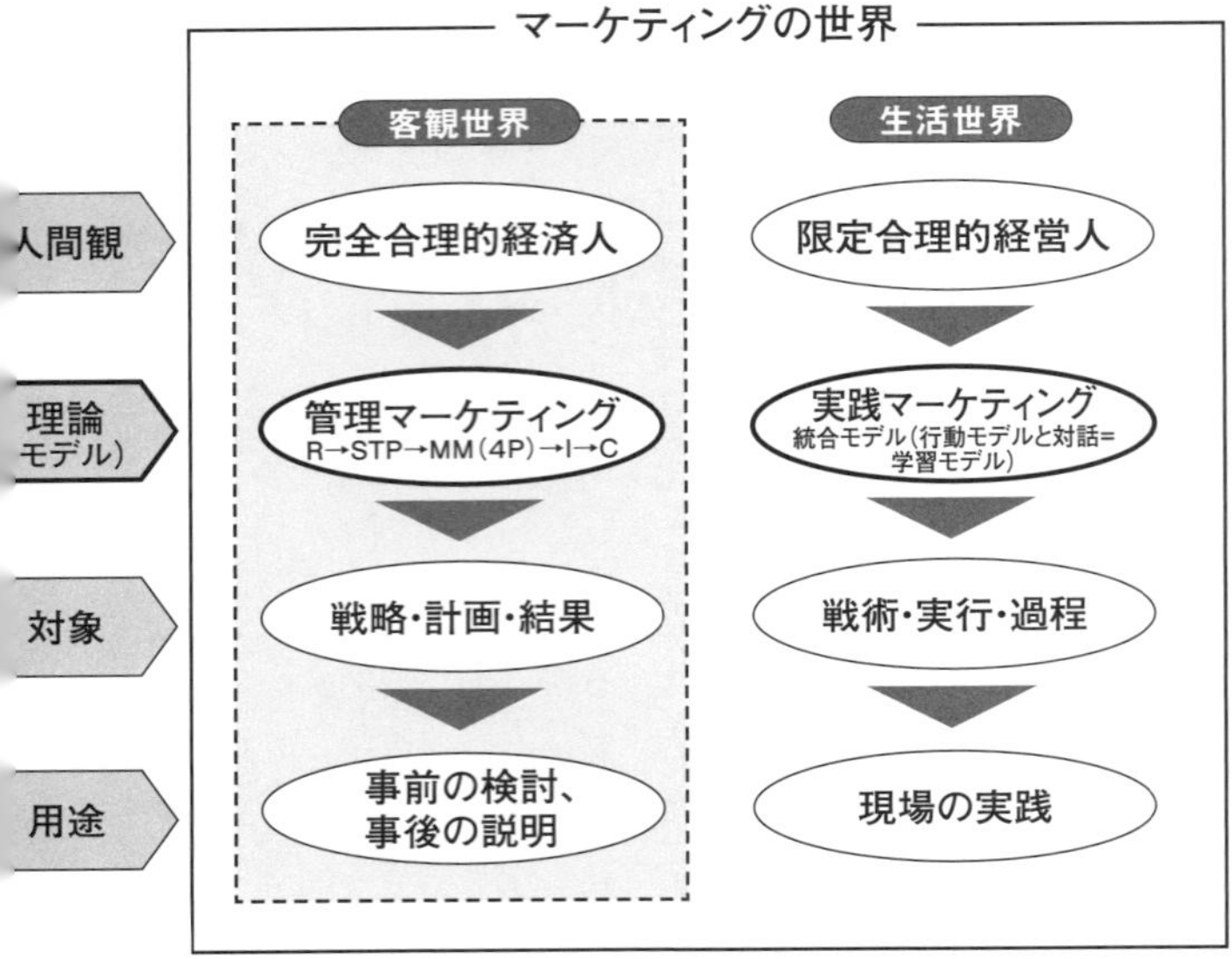


図6-2　対象・用途に応じたマーケティングの使い分け

みずから行動して得るものだとしています。管理マーケティングが顕教に、実践マーケティングが密教にあてはまります。

　本書の「統合モデル」は、マーケティングの行われる生活世界を図示した「曼《まん》荼《だ》羅《ら》」です。空海が、修行により煩悩を解く即身成仏（ミイラになる即身仏ではなく、生きたままで悟り目覚めた者になること）を主張したように、一生かからずとも、実践マーケティングを通じてマーケティングに目覚め、身につけることができるようになるのです。

　ふたつのマーケティングの使い分

けについてあらためてまとめると、次のようになります（図6-2）。

科学の客観世界において、人間を完全合理的経済人とみる管理マーケティングが、戦略・計画・結果を対象とします。これは、事前の検討と事後の説明という用途に向いています。

一方、現実の生活世界において、人間を限定合理的経営人とみる実践マーケティングが、戦術・実行・過程を対象とします。これは、現場の実践という用途に向いています。

このように、実践マーケティングは、管理マーケティングがこれまで切り捨てて役に立たなかった「真実の瞬間」、すなわち戦術を実行する過程という、マーケティングの今後の主戦場において役に立ちます。管理マーケティングが近似的に有効でないときには、本来の実践マーケティングへ立ち帰ることになります。

本書を上梓することができたのも、これまでご一緒いただいた多くの方々のおかげです。神戸大学の栗木契先生にお会いすることがなければ、そもそもマーケティングを研究していなかったかもしれません。また、名古屋市立大学の野村直樹先生のベイトソンセミナーに参加することがなければ、本書をまとめきることができなかったかもしれません。両先生の学恩に感謝申し上げます。

拙稿を読んで（読まされて）、貴重なご意見やご指摘をいただいた次の方々にお礼申し上げます。綾部雅之、荒木香奈子、井川啓、石川敬三、石田英和、石田雅也、和泉佳奈子、遠藤侑宏、大内縫、大西芳弘、大水優喜、木下真由美、木下喜光、小山石行伸、下川大輔、滝本裕次、武井一徳、永江三希子、似内志朗、堀茂弘、巻口隆憲、三澤一文、水谷威信、宮本次郎、村井和一、八木一平、山崎伸治、山本俊（五十音順、敬称略）。ありがとうございました。

本書の執筆を含め、日頃から研究について理解し支援いただいている大阪ガス エネルギー・文化研究所の池永寛明所長に感謝申し上げます。現在、研究所をあげて取り組み、本書でもとりいれている「ルネッセ（再起動）」についてご指導いただくなかで、数々の気づきを与えていただいた松岡正剛先生にお礼申し上げます。休日に執筆していても、応援し助言してくれた妻の喜美にも感謝しています。そして、今回もお世話になった、「知は、現場にある。」を掲げる光文社新書の三宅貴久編集長にお礼申し上げます。お名前をあげえなかった方々も含め、みなさまありがとうございました。なお、本書の内容は個人としての見解であり、誤りなどがあればすべてわたしの責任です。

本書を読まれたあなたは、19の呪縛の鎖がすべて解けました。いまや自由の身です。実践マーケティングを知ったからには、早速現場で活用し、一生役立ててください。

鈴木隆（すずきたかし）

東京大学法学部卒業後、大阪ガス入社。国際大学大学院国際関係学研究科修了。2001年、社内起業により国内初の本格的な住宅リフォーム仲介サイト「ホームプロ」を立ち上げ、試行錯誤の末、利用実績No.1のサイトに育てあげる。株式会社ホームプロ（リクルート・大阪ガス・NTT西日本・NTT東日本が出資）の代表取締役専務、日本郵政の事業開発部アドバイザー等を経て、現在、大阪ガス エネルギー・文化研究所の主席研究員。マーケティングにおける実践と理論の統合を研究。主な著書に、『マーケティング戦略は、なぜ実行でつまずくのか』（碩学舎）、『リフォームを真剣に考える』（光文社新書）などがある。

御社《おんしゃ》の商品《しょうひん》が売《う》れない本当《ほんとう》の理由《りゆう》 「実践《じっせん》マーケティング」による解決《かいけつ》

2017年9月20日初版1刷発行

著　者 ── 鈴木隆
発行者 ── 田邉浩司
装　幀 ── アラン・チャン
印刷所 ── 堀内印刷
製本所 ── 国宝社
発行所 ── 株式会社光文社
東京都文京区音羽1-16-6（〒112-8011）
http://www.kobunsha.com/
電　話 ── 編集部03（5395）8289　書籍販売部03（5395）8116
業務部03（5395）8125
メール ── sinsyo@kobunsha.com

 ISBN 978-4-334-04308-7

882
ドキュメント 金融庁 vs. 地銀
生き残る銀行はどこか
読売新聞東京本社経済部

「空前の再編ラッシュ」を迎える地方銀行と、改革が進む金融庁。"稼げない"時代に、地方銀行や金融機関が生き残るには？ 丹念な取材から浮かび上がった、金融界の現状と未来。

978-4-334-03988-2

883
バッタを倒しにアフリカへ
前野ウルド浩太郎

バッタ大発生による農業被害を食い止めるため、ファーブルのような昆虫学者になるため、バッタ博士は単身、モーリタニアへと旅立った。が、それは修羅への道だった……。

978-4-334-03989-9

884
天気痛
つらい痛み・不安の原因と治療方法
佐藤純

雨が降る前に、古傷が痛む。台風が来ると、頭痛がひどい。日本人1000万人が苦しむ「天気痛」。気圧の変化によって生まれるその病態の原因と対処法を、第一人者が解き明かす。

978-4-334-03990-5

885
効かない健康食品 危ない自然・天然
松永和紀

2兆円市場の健康食品に、どこまで科学的根拠があるのか。セレブ御用達のダイエット方法は？ 水素水は？「食のフェイクニュース」に警鐘を鳴らすジャーナリストが暴く「食の真実」。

978-4-334-03991-2

886
「夜遊び」の経済学
世界が注目する「ナイトタイムエコノミー」
木曽崇

夕刻から翌朝までの経済活動を指す「ナイトタイムエコノミー」。今まで見落とされてきたこの時間帯の経済振興策の豊富な実例と共に、日本経済の起爆剤としての姿に迫っていく。

978-4-334-03992-9

887
# 水素分子はかなりすごい
## 生命科学と医療効果の最前線
深井有

40億年前、生命は「水素の時代」に誕生した。水素分子は脳梗塞、パーキンソン病の治療などに力を発揮する――。臨床研究者へのインタビューも収録した、水素分子医学の入門書。

978-4-334-03993-6

888
# アート×テクノロジーの時代
## 社会を変革するクリエイティブ・ビジネス
宮津大輔

いま、新世代の「最先端テクノロジー・アート創造企業」が世界中から注目されている。それはなぜか。美術史や経営学的な視点を交えながら創造の秘密に肉薄する、本邦初の一冊。

978-4-334-03994-3

889
# マクロ経済学の核心
飯田泰之

マクロ経済学は浮世離れした理論ではない。知識があれば景気のトレンド、政策の是非、会社の先行きなどを的確に捉え行動できる。著者独自の導きで〝判断の軸〟を身につける。

978-4-334-03983-7

890
# 東京郊外の生存競争が始まった！
## 静かな住宅地から仕事と娯楽のある都市へ
三浦展

どんな街が生き残るか？　東洋経済オンラインで350万PVを記録し所沢市議会でも取り上げられた首都圏人口争奪と「郊外格差」の実態。働き方改革は住まい方改革であるべきだ！

978-4-334-03995-0

891
# 世界のエリートはなぜ「美意識」を鍛えるのか？
## 経営における「アート」と「サイエンス」
山口周

論理的・理性的な情報処理スキルだけでは戦えない！――複雑化・不安定化し先の見通せない世界で、「自己実現的消費」が主流になる中、クオリティの高い意思決定をし続けるには？

978-4-334-03996-7

光文社新書

892
## 本を読むのが苦手な僕はこんなふうに本を読んできた
横尾忠則

「この本の中に、僕の考えてきたことがすべて入っています」（横尾さん）。朝日新聞に八年にわたって掲載された人気書評を書籍化。仕事と人生のヒントがいっぱい詰まった一三三冊。

978-4-334-03997-4

893
## うつ・パニックは「鉄」不足が原因だった
藤川徳美

あなたの不調は、鉄・タンパク不足の症状かもしれない。うつやパニック障害の患者を栄養改善で次々に完治させている精神科医が、日本人の深刻な鉄不足と鉄摂取の大切さを説く。

978-4-334-03998-1

894
## 灯台はそそる
不動まゆう

今日も一人で海に立つ小さな守り人。その姿を知ると愛さずにいられない。省エネにより崖っぷちに立たされる今、灯火を守るファンを増やすため〝灯台女子〟が魅力を熱プレゼン！

978-4-334-03999-8

895
## アウトローのワイン論
勝山晋作
writing 土田美登世

「おいしいからいい。おいしくしたいなら自然に造るのがいい」——昭和の時代から活躍するワインの伝道師が初めて語る、固定観念に縛られないワインの楽しみ方と、その行き着く先。

978-4-334-04301-8

896
## 教養は児童書で学べ
出口治明

社会のルール、ファクトの重要性、大人の本音と建前、ビジネスに必要な教養——大切なことはすべて児童書が教えてくれた。珠玉の10冊を読み解く、出口流・読書論の集大成！

978-4-334-04302-5

897
## 美しきイタリア　22の物語
池上英洋

イタリアは、どのようにして「イタリアらしさ」を形成していったのか。ファッション、料理、スポーツ、文化、芸術……。尽きることのない魅力を、22の都市の歴史エピソードから探る。

978-4-334-04303-2

898
## 「代謝」がわかれば身体がわかる
大平万里

脂肪は悪者なのか？「代謝がいい」とはどういうこと？　酵素は身体によいのか？　最も身近なブラックボックス＝自分の体内で起きている真実に、豊富なたとえ話とイラストで迫る。

978-4-334-04304-9

899
## 鉄道時刻表の暗号を解く
所澤秀樹

紙の時刻表が売れ続けるのは、「広域の乗り継ぎ」「途中下車の自由時間」を俯瞰で知るのに便利だから。運賃手計算はボケ防止にも。〝非合理の楽しみ〟を味わう旅へ出発進行！

978-4-334-04305-6

900
## ロボットアニメビジネス進化論
五十嵐浩司

月村了衛氏推薦！　第一人者による、ロボットアニメと、その玩具・模型に関する進行形のビジネス史。〝オモチャ〟がなければ、マジンガーZもガンダムもマクロスも存在しなかった？

978-4-334-04306-3

901
## 誰も教えてくれない　大人の性の作法《メソッド》
坂爪真吾　藤見里紗

セックスがしんどい？「なかったこと」にされがちな様々な性の問題を一つ一つ多面的に検証し、理想と現実の間を生きていくための実践的な「大人の性教育」を学べる一冊。

978-4-334-04307-0